경북이 선도하는 대한민국의 미래

지금은
지방시대

경북이 선도하는 대한민국의 미래

지금은 지방시대

김연성 | 서민교 | 안성익 | 안성조 | 양오석 | 김용현 | 박철 | 박영근

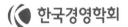

발간사

김연성 한국경영학회 회장
(인하대학교 경영학과 교수)

지방시대는 이미 시작되었다.

지방시대는 더 이상 설명이 필요 없을 정도로 명확한 의미를 우리에게 던져 주고 있습니다. 우리 사회 해묵은 숙제를 깔끔하게 해결하기 위한 대안으로도 충분하다는 공감대가 확산되고 있습니다. 수도권의 집중과 지방의 소멸은 마치 동전의 양면과 같이 진행되고 있기에, 수도권과 지방이 함께 발전하여 국민들에게 어디서나 행복하게 생활할 수 있는 선택의 폭을 넓혀 주기 위한 노력은 국민 모두가 바라는 것임을 잘 알고 있습니다.

선택의 폭을 넓히는 대안의 설계가 중요하다.

선택은 국민이 하고, 준비는 정부가 하여야겠습니다. 중앙정부와 지방정부가 함께 국민을 위한 대안을 마련하고 실현해야 할 것입니다. 누가 먼저 시작하느냐는 그리 중요하지 않겠지만, 지금 시대정신으로 제안된 지방시대는 경상북도에서 촉발되어 국정과제로 연계 발전·확산되었다는 점에서 향후 그 결과가 주목됩니다. 먼저 간 발자국은 그 길의 안내판이기 때문입니다.

산업화와 민주화 다음으로 무엇이 우리의 시대정신이 되어야 하는가?

한국경영학회 차기회장 자격으로 2023년 6월 9일 오후 경북도청을 방문할 기회가 있었습니다. 이철우 경상북도지사님은 전략적 변곡점을 맞이한 우리 사회의 성장과 발전을 이끌 방안은 무엇인지 질문하며, 지방시대가 지금 우리를 새로운 성장과 발전으로 이끌어갈 시대정신이라고 강조하였습니다. 이에 공감하여 2024년 한국경영학회 제26회 하계 융합학술대회의 대주제를 '지방시대를 여는 한국경영'으로 선정하고, 이에 대한 연구를 한국경영학회 차원에서 본격 수행하여 왔습니다. 그 결실이 이렇게 한 권의 책자로 발간하게 되는 초석이 되었습니다.

경영학회가 지방시대에 주목하는 이유는 그 핵심에 지방의 기업이 있기 때문이다.

지방시대로의 발전을 위한 다양한 정책과 방안이 강구되기 시작한 것은 경상북도에서 촉발한 지방시대 논의가 정부 정책에 안착하는 과정에서 찾아볼 수 있습니다. 지방시대란 2023년 6월에 제정된 「지방자치분권 및 지역균형발전에 관한 특별법」에 반영되어 있습니다. 법의 취지는 지역이 주도하는 지역균형발전을 추진함으로써 국민 모두가 어디에 살든 균등한 기회를 누리는 지방시대를 구현한다는 것이다. 이것이 실제 작동하기 위해서는 여러 가지 정책이 실효성 있게 진행되어야 하겠지만, 그 중 특히 기업의 역할이 주목됩니다. 대한민국 어디서나 살기좋은 지방시대의 구현을 위한 지방시대 종합계획에서 밝힌 5대 전략 중 혁신성장의 중심은 바로 기업에 있기 때문입니다. 이에 기업을 연구대상으로 삼는 경영학에서 지방시대를 논의하는 당위성과 필요성은 충분하다고 생각됩니다.

지방이 선도하는 대한민국의 미래?

'지방시대를 여는 한국경영'이란 대주제에 발맞춰 서민교 대구대 명예교수님과 함께 연구진을 구성하고 이렇게 책자로 발간하기까지 많은 분들의 참여와 헌신 그리고 도움이 있었음을 분명히 밝혀두고자 합니다. 연구 화두인 지방시대라는 시대정신을 제안하고 선도하는 이철우 경상북도지사님, 한국경영학회 하계 학술대회 경주 개최를 지원하신 주낙영 경주시장님 그리고 관계자 여러분께 한국경영학회를 대표하여 감사드립니다. 본 연구진에 참여하여 사계절 꼬박 연구와 집필에 힘써 주신 김용현 경북연구원 선임연구위원님, 박영근 국립창원대 교수님, 박철 고려대 교수님, 안성익 영남대 교수님, 안성조 경북연구원 연구위원님. 양오석 강원대 교수님(성함 가나다순)과 처음부터 끝까지 전과정을 이끌어 주신 서민교 대구대 명예교수님의 노고에 깊이 감사드립니다. 함께 조사하고 고민하고 논의하여 완성시킨 원고를 잘 다듬어 하나의 책자로 발간하는 여정을 맡아주신 멀티애드의 김정미 대표님께도 저자를 대표하여 감사드립니다. 그리고 그리 쉽지 않은 연구를 수행하는 연구진을 격려하고 지원해 주신 수많은 한국경영학회 회원 및 이해관계자 여러분께 머리숙여 감사 드립니다.

저자보다 독자가 중요하며, 제안보다 실행이 가치롭습니다.

이 책에는 많은 데이터와 통계수치 그리고 정성적 자료 등이 등장합니다. 이를 조사하고 분석하여 우리의 미래를 위한 대안을 설계하고 제안하고자 연구진은 많은 노력을 하였습니다만, 좀더 보완하고 개선해야 할 부분도 있을 것입니다. 경향을 읽고 대책을 제안하고자 하는 시도는 친구는 서로 착한 일을 권한다는 뜻의 붕우책선(朋友責善)의 마음으로 진행 되었음을 밝히며, 이에 '지방시대' 4행시로 마무리하고자 합니다.

지 체없이 실행하고 시도해도 전혀 서두르는 것은 아닐 것이니
방 법과 절차 그리고 그 내용의 공감대를 형성해 나아 가면서
시 범적으로 경북에서 제안하여 시작한 지방시대를 적용하여
대 한민국의 미래를 선도하는 미래상을 여기에 그려 봅니다.

대단히 감사합니다.
이제 우리는 지방시대에 살고 있습니다.

추천사

이철우 경상북도지사

「지금은 지방시대! 경북이 선도하는 대한민국의 미래」 발간을 진심으로 축하드립니다. 한국경영학회는 경영학과 이에 관련되는 학문의 연구를 바탕으로 경영학의 경계를 넘어 지역산업의 발전을 통한 기업 경쟁력 강화에 큰 역할을 해오고 있습니다. 이번 단행본은 국내 최고의 전문가 분들이 진정한 지방시대를 앞당기기 위해 깊이 고민하고 연구한 이론적 · 실천적 방안을 담고 있어 뜻깊게 생각합니다.

경북은 민선 8기 '경북의 힘으로 새로운 대한민국'이라는 원대한 슬로건을 내걸고 '균형발전'과 '지방시대'를 위해 중앙부처와 국회를 쉼 없이 뛰어다니며 산업과 민생현장에서 도민들과 함께 정책활동을 해왔습니다.

또 국가적 난제인 저출생 문제를 지방정부 차원에서 해결하기 위해 '저출생과의 전쟁'을 선포하고 전국 최초 '저출생극복본부' 신설, 중앙정부 재정에 의존하던 한계를 극복하고자 민간투자활성화 정책을 선도적으로 추진했습니다. 뿐만 아니라 전국 유일의 이차전지 · 반도체 · 바이오 3대 첨단전략산업 특화단지, 바이오(안동), 원자력수소(울진), SMR(경주), 베어링(영주)의 첨단 국가산단을 비롯한 국내 최대면적의 기회발전특구 지정으로 경북의 미래성장판을 확장했습니다.

그러나 아직까지 수도권 일극체제라는 사회 · 경제구조와 중앙 중심적 국정운영방식이 지방시대를 가로막고 있습니다. 중앙정부만을 바라보고 읍소해서는 주민의 삶은 달라지지 않습니다. 지역의 현안과 현실을 가장 잘 아는 지방정부가 지방의 문제를 누구보다 잘 해결할 수 있습니다. 일 잘하고 능력 있는 경북이 증명하고 있습니다. 이제는 주민의 삶과 밀접한 분야는 지방정부에 믿고 맡길 때입니다.

아무쪼록 이번 단행본이 '지금은 지방시대!'라는 비전을 함께 공유하며 경북이 대한민국을 바꿀 제언이 되길 희망합니다.
감사합니다.

추천사

우동기 대통령직속 지방시대위원회 위원장

　현재 한국이 처한 가장 심각한 미래 위험은 저출생·고령화로 인한 급속한 인구감소와 더불어 지방소멸과 수도권과 지방의 양극화 심화라고 할 수 있습니다. 2010년 1.23명이었던 한국의 합계출산율은 2023년 4분기에 0.72명까지 떨어지며 역대 최저 기록과 세계신기록을 해마다 갱신하고 있으며, 인구의 급감과 더불어 지방도시 소멸 및 수도권과 비수도권과의 양극화 현상이 심화되고 있습니다. 그동안 이러한 문제점을 해결하기 위해 역대 정부들은 수도권 집중화의 대응책으로 수도권정비계획법 제정, 공공기관 이전, 권한의 지방 이양 등을 통해 중앙집권적 균형발전을 추진했지만 성과를 내지 못했습니다. 중앙정부 중심의 규제적·일률적인 정책으로는 이를 해결할 수 없는 한계점에 와 있음을 인식한, 윤석열 정부는 이런 문제를 해결하기 위해 '대한민국 어디서나 살기 좋은 지방시대'를 국정 목표로 중앙주도의 균형발전에서 지방 분권형 균형발전으로 패러다임을 전환하고 있습니다.

이런 배경 아래에서 지방시대위원회가 2023년 7월에 출범하였습니다. 진정한 지방시대를 실현하여 당면한 국가적 위기를 극복해 나가는 것이 우리 위원회의 시대적 소명이라고 생각합니다. 지금까지 시도되었던 지역균형발전이라는 개념을 파격적으로 넘어서는 지방시대를 성공적으로 실현하기 위해서 가장 필요한 것은 바람직한 롤 모델을 찾는 것이라 생각합니다. 왜냐하면, 개념적 도전에 그쳐서는 되지 않고, 반드시 실현시켜야 현재 당면한 국가적 위기를 극복할 수 있기 때문입니다. 지방시대를 실현하는 우수한 성공 사례를 찾아서 널리 전파해 다른 지방정부가 벤치마킹한다면 시행착오를 줄이면서 지방시대를 안착시키는 데에 크게 기여할 것입니다.

이런 롤 모델과 성공 사례를 경북에서 찾고자 합니다. 경북은 우리나라가 6.25전쟁 이후 폐허 속에 경제발전을 이룩해 오는 과정에서 큰 역할을 해 왔습니다. 산업화 초기 대구 섬유산업은 근대화의 초석이 되었고, 포항의 철강과 구미의 전자산업이 현재의 한국경제의 기틀을 제공해 주었습니다. 경북 동해안 일대의 원자력발전 단지는 저렴한 산업용 전기를 공급함으로써 우리 기업의 국제경쟁력을 높이는데 기여한 바가 있습니다.

국가 경제의 근간으로 지방시대를 선도하고 있는 경상북도와 이를 학술적으로 뒷받침하는 한국경영학회에 감사를 드립니다. 아무쪼록 경북의 선도적인 지방시대 정책이 주는 시사점을 바탕으로 모든 지역에서 지방시대가 성공적으로 도래하기를 기대하면서, 우리 지방시대위원회와 경북, 한국경영학회가 진정한 지방시대를 구현하는 데 큰 역할을 하기를 기원합니다.

| 목차 |

발간사 | **김연성** 한국경영학회 회장(인하대학교 경영학과 교수) **8**
추천사 | **이철우** 경상북도지사 **12**
추천사 | **우동기** 대통령직속 지방시대위원회 위원장 **14**

들어가며 **대한민국의 새로운 미래, 지방시대로 그려본다! 19**
김연성 한국경영학회 회장(인하대학교 경영학과 교수)
서민교 대구대학교 경영학부 명예교수

제1장 **왜 지방시대인가? 경북 사례 연구의 필요성**
안성익 영남대학교 경영학과 교수

제1절 서론 **28**
제2절 수도권 집중화와 출산율 저하 **35**
제3절 지역균형발전을 위한 역대 정부의 노력과 한계 **48**
제4절 지방시대를 선도하는 경북 **76**

제2장 **지방분권형 국가경영시스템으로의 전환 및 지방의 역량 강화**
안성조 경북연구원 연구위원

제1절 서론 **88**
제2절 현황 및 국내외 정책동향 **91**
제3절 경북이 주도하는 지방분권의 주요내용과 성과 **114**
제4절 결론 **125**

제3장 **지방시대의 산업정책**
안성익 영남대학교 경영학과 교수

제1절 서론 **130**
제2절 한국의 산업발전에 기여해 온 경북 **132**
제3절 미래 한국 산업을 견인하는 경북 **151**

제4장 **지방시대의 지역소멸 대응**
양오석 강원대학교 경영회계학부 교수

제1절 서론 **178**
제2절 현황 및 국내외 정책 동향 **183**
제3절 경북 정책의 특성과 내용 **196**
제4절 결론 및 정책 제언 **200**

제5장 **지방시대의 교육정책**
김용현 경북연구원 선임연구위원

제1절 서론 : 위기의 지방시대 **212**
제2절 현황 및 정책 동향 **214**
제3절 대학교육 정책 추진과 내용 및 성과 **221**
제4절 결론 및 정책제언 **244**

제6장 **지방시대의 문화관광 혁명**
박 철 고려대학교 융합경영학부 교수

제1절 서론 **250**
제2절 현황 및 국내외 정책 동향 **252**
제3절 경북 정책의 특성과 내용 및 성과 **266**
제4절 결론 및 정책 제언 **287**

제7장 **지방시대의 농림수산업 정책**
박영근 국립창원대학교 경영학과 교수

제1절 서론 **294**
제2절 경북의 농림수산업 현황 **295**
제3절 농림수산업의 대전환 **298**
제4절 경상북도의 농림수산업 대전환 정책제언 **307**

마무리 **경북 주도 지방시대가 만드는 대한민국의 미래 319**
김연성 한국경영학회 회장(인하대학교 경영학과 교수)
서민교 대구대학교 경영학부 명예교수

저자소개 **340**

들어가며
•
대한민국의
새로운 미래,
지방시대로 그려본다!

김연성

한국경영학회 회장(인하대학교 경영학과 교수)

서민교

대구대학교 경영학부 명예교수

본 서 출간의 배경과 의의, 그리고 구성 및 주요 내용을 요약 · 제시한 후,
앞으로의 논의 방향을 모색한다.

제1절 본 서 출간의 배경과 의의

한국이 처한 가장 심각한 미래 위험은 저출생·고령화로 인한 급속한 인구감소와 더불어 지방소멸과 수도권과 지방의 양극화 심화라고 할 수 있다. 우리나라는 1960년~1970년대 수도권 등 주요 거점 지역을 중심으로 경제성장과 효율성을 강조하는 전략적 자원 배분을 통해 경제 발전을 달성했다. '한강의 기적'이라는 한국의 경제성장에는 수도권의 역할이 컸다. 거대 도시를 통한 인력과 자원의 집적은 시너지 효과를 극대화하는 장점이 있었다. 그러나 지금은 심화된 교육·인재·기업·일자리 등의 수도권 집중은 그 단점이 장점을 압도하고 있다. 수도권과 지방의 분단은 다른 어떤 분야의 분단 보다도 심각한 한국 사회의 주요 모순이 되고 말았다.

2010년 1.23명이었던 한국의 합계출산율은 2023년에 0.72명까지 떨어지며 역대 최저 기록과 세계신기록을 해마다 갱신하고 있다. 인구의 급감과 더불어 지방 도시 소멸 및 수도권과 비수도권과의 양극화 현상 또한 심화되고 있다. 수도권은 사람과 각종 인프라가 언덕을 구르는 눈덩이 격이라면 지방은 햇볕 든 처마 밑 고드름 꼴이다. 전체 국토의 11.8%에 불과한 수도권의 인구는 전체의

50.68%로 이러한 인구집중은 지방을 소멸위기로 내몰고 더 나아가 저출생을 초래하고 있다. 수도권 집중 현상은 일자리, 교육, 문화, 의료 등의 이유로 청년들이 수도권으로 몰리기 때문이다. 또한 청년층이 수도권으로 몰리는 현상은 심각한 저출생 문제의 원인으로도 작용한다. 인구 밀도가 높을수록 수도권에 거주하는 청년들의 사회적 경쟁과 불안감이 심화되면서 자신의 경쟁력을 높이기 위해서뿐만 아니라 교육열 상승, 육아 시설 부족 등으로 비용이 커지기 때문에 결혼과 출산을 미루게 되기 때문이다.

결국 수도권 집중을 막는 것이 초저출생과 지방소멸의 재앙을 피하는 최고의 해법이다. 하나의 국가를 인체에 비유했을 때 수도권이 머리라면 지방은 손발과 같다. 우리나라는 머리만 크고 손발은 왜소한 불균형의 모습을 보이고 있다. 아무리 머리가 뛰어나도 수족이 제 기능을 못하면 온전한 사고 기능과 능력을 발휘할 수 없어 건전한 국가로 성장하기 어려울 것이다.

그동안 이러한 문제점을 해결하기 위해 역대 정부들은 수도권 집중화의 대응책으로 수도권정비계획법 제정, 공공기관 이전, 권한의 지방 이양 등을 통해 중앙집권적 균형 발전을 추진해 왔지만 성과를 내지 못하였다. 이제 사회 양극화, 저출생과 수도권 집중으로 인한 지방소멸은 가속화돼 중앙정부 중심의 규제적·일률적인 정책으로는 이를 해결할 수 없는 한계점에 와 있다. 현 정부는 이런 문제를 해결하기 위해 '대한민국 어디서나 살기 좋은 지방시대'를 국정 목표로 설정하여 중앙주도의 균형발전에서 분권형 균형발전으로 패러다임을 전환하였다.

특히, 현 정부의 지방시대 정책과 관련하여 우리는 경상북도의 선도적이며 선제적인 노력과 역할을 주목할 필요가 있다. 이철우 경상북도지사는 일찍이 '경북의 힘으로 새로운 대한민국'이라는 캐치프레이즈를 내세우면서 '지방시대'라는 국가적 정책과 아젠다를 앞장서서 현장(지방)에서 실험하고 정책화해 이를 국가 모델로 제시하는 등 주목을 받고 있다. 경북은 2023년에 전국 최초로 지방시대정책국을 신설하는 등 국정 목표인 '지방시대'를 실제로 현장에서 적용한 다양한 정책을 실험하고 정책화시켜서 '적어도 지방화 정책면에서는 경북이 하면 대한민국 표준이 된다'는 얘기가 나올 정도이다. 또한 저출생 해소를 위한 정부의 저출생 대응 총괄 부처 신설과 규제개선 등의 적극적인 건의로 윤대통령의 지난 5월 9일 취임 2주년 기자회견에서 저출생 고령화 대응 부처인 '저출생대응기획부'(가칭)를 부총리가 이끄는 조직으로 신설토록 하였으며, 청와대 내에서 '저출생 수석실'을 설치하도록 하였다.

1956년 발족한 이래 우리나라 기업경영의 선도자이자 동반자로서 역할을 해온 한국경영학회는 학문적 연구와 아울러 우리나라 기업들의 경쟁력 제고시킬 수 있는 인재 양성과 전략을 제시하고자 노력해 오고 있으며, 늘 열린 마음과 실사구시의 자세로 우리 사회의 다양한 이슈를 해결해서 국가경쟁력을 제고시키기 위한 목소리를 아끼지 않고 내어 왔다. 하지만 한국경영학회는 그동안 현재 우리나라가 당면한 핵심과제인 저출생으로 인한 인구소멸과 지방소멸 그리고 그 근본 원인인 수도권 집중 문제에 대해, 크게는 국가의 존망과 그리고 작게는 지역의 산업과 기업 및 지역 대학의 생존 문제와 직결되는 문제임에도 불구하고 상대적으로 바른 목소리를 내지 못하여 왔다. 이에 한국경영학회(회장 김연성)는 2024년 들어 문제의 심각성을 인식하고 학회 내에 지방경영위원회(위원장 서민교)를 신설하여 본격적으로 초저출생과 지방소멸·수도권 집중 문제를 해결할 수 있는 이른바 '지방시대'를 어떻게 열 수 있는가의 문제를 본격적으로 논의하였다.

첫 번째 사업으로 전문가들로 집필진을 구성하여 본 서를 출간하기로 결정을 하였다. 본 서의 출간 목적은 왜 지방시대가 필요한가를 살펴본 후, 지방시대를 앞장서서 선도하고 있는 경북의 구체적인 정책사례를 분석함으로써 지방시대에 대한 인식 제고와 정부나 다른 지자체들에게 주는 시사점을 제공할 뿐만 아니라 나아가 지방시대를 완성하기 위한 조건들에 대해서도 살펴보는 것이다. 따라서 이에 집필진들은 심도있는 논의 끝에 이런 목적에 맞추어, 아직도 지방시대에 대한 인식이 낮다는 점에서 새로운 정책적 아이디어의 제시보다는 기존의 연구들을 잘 정리하고 가급적 쉽게 기술한 본 서를 출간하게 되었다. 이를 기반으로 2024년 8월 12일~14일 경주에서 개최되는 융합학술대회에서 특별세션을 준비하여 정부의 지방시대 정책과 경북의 실제 정책사례에 대한 발표와 토론을 전개하고자 한다. 또한 한국경영학회는 국가의 당면과제인 저출생·지방소멸·수도권 집중 문제의 심각성을 인식하고 이를 해결할 수 있는 지방시대를 선도하기 위한 전략 제시 등을 통해 대한민국의 미래 성장동력을 창출하는 데에 앞장서겠다는 이른바 '경주선언'을 선포할 계획이다.

제2절 본 서의 구성 및 주요 내용

본 서는 서문과 결언 그리고 모두 7개의 장의 본문으로 구성된다. 먼저 서문에서는 김연성 회장(인하대)과 서민교 위원장(대구대)은 본 서 출간의 배경과 의의, 그리고 구성 및 주요 내용을 요약·제시한 후, 앞으로의 논의 방향을 모색한다. 본문에서는 한국이 직면한 당면한 저출생과 지역소멸의 문제를 해결하는 길은 수도권 일극체제를 극복하여 다극 중심체제로 전환하는 지방시대를 만드는 것이며, 현 정부 들어 지방시대를 선도하고 있는 경북의 실제 정책 사례를 산업·자치역량 강화·교육·농어촌혁신·저출산 문제·문화관광 혁신 등 다양한 분야로 나누어 그 시사점을 정리하였다.

제1장에서 안성익 교수(영남대)는 대한민국의 당면과제인 초저출산·지방소멸의 근본원인이 수도권 집중 현상이며, 이를 해결하기 위한 역대 정부들의 지방분권과 균형성장전략에 대해 살펴본 후, 현 정부의 '지방시대' 정책의 내용을 분석한다. 다음으로 지방시대 정책을 선도하고 있는 경북의 정책연구에 관한 이유와 필요성에 대해 살펴본다.

제2장에서 안성조 연구위원(경북연구원)은 지방분권형 국가경영시스템으로의 전환 필요성과 이를 실제 수행하기 위해 반드시 필요한 자치 역량 강화방안에 대해 경북의 사례를 분석하고 시사점을 제시한다.

제3장에서 안성익 교수(영남대)는 지방시대에 걸맞는 산업육성 정책에 관한 경북의 사례를 분석한다. 기존 산업과 미래의 신성장동

력산업을 어떻게 경북에서는 육성하려고 노력하는지를 살펴본다.

제4장에서는 양오석 교수(강원대)는 지방시대의 저출산과 지역소멸 대응 정책에 대해 살펴본다. '저출생과의 전쟁'을 선포한 경북의 다양한 정책들과 외국인 이주자 유입 및 정착 정책들도 분석한다.

제5장은 지방시대 교육정책으로, 김용현 선임연구위원(경북연구원)은 소멸위기가 가속화 되고 있는 경북 지역의 대학과 지자체가 상생 발전할 방안을 제시하였다. '아이디어 산업주도 K-대학 대전환'을 비전으로 '경북 라이즈(지역혁신중심 대학지원체계(RISE))'의 실행 가능한 4개 핵심프로젝트를 제안하고 있다.

제6장은 지방시대의 문화관광 혁명으로 박철 교수(고려대)는 경북이 지방시대에 문화관광을 어떻게 혁명적으로 전개하고 있는지를 살펴본다. 먼저 경북의 문화관광 자원과 인프라 등 지역 현황과 국내외 정책 동향을 살펴보고 경북의 문화관광 정책 특성과 사례를 살펴보고자 한다. 그리고 정책의 비전과 목표, 그리고 사례를 K-컬처 집적 프로젝트, 디지털 한류거점 조성, 문화관광 융합콘텐츠 개발, 생활인구 기반 듀얼라이프 확산 등으로 나누어 주요특성과 기대효과를 분석해 본다. 마지막으로 결론과 정책제언을 제시한다.

제7장은 지방시대의 농림수산업 대혁명으로 박영근 교수(국립창원대)는 국가 주도가 아닌 경북이 주도하는 첨단화를 목표로 추진되는 농림수산업 대전환 정책에 대해 살펴본 후, 그 시사점을 제시한다.

마지막 결언에서는 김연성 회장과 서민교 위원장이 지금까지 논의된 내용을 다시 한번 요약 · 정리하면서 경북의 사례가 주는 시사점과 앞으로 대한민국을 살리기 위한 성공적인 지방시대로 가는 길과 그 미래 방향을 제시하고자 한다.

제3절 앞으로의 논의 방향

본 서의 출간은 한국경영학회가 본격적으로, 우리가 당면한 국가적 과제인 저출생 · 지역소멸 문제와 더불어 수도권 집중문제를 해결하기 위한 '지방시대' 실현에 관심을 갖고 첫 발을 내디뎠다는 점에서 그 의의가 있다. 앞으로 지방시대 실현을 위해서는 수많은 과제가 남아있으며, 이에 대한 심도 있는 연구의 시작을 알리는 것에 의의가 있으며, 앞으로의 논의 방향을 정리해 보면 다음과 같다.

첫째, 본 서는 새로운 정책 아이디어의 제공보다는 경영학자나 일반인들에게 지방시대의 필요성을 널리 알리는 데에 초점을 두고 있다는 점에서 앞으로 시간을 두고 좀 더 세부적인 주제에 대한 심도 있는 연구가 필요하다.

둘째, 앞으로 지방시대에 대한 다양한 분야의 학제적 접근이 필요하다. 경제와 경영 측면뿐만 아니라 정치와 행정, 문화와 관광, 농림수산업 등 다양한 분야의 학자들이 모여 지혜를 모을 필요가 있다.

어쨌든 부족하고도 조그만한 첫 시도가 뿌리를 내려 앞으로 풍성한 결과인 과일을 수확하여 국가적 난제를 극복하고 국가경쟁력을 높이는 계기가 되기를 기대한다.

제1장
·
왜 지방시대인가? 경북 사례 연구의 필요성

안성익

영남대학교 경영학과 교수

현재 저출생 문제는 가장 중요한 국정과제라고 받아들여지고 있는데, 이의 가장 중요한 원인의 하나가 수도권 집중화와 지방소멸이다. 본 장에서는 우선 수도권 집중화와 저출생 간의 관계에 대해서 살펴보았다. 그런 다음, 지역균형발전을 위해 역대 정부들이 노력하였으나 실패하였고, 그 결과, 지방시대위원회가 출범하게 되는 과정에 대해서 살펴보았다. 어느 정책보다 강력하게 지역균형발전을 추진하는 지방시대 정책을 실현하기 위해서는 이의 좋은 본보기를 찾을 필요가 있다. 본 장에서는 경북의 과거뿐만 아니라 현재에도 지방시대 실현의 좋은 본보기가 된다는 점에 대해서 살펴보았다.

제1절 서론

　1945년 해방과 함께 건국된 대한민국은 한국전쟁을 겪고 세계 최빈국으로 추락하였다. 그런 열악한 사정에 굴하지 않고 불굴의 투지로 노력을 지속한 결과, 우리나라 경제가 세계 10위권에 위치할 정도로 성장하였다. 건국 이후 지난 70년 동안, 시대별로 각종 문제에 봉착하였지만, 우리나라는 그때마다 슬기롭게 극복하여 지금과 같이 영광스러운 자리에 이르게 되었다.

　그런데, 2010년대부터 우리나라는 이전과 성격이 전혀 다른 사회문제가 맞게 되었고, 급기야, 이 문제는 우리나라의 존립까지 걱정해야 될 정도의 문제로 그 여파가 커지고 있다. 그 문제는 바로 '출산율 저하와 인구절벽' 문제이다. 최근, 미국 뉴욕타임즈는 0.7명으로 줄어든 한국의 합계 출산율을 소개하면서, 이 수치는 흑사병 창궐로 인구가 급감했던 14세기 중세 유럽보다 더 심각한 수준이고, 이 국면이 유지될 경우에는 대한민국이 존립까지 걱정해야 할 형편이라고 보도하였다(이지헌, 2023). 이에 따라서, 우리나라 정부도 대통령 특별 담화를 통하여 '저출산 문제 해결'을 최우선 국정과제로 결정하였다(이상헌, 2024).

'출산율 저하와 인구절벽' 문제와 더불어, 최근 사회적 이슈로 주목받고 있는 문제가 바로 '수도권 집중화와 지방붕괴'이다. 수도권 집중화는 여러 측면에서 언급될 수 있지만, 인구 측면만 보아도 그 심각성이 쉽게 파악된다. 전체 국토에서 수도권이 차지하는 면적은 11.8%에 불과하지만, 2022년 12월 기준 수도권 인구는 대한민국 총인구의 50.5%나 달하고, 그 비율은 늘고 있다. KBS는 2021년 '국가균형발전'에 관해 여론조사를 실시하였는데 조사결과, 일자리·주거·교육 측면에서 수도권 집중화가 심각하고, 응답자의 79.3%가 국가균형발전 정책이 필요하다고 응답하였다.[1]

[그림 1] 우리나라 출생아 수와 합계 출산율의 변화

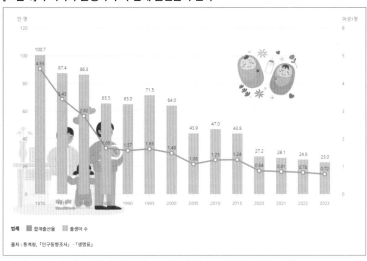

자료원 : KOSIS 통계놀이터, 비주얼 통계, 우리나라 출생아 수와 합계 출산율의 변화
https://kosis.kr/edu/visualStats/detail.do?menuId=M_05&ixId=16.

[그림 2] 심화되는 수도권 집중화

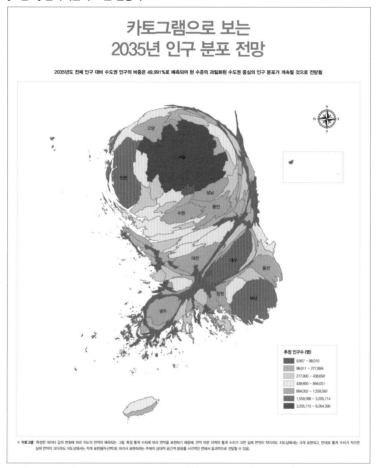

자료원 : 국토연구원. 2023. 지도로 보는 우리 국토(59), 국토, 11월호(통권 505호)

향후 국가 존립과 직결되는 '출산율 감소와 인구절벽' 문제는 표면 상으로는 '수도권 집중화와 지방소멸' 문제와 별개의 문제로 보일 수 있다. 하지만, 조금만 들여다보면, '수도권 집중화 및 지방소멸' 문제는 '출산율 감소와 인구절벽' 문제와 매우 밀접하게 연계되어 있음을 쉽게 알 수 있다. 뒤에서 자세히 설명하겠지만, 이에 대해서 간단히 설명하면, 양질의 일자리를 찾아서 청년층이 수도권으로 몰리게 되면, 수도권의 집값과 물가가 오르게 되고, 이는 다시 결혼과 육아에 대한 부담을 가중시켜서 출산율을 감소시키게 되므로, 수도권 집중화가 출산율 감소에 영향을 미치게 된다. 이런 측면에서 '수도권 집중화와 지방소멸' 문제는 단순한 사회문제가 아니라, 국가 존립과 관련된 중대한 문제라고 볼 수 있다.

역대 정부들이 수도권 집중화를 막기 위해서 노력을 하지 않은 것이 아니다. 수도권 집중화를 막기 위한 지역균형발전 정책은 이미 1960년대에 경제개발5개년계획이 수립되면서 시작되었다. 1960년~1970년대 고도성장기를 거치면서, 일자리를 찾아서 농촌인구가 주변 대도시로 이동하면서, 수도권 집중화 문제가 대두되기 시작하였다. 1997년 외환위기 이후 우리나라 경제의 글로벌화가 급속히 진행되었고, 2000년대 이후, 수도권 집중화 현상은 더욱 가속화되었다. 이에 따라서, 2000년대 이후의 역대 정부들이 수도권 집중화를 억제하고 지역균형발전을 위해서 더욱 적극적으로 정책적 노력이 시도해 보았지만, 결과는 반대로 수도권 집중화 심화로 나타났다.

이런 가운데, 2022년 5월에 출범한 윤석열 정부는 지역균형발전의 중요성을 인식하고, '대한민국 어디서나 살기 좋은 지방시대'를 6대 국정목표 중 하나로 설정하였다.[2] 이 정책의 강력한 실행을 돕기 위해서, 2023년 7월 10일에 자치분권위원회와 국가균형발전위원회의 기능을 통합하여 수행하는 국가균형발전위원회를 대통령 직속 기구로 신설하였다. 이와같이, 수도권 집중화 방지와 지역 균형발전을 위해서 중앙정부가 할 수 있는 준비는 어느 정도 갖추어진 것으로 볼 수 있다. 향후, 지방시대 실현을 실현시키는데 있어서, 지자체가 중앙정부 못지않게 중요한 역할을 맡아야 한다. 이 글을 통해서, 앞으로 지자체가 어떤 키우고 어떤 역할을 맡아야 하는가를 경북의 사례를 통해서 살펴보고자 한다.

지방시대 구현에 있어서, 경북을 살펴보아야 하는 이유는 먼저 대한민국 건국 이후 고도 경제 성장기를 거치는 동안 경북이 대한민국 발전에 기여했던 역사를 통해서 찾을 수 있다. 6.25전쟁 직후, 기술과 자본이 절대적으로 부족했던 시절에 대구·경북 지역의 섬유산업이 소중한 외화벌이에 큰 기여를 하였다. 이어서, 포항의 철강산업이 울산의 자동차 및 조선산업을 뒷받침하여 한국이 공업 입국으로 들어서는 초석을 마련해 주었다. 또한 구미의 전자산업이 섬유산업에 이어서 수출의 효자산업으로써의 역할을 수행하였고, 현재 우리나라의 산업의 핵심축이 되는 반도체 및 이동통신이 발전할 수 있는 기반을 제공하였다. 나아가, 자원빈국으로 항상 전력난에 시달렸던 우리나라가 경남·경북 동해안 일대에 원자력발전소를 건설하면서, 안정적인 전력 공급이 가능케 되었고, 최근에서는 선진국 중에서 가장 저렴한 산업용 전기를 공급할 수 있게 되었다. 이와같이, 수도권 집중화가 본격화된 1990년대 후반까지 경북은 대한민국의 경제를 이끌고, 그 시절에 구현할 수 있었던 '지방시대'를 경북이 구현하였다.

그런데, 1990년대부터 중국이 부상하면서 대중국 무역 의존도가 높아지면서 서해안 시대가 열렸고, 1997년 외환위기 이후 국내 기업의 글로벌화와 수출제품의 고도화로 인해 해운보다는 항공을 통한 수출이 늘면서 인천공항에 대한 의존도가 높아졌다. 그 결과, 인천공항을 통해서 전세계를 대상으로 경제활동을 하기에 유리한 수도권으로 대기업들이 이전하였고, 상대적으로 경북의 역할이 줄어들게 되었다. 이런 가운데, 경북은 정부가 '지방시대' 정책을 본격적으로 추진하기 이전부터 정책적 노력을 시도해 왔다. 현재 경상북도지사를 맡고 있는 이철우 지사는 국회위원이었던 2011년에 「지방이 살아야 나라가 산다 : 국회의원 이철우의 최다 화두」라는 저서를 발간하였다(이철우, 2011). 이 책을 통해서 그는 지역균형발전이 이뤄지면 부동산과 저출산 문제 등은 자연스럽게 해결될 것이므로, 국가경쟁력 강화를 위해서 수도권 집중 방지와 지역균형발전이 반드시 이뤄져야 한다고 주장하였다(더리더, 2021). 이러한 지역균형발전에 대한 강력한 의지는 2018년 경상북도지사 취임사에도 고스란히 담겨졌다(이철우, 2018). 이후 경북은 지역균형발전을 위한 강력한 도전을 시도하였는데, 그 중 하나는 국가 허브공항인 인천공항을 보좌하는 내륙신공항 건설이고, 또 하나는 대구·경북 행정통합이다. 글로벌 시대에 인천공항으로 이동하는 내륙 물류비와 이동 시간을 줄이기 위해서는 내륙신공항이 필수적이라는 인식 하에서 과감하게 내륙신공항 건설을 추진해 오고 있고, 수도권에 대응할 수 있는 규모의 경제와 범위를 경제를 확보하기 위해서 대구경북 행정통합을 추진해 오고 있다.

이런 가운데, 2022년 5월 윤석열 정부가 출범하면서 '대한민국 어디서나 살기 좋은 지방시대'를 6대 국정목표로 설정하였고, 같은 해 8월에 경상북도지사가 제16대 대한민국시도지사협의회 회장을 맡으면서 2023년 7월 '지방시대위원회'가 출범하는데 큰 역할을 하였다. 이에 대해, 경상북도는 수동적으로 중앙정부의 정책을 기다리지 않고, 2023년 10월 30일 '경북도 지방시대위원회'을 출범시키고, '청년의, 청년을 위한, 청년 중심'의 정주도시를 만들어 지역소멸을 극복한 최초의 지방정부가 되겠다고 천명했다(김창원, 2023). 정책의 핵심은 경상북도 지방시대 5대 정책 방향과 5대 메시지로 요약되는데, 5대 정책 방향은 △지방정주대전환, △교육대전환, △문화대전환, △산업대전환, △농업대전환이고, 경북의 지방시대 5대 메시지는 △지방화를 통한 국민행복시대, △지방분권형 국가경영시스템, △현장중심 플랫폼 지방정부 전환, △지방시대 실현 6대 프로젝트, △지역소멸을 극복한 최초의 지방정부이다. 이런 가운데, 이전부터 추진해 왔던 대구·경북 행정통합도 적극적으로 추진 중이고(임성수·민경석, 2024), 신륙신공항도 2030년 개항을 목표로 사업이 본격적으로 추진 중이다.[3]

이와같이, 경북은 어느 지자체보다 선도적으로 지방시대를 달성시키기 위해서 다양한 측면에서 노력하고 있다. 이러한 경북의 노력과 시도는 다른 지자체에 좋은 본보기가 될 것이라고 생각된다. 과거, 정부의 지역균형정책을 되새겨 볼 때, 지역균형발전은 산업, 교육, 행정 등과 같이 특정의 독립된 요소만으로 달성될 수 있는 것이 아니라, 본질적으로 그 지역이 살기 좋은 곳으로 인식될 수 있도록 다양한 측면의 정주여건이 뒷받침되어야 한다. 이런 배경 하에서 본 장에서는 지방시대 구현의 필요성과 그의 실현을 위해서 경북에 주목해야 하는 이유에 대해서 살펴보겠다.

제2절 수도권 집중화와 출산율 저하

1. 출생률 감소와 한국의 미래

통계청의 인구상황판을 통해 과거[그림 3], 현재[그림 4], 미래[그림 5]의 연령별 인구구조를 살펴보면 다음과 같다(통계청, 2024).

1960년대는 전쟁의 참화에서 회복되어서 급속히 출산율이 늘어나는 시기이다. 소위 말하는 '58년 개띠' 세대가 출생하던 시기인데, 인구구조는 전형적인 피라미드 형태를 띤다. 한국 경제발전과 흐름을 같이 했던 '58년 개띠' 세대가 은퇴한 시기인 2024년에는 이전부터 진행되었던 출생률 급감현상으로 인해 연령별 인구구조가 완전히 바뀌게 되었다. 경제활동 인구보다 부양대상인구가 늘어나고 있는 상태이다.

현재와 같은 출산율이 유지되는 등의 몇 가지를 가정을 하고 2072년 상황에 예상했을 때, 소수의 경제활동 인구가 다수의 고령인구를 부양해야 하는 전형적인 극고령화사회로 접어들 것으로 예상된다. 그러한 인구구조에서는 정상적인 국가운영이 어려울 것이라고 예상된다. 이러한 한국의 급격한 출산율 감소와 인구구조 변화에 대해서 뉴욕 타임즈 칼럼니스트인 다우서트(R. Douthat)는 현재 한국의 상황을 페스트가 유행했던 중세 유럽 시대보다 더 상황이 나쁜 것으로 판단하고, 이런 상태가 유지될 경우에는 한국의 존립 자체도 위태롭다고 주장하였다(이지헌, 2023).

[그림 3] 인구상황판 과거

자료원 : 통계청(2024), 인구상황판.

[그림 4] 인구상황판 현재

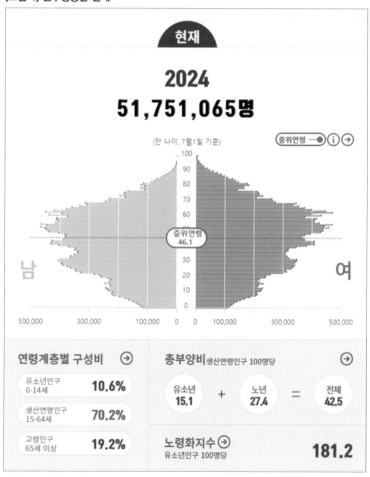

자료원 : 통계청(2024), 인구상황판.

[그림 5] 인구상황판 미래

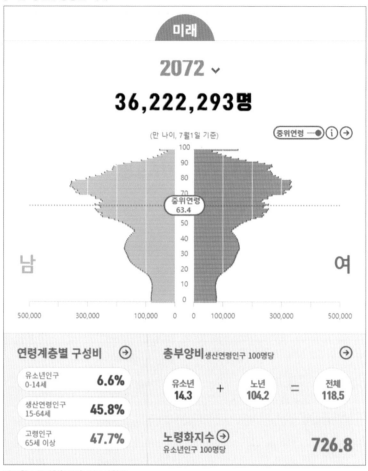

미래

2072 ∨

36,222,293명

(만 나이, 7월1일 기준)

중위연령 ●━ ⓘ →

중위연령
63.4

남

여

연령계층별 구성비 →	
유소년인구 0-14세	**6.6%**
생산연령인구 15-64세	**45.8%**
고령인구 65세 이상	**47.7%**

총부양비 생산연령인구 100명당 →

유소년 14.3	+	노년 104.2	=	전체 118.5

노령화지수 →
유소년인구 100명당

726.8

자료원 : 통계청(2024), 인구상황판.

2. 혼인율 및 출생률 감소 원인

1) 혼인율과 출생률 변화

이태열(2020)은 [그림 6]에서 한국의 혼인율과 출산율 저하에 대해서 통계적으로 확인하였다. 1991년 이후, 혼인건수가 지속적으로 감소하고 있고, 혼인건수 감소추세보다 더 빠르게 출생아 수가 줄고 있는 것으로 조사되었다. 혼인행태에서 세대별 차이가 있는 것으로 조사되었는데, 83년생까지는 결혼이 줄지 않고 결혼시기가 늦어진 반면, 84년생부터는 혼인율 자체가 낮아졌다. 결과적으로 만혼율 증가와 혼인율 감소 모두 출생아 수 감소 요인으로 작용하였다.

[그림 6] 혼인 건수 및 출생아 수 추이

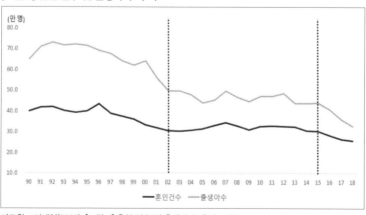

자료원 : 이태열(2020), [그림 1] 혼인 건수 및 출생아 수 추이, p. 9.

2) 결혼 및 출산 기피 이유

그렇다면, 왜 결혼을 늦추거나 결혼을 기피하는 것일까? 통계청은 1977년부터 사회 전반에 대한 의식조사를 해 오고 있다. 2022년 조사에서는 18,600가구 내 36,000여 명을 대상으로 결혼 관련 사항도 조사되었고, 그 결과는 [그림 7]과 같다(통계청, 2023).

'결혼 필요성 못 느낌'(17.3%)과 '결혼 상태 못 만남'(9.7%)를 제외하면, 나머지 이유는 모두 경제적 이유인데, 구체적으로 살펴보면, '결혼 자금 부족'(33.7%), '출산·양육 부담'(11.0%), 고용 상태 불안정(10.2%)이고, 이는 전체 이유 중에서 54.9%나 차지한다. 이 자료를 통해서 알 수 있듯이, 결혼을 하지 않는 가장 큰 이유는 바로 경제적 이유라는 것을 알 수 있다.

[그림 7] 결혼하지 않은 이유

자료원 : 통계청(2023), (기획보도) 「사회조사」로 살펴본 청년의 의식변화.

3) 결혼비용과 비용 항목

그렇다면, 최근 들어서, 결혼하는데 얼마 정도의 돈이 들고, 구체적으로 어느 항목에 비용을 지출할까? 결혼중계업체인 듀오 (2024)가 2024년 1·2년차 신혼부부 1,000명을 대상으로 결혼비용에 대해서 조사하였다. [그림 8]에서처럼 조사결과, 신혼부부 총 결혼비용은 2억 9,748만원인데, 이 중에서 가장 높은 비중을 차지하는 것은 신혼집 관련 비용이고, 이는 전체 결혼비용 중에서 81.6%에 해당한다. 앞의 조사 결과와 결부시켜 보면, 높은 집값이 결혼을 늦추거나 결혼을 포기하게 만드는 주된 요인이라는 것을 알 수 있다.

[그림 8] 듀오 2024 결혼비용 실태 보고서

자료원 : 듀오(2024), 2024 결혼비용 실태 보고서.

4) 집값의 추이

다음 [그림 9]는 주택금융연구원이 2023년에 서울, 수도권, 광역시, 기타 지역으로 구분하여 주택 가격 변화에 대한 자료이다(최영상·강영신. 2023).

[그림 9] 권역별 아파트 매매 중위가격 변화 추이

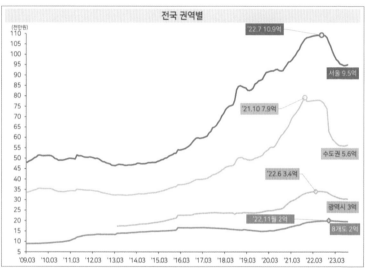

자료원 : 최영상·강영신(2023), (전국 아파트 중위가격) 서울 중위가격 10억 이하로 하락.
서울 및 수도권 하락세 멈추며 최근 소폭 상승. p. 11.

광역시 및 기타 지역의 아파트 가격(전세 포함)에 비해서 서울 및 수도권 아파트 가격이 원래 높다는 것이 쉽게 확인된다. 나아가, 아파트 가격 상승기에는 이들 간의 차이가 더욱 커진다는 것도 확쉽게 확인된다. 앞서 살펴보았던 바와 같이, 결혼 막는 가장 중요한 요인이 바로 주택가격인데, [그림 9]를 통해서 알 수 있듯이, 서울 및 수도권은 다른 지역에 비해서 높은 집값 때문에 결혼이 더욱 어려울 것이라고 예상할 수 있다.

5) 요약 및 정리

앞에서 결혼 기피 이유, 결혼 비용 항목, 그리고 수도권과 비수도권 집값이 차이 순서대로 자료를 살펴보았다. 이 세 자료를 연결 지어 생각해 보면, 높은 집값때문에 지방보다 수도권 지역에서 결혼하기가 더 어렵다고 볼 수 있다. 이런 상황에서 결혼은 앞둔 청년 인구가 수도권으로 이동하고 있다면 앞으로 혼인 및 출산이 더 줄어들 것이라고 예상할 수 있다.

3. 권역 간 인구 이동과 이동의 이유

1) 권역별 순이동

2021년 권역별 순이동에 대한 통계청 자료를 살펴보면 [그림 10]과 같다(통계청, 2022). 호남권과 영남권에서 순유출만 있고, 수도권에는 순유출과 순유입이 동시에 있고, 중부권에는 순유입만 있다. 그런데, 수도권의 순유입 규모는 중부권과 비교과 어려울 정도로 크다. 혼인 및 출산과 가장 관련이 높은 연령대는 20대인데, [표 1]에서 볼 수 있듯이, 20대의 수도권 유입이 가장 큰 것으로 조사되었다.

[그림 10] 2021년 권역별 순이동

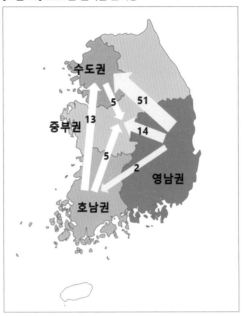

자료원 : 2021년 권역별 순이동.

[표 1] 권역 · 연령별 순이동자 수(2021) (단위 : 천 명)

권 역	합계	0-9세	10-19세	20-29세	30-39세	40-49세	50-59세	60세 이상
수도권	56	−2	8	70	4	−5	−10	−10
중부권	24	2	−0	−7	5	5	9	11
호남권	−16	1	−2	−19	−1	1	3	2
영남권	−67	−2	−5	−42	−10	−3	−2	−3

자료원 : 통계청(2022), [표 10] 권역 · 연령별 순이동자 수, 2021, p. 18.

2) 청년층 이동의 이유

국토연구원이 지방 거주 경험이 있는 청년 1,000명을 대상으로 지역간 이동의 이유에 대해서 설문으로 조사하였고, 그 결과를 요약한 것이 [그림 11] 그래프이다(하수정 외 2022). 그림에서 볼 수 있듯이, 지역 이동의 가장 큰 이유는 '원하는 일자리를 찾아서'이고, 교육, 가족, 주거환경 등이 그 다음 순서의 이유들이다.

[그림 11] 청년의 지역이동 이유

자료원 : 하수정 등(2022), 청년의 지역이동 이유, p. 11.

청년층 이동의 가장 큰 이유가 바로 일자리이기 때문에 지역별로 일자리 규모를 살펴보았다. [그림 12]는 지역별 채용공고 건수 등을 자료를 취합하여 만든 자료이다(하수정 외 2022). 수도권인 서울, 경기, 인천 지역의 채용 공고가 월등히 많고, 그 다음을 충청권이 채용공고가 많은 것으로 조사되었다.

[그림 12] 시 · 도별 청년인구 만명 당 채용공고 건수(2022년 10월 10일 기준)

시·도별 청년인구 만명 당 채용공고 건수(2022년 10월 10일 기준)

서울 412
경기 214
인천 222
강원 91
세종 200
충북 156
충남 165
경북 76
대전 159
대구 91
전북 80
울산 76
광주 102
부산 116
전남 69
경남 72
제주 153

(단위: 건)

권역별 채용공고건수 비율(%)

- 수도권 : 30.0
- 충청권 : 17.0
- 제주권 : 16.0
- 동남권 : 10.0
- 강원권 : 9.0
- 호남권 : 9.0
- 대경권 : 9.0

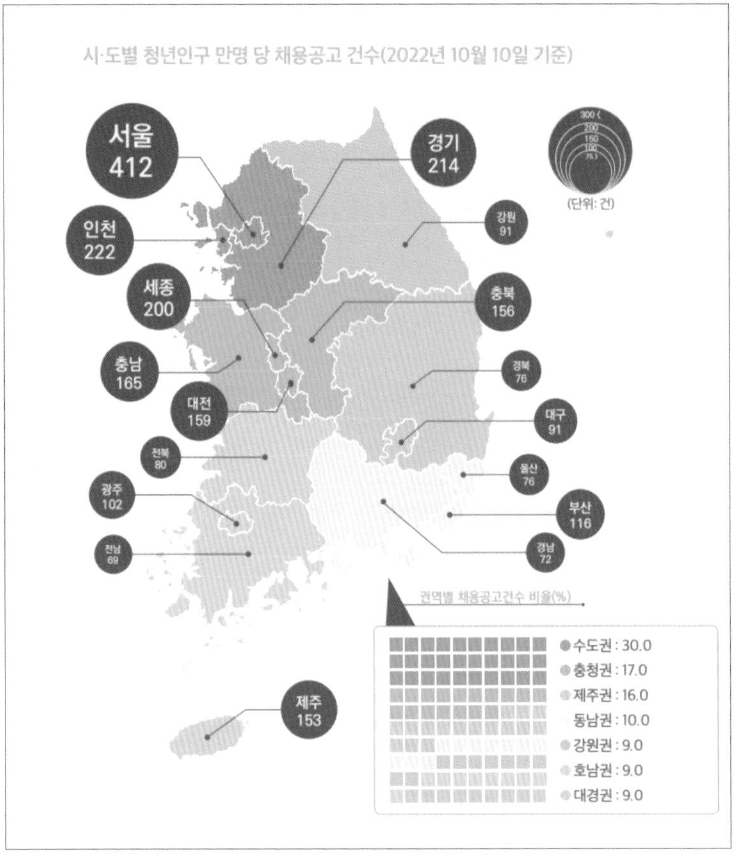

자료원 : 하수정 외(2022), 시 · 도별 청년인구 만명 당 채용공고 건수(2022년 10월 10일 기준), p. 7.

3) 요약 및 정리

사회에 진출하는 단계에 있는 청년층의 지역 간 이동은 다른 지역에서 수도권으로 이동하는 비중이 가장 높았다. 청년층 지역 간 이동의 이유를 조사한 연구에서 가장 큰 이유는 일자리 때문인 것으로 조사되었고, 실제 지역별 일자리 공고 수를 조사한 결과 수도권에서 제일 많았고, 그 다음이 충청권이었다. 이러한 점을 종합해 보았을 때, 수도권 집중화는 수도권에 양질의 일자리가 몰려 있기 때문에 발생하는 문제라고 볼 수 있다.

4. 수도권 집중화와 출생률 감소

이상 살펴 본 바를 다음과 같이 정렬해 볼 수 있다.

① 수도권에 기업이 집중되면서, 양질의 일자리가 수도권에 집중됨.

② 결혼 전인 20대 인구가 양질의 일자리를 찾아서 수도권으로 몰림.

③ 수도권 내 주택공급은 제한되어 있지만, 청년 인구의 유입으로 주택 수요는 지속적으로 늘어남.

④ 그 결과, 수도권의 주택가격이 다른 지역보다 높아짐.

⑤ 결혼 비용에서 가장 많은 비중을 차지하는 것이 주택구입 가격이므로, 수도권의 높아진 주택 가격은 결혼을 늦추거나 결혼을 포기하게 하는 요인으로 작용함.

⑥ 늦게 결혼하는 비율이 높아지거나 결혼을 하지 않는 비율이 늘어나고, 그 결과, 출생률이 떨어지게 됨.

⑦ 수도권의 높은 주택가격과 물가는 결혼한 부부에게도 출산을 억제하는 요인으로 작용함.

수도권 집중화가 여러 가지 경로를 통해서 출생률 감소에 영향을 미치겠지만, 적어도 앞에서 살펴본 자료를 통해서 볼 때, 수도권 집중화는 수도권 주택가격을 높이고, 이것이 결혼비용을 가중시켜 혼인율과 출생률을 저하시키는 것으로 볼 수 있다.

현재 우리나라의 출생률은 전세계에서 가장 높은 수준이고, 멀지 않은 미래에 국가존립을 걱정해야 할 정도로 낮아진 상태이다. 이의 해법을 생각해 볼 수 있는 것이 현재 경상북도지사인 이철우(2011)가 도지사가 되기 이전부터 주장했던 것처럼 지방에서도 수도권 못지 않게 행복을 삶을 누릴 수 있도록 지역균형발전을 이룩하는 것이다. 이런 의미에서 현 정부가 출생률 회복을 국정의 최우선을 과제로 삼고 있으면서, 동시에 지방시대 관련 정책을 강력히 추진하는 것은 매우 바림직한 접근이라고 볼 수 있다. 이와같이, 중앙정부가 지방시대를 실현하기 위한 제반 준비를 갖추고 있는 상태에서 지방시대 실현의 성공실패 여부의 상당부분은 지자체가 제 역할을 얼마나 잘 하는가의 여부에 달려있다고 하겠다.

제3절 지역균형발전을 위한 역대 정부의 노력과 한계

1. 경제성장에 따른 도시화의 문제

1) 광복 직후부터 2000년대까지의 경제성장을 위한 노력

우리나라가 건국 이후 경제를 발전시켜온 과정에 대해 국사교과서에 실린 내용4을 요약해 보면 다음과 같다.

① 해방 직후부터 한국전쟁까지

일제 치하에서는 우리나라 경제가 일본에 예속되어 있어서 제대로 된 산업형태를 갖추지 못 하였다. 광복 당시, 남한의 산업은 농업과 경공업 중심이었고, 지하 자원과 중공업 시설은 북한에 편재되어 있었다. 이런 상황에 북한은 전기 공급마저 끊어 버려서, 남한은 큰 어려움에 처해 있었고, 많은 북한 동포들이 월남해 와서 남한에서는 높은 실업률과 식량부족으로 고통을 겪었다.

이런 문제를 해결하기 위해서 한국 정부는 경제정책의 기본 방향을 농·공의 균형 발전, 소작제의 철폐, 기업 활동의 자유, 사회보장 제도의 실시, 인플레이션의 극복 등으로 설정하고, 이를 실천하기 위하여 노력하였다.

② 한국전쟁 이후 1950년대 후반까지의 경제 상황

경제 여건이 좋지 않은 상태에 6.25전쟁까지 발발하였고, 그 결과, 생산시설의 42%가 파괴되는 피해를 입었다. 특히, 당시 공업시설이 몰려있었던 경인 지역의 피해가 커서, 섬유 산업과 인쇄 산업에서 큰 피해를 입었다. 전쟁비용을 조달하기 위해서 대규모로 재정을 지출해야 했고, 그 결과, 서민들은 물자부족과 높은 생활물가에 시달려야만 했다.

③ 경제 복구를 위한 노력과 한계

휴전 이후, 정부와 국민의 노력과 외국의 원조 등에 힘입어 전후 경제 복구 사업이 본격적으로 진행되었다. 1950년대 후반기부터 민생과 직결되는 제분·제당 공업과 섬유 공업이 성장하였고, 전후 복구와 농업이 필요한 시멘트와 비료 등의 생산도 늘어났다. 그런데, 소비재 산업이 급속하게 성장한 데 비하여 기계 공업 등의 생산재 산업은 발전하지 못하였다.

④ 1960년대 경제개발5개년 계획의 추진

이승만 정부 시절에 경제개발7개년 계획이 작성되었으나 실행되지 않았고, 장면 내각에서 5개년 계획안으로 수정되었다. 5·16 군사 정변 후 재수정되어 1962년부터 본격적으로 실천에 옮겨지게 되었다.

추진 첫 단계였던 1960년대 당시, 우리나라는 자본, 원료, 기술 등을 제대로 구비하지 못하고 있어서, 계획 추진에 많은 어려움을 겪었다. 여러 한계점이 있었지만, 잘 극복하면서 경제개발 계획을 성공적으로 추진함으로써 우리 경제는 획기적인 발전을 이룩할 수 있게 되었다.

⑤ 경제개발5개년 계획 전개

1960년대에 추진된 제1, 2차 경제개발5개년 계획에서는 기간산업의 육성과 경공업의 신장에 주력하였고, 1970년대에 추진된 제3, 4차 경제개발5개년 계획에서는 중화학 공업의 육성과 농어촌 개발을 위한 새마을 운동의 추진에 주력하였다. 그 결과, 광·공업의 비중이 높아졌으며, 공업 구조도 경공업 중심에서 중화학 공업 중심으로 바뀌었다.

이 시기, 지속적 경제성장과 국토균형발전을 위해서 전국에 걸쳐서 사회간접자본에 대한 투자가 이루어졌다. 대표적으로 경부고속도로 등 교통망을 확충하여 '전국의 1일 생활권화'를 실현하였다. 더불어, 농촌과 도시의 생활수준을 균형있게 발전시키기 위해서 노력하였고, 그에 따라서 농촌의 문화 수준과 소득도 점차 향상되었다.

⑥ 경제성장과 그에 따른 문제점

경제개발5개년 계획이 지속적으로 성공함에 따라 우리나라는 고도성장을 경험할 수 있었다. 1인당 국민 총생산은 1962년의 87달러에서 1995년에는 1만 달러를 돌파하였고, 수출도 5,500만 달러에서 1,200억 달러를 넘어서게 되었다.

눈부신 경제성장의 이면에 여러 가지 문제가 남았다. 국내적으로는 국민들 사이의 소득 격차, 도·농 간의 격차, 시설 투자의 불균형, 노사 간의 갈등 등의 문제가 해결되지 않은 상태로 남아 있다.

2) 경제성장, 도시화, 그리고 수도권 집중화

경제성장과 더불어 공업화가 진행되면, 일자리를 찾아서 농촌인구가 도시로 떠나기 마련이고, 이런 현상을 일컫어 이농(離農)이라고 한다. 한국에서는 1960년 산업화가 진행되면서부터 본격적으로 이농현상이 일어났다.

[그림13]에서 볼 수 있듯이, 1960년 이후, 급속한 산업화와 더불어, 도시 인구가 폭발적으로 늘어났고, 그에 비해서, 농촌인구는 꾸준히 감소하는 추세를 보였다. 이처럼 산업화의 결과로 도시화는 필

연적으로 늘어난다고 볼 수 있다. 이러한 사회현상을 잘 알고 있었던 역대 정부는 지역균형을 발전을 위해서 일찍부터 노력해 왔다.

[그림 13] 도시연구와 농촌 인구의 변화

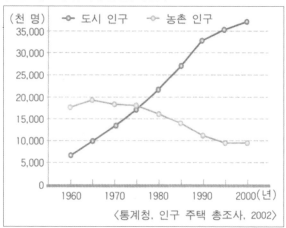

〈통계청, 인구 주택 총조사, 2002〉

자료원 : 우리역사넷, 역대 국사 교과서, 7차 교육과정, 고등학교 국사 7차,
V. 사회 구조와 사회 생활. 5. 근 · 현대의 사회. [3] 현대 사회의 발전, 농촌사회의 변화.
http://contents.history.go.kr/mobile/ta/view.do?levelId=ta_h71_0060_0050_0030_0030

2. 지역균형발전을 위한 역대 정부의 노력

앞서 살펴본 바와 같이, 산업화가 진행될수록 양질의 일자리를 찾기 위해서 농어촌 인구가 도시로 몰려들었다. 그 결과, 대도시를 중심으로 도시 과밀화에 따른 문제가 커져갔고, 정부는 이런 문제를 해결하기 위해서 일찍부터 다양한 정책적 노력을 시도해 왔다. 이러한 정부의 노력을 2000년 이전과 2000년 대 이후로 구분하여 살펴보겠다.

1) 2000년대 이전까지의 경제성장과 수도권 집중화

조정미는 우리나라 신도시 개발 역사에 대해서 글을 남겼는데,[5] 이 글에는 2000년대 이전까지 국토균형개발을 위한 정부 정책이 잘 나타났다. 해당 내용을 요약정리하면 다음과 같다.

1960년 공업화가 진행되면서 대도시로 인구가 몰리게 되고 그 결과, 다양한 문제가 발생하였고 이러한 문제를 억제하고자 수도권 인구집중 방지 및 억제정책이 시행되었다. 하지만 도시지역에 취업기회가 몰려있었고 그에 따라, 대도시로 인구가 유입됨에 따라서 정책적 실효성을 거두지는 못했다.

1970년대에는 중화학공업 육성과 수출 증대를 추구하였고, 동시에 전국적 인구분산화 정책에 따라서, 전국에 구미, 창원, 여수 등과 공업단지를 조성하여 인구를 전국적으로 분산하려고 노력하였다. 이런 노력에도 불구하고, 의도적인 국토개발계획에 따라 인구를 분산하는 정책적 노력에 한계가 있다는 인식이 자라잡게 되었다.

1980년 말에 이르러서는 서울을 중심을 주택가격이 급등하여 사회적 문제로 대두되게 되어서, 서울 집값을 안정을 위해서 수도권 내 분당, 일산, 평촌, 산본, 중동 5개 지역에 신도시를 조성하였다. 하지만, 수도권 과밀화는 해소되지 않았고, 2000년대 초반에는 용인과 파주 신도시가 건설되었고, 이후에도 지금까지 수도권 일대에 지속적으로 신도시가 개발되고 있다.

2) 지역균형발전의 법적 근거

2000년 이후 지역균형발전을 위한 정부의 노력에 대해서 알아보기 전에 국회도서관이 2022년에 발간한 「지역균형발전 한눈에 보기」[6]를 통해서 지역균형발전에 대한 법적근거에 대해서 먼저 살펴보겠다.

지역균형발전에 관한 내용은 다음과 같이 헌법과 국토기본법에 명시되어 있다.

① 헌법 상의 관련 내용

헌법 전문 (국민생활의 균등) : …정치 · 경제 · 사회 · 문화의 모든 영역에 있어서 각인의 기회를 균등히 하고, 능력을 최고도로 발휘하게 하며, 자유와 권리에 따르는 책임과 의무를 완수하게 하여, 안으로는 국민생활의 균등한 향상을 기하고…

제120조 제2항 (국토의 균형) : 국토와 자원은 국가의 보호를 받으며, 국가는 그 균형 있는 개발과 이용을 위하여 필요한 계획을 수립한다

제122조 제2항 (국토의 균형) : 국가는 국민 모두의 생산 및 생활의 기반이 되는 국토의 효율적이고 균형 있는 이용 · 개발과 보전을 위하여 법률이 정하는 바에 의하여 그에 관한 필요한 제한과 의무를 과할 수 있다

제123조 제2항 (지역 간 균형) : 국가는 지역간의 균형 있는 발전을 위하여 지역경제를 육성할 의무를 진다

② 국토기본법 상의 관련 내용

제2조 (국토관리의 기본 이념) : 국토는 모든 국민의 삶의 터

전이며 후세에 물려줄 민족의 자산이므로, 국토에 관한 계획 및 정책은 개발과 환경의 조화를 바탕으로 국토를 균형 있게 발전시키고 국가의 경쟁력을 높이며 국민의 삶의 질을 개선함으로써 국토의 지속가능한 발전을 도모할 수 있도록 수립ㆍ집행하여야 한다

제3조 제2항 (국토의 균형 있는 발전) : 국가와 지방자치단체는 수도권과 비수도권, 도시와 농촌ㆍ산촌ㆍ어촌, 대도시와 중소도시 간의 균형 있는 발전을 이룩하고, 생활 여건이 현저히 뒤떨어진 지역이 발전할 수 있는 기반을 구축하여야 한다

제4조의2 (국민의 삶의 질 향상을 위한 국토 여건 조성) : 국가와 지방자치단체는 국민의 삶의 질을 향상하기 위하여 국민 모두가 생활에 필요한 적정한 수준의 서비스를 제공받을 수 있는 국토 여건을 조성하여야 한다

지역균형발전은 각 정권별 혹은 시대별로 조금씩 다르게 정의되어 왔고, 용어 상에서도 국가균형발전, 지역발전, 지역발전, 국가균형발전과 같이 조금씩 차이가 있다. 이러한 차이를 표로 정리하면 [표 2]와 같다. 표를 통해서 알 수 있듯이, 2000년대 이후 정부들이 모두 수도권 집중화를 막기 위해서 지역균형발전 관련 정책을 적극적으로 추친해 왔는데, 구체적으로 내용에 있어서, 각 정부마다 다르다는 것을 알 수 있다.

[표 2] 「국가균형발전 특별법」의 정의 변화

구분	용어	정의
국가균형발전 특별법(2004)	국가균형 발전	국가균형발전이란 지역 간 발전의 기회균등을 촉진하고 지역의 발전역량을 증진함으로써 삶의 질을 향상하고 지속가능한 개발을 도모하여 국가경쟁력을 강화하는 것임
국가균형발전 특별법(2009)	지역발전	지역발전이란 자율과 창의를 기반으로 지역별 특성화 발전과 지역 간의 상호협력 증진을 통하여 지역경제를 활성화하고, 국민의 삶의 질을 향상함으로써 지역경쟁력을 강화하는 것임
국가균형발전 특별법(2014)	지역발전	지역발전이란 자율과 창의를 기반으로 지역별 특성을 고려한 지역 간의 균형 있는 발전과 상호 협력 증진을 통하여 주민 생활기반을 확충하고, 지역경제를 활성화함으로써 주민의 삶의 질 향상과 지역경쟁력을 강화하는 것임
국가균형발전 특별법(2018)	국가균형 발전	국가균형발전이란 지역 간 발전의 기회균등을 촉진하고 지역의 자립적 발전역량을 증진함으로써 삶의 질을 향상하고 지속가능한 발전을 도모하여 전국이 개성 있게 골고루 잘 사는 사회를 구현하는 것임

자료원 : 국회도서관(2022), [표 2] 「국가균형발전 특별법」의 정의 변화, p. 23.

3) 2000년대 이후 지역균형발전 정책

이어서, 국회도서관이 2022년에 발간한 「지역균형발전 한눈에 보기」[7]를 통해, 2000년 이후, 역대 정부의 지역균형정책에 대해서 살펴보도록 하겠다.

앞에서 살펴보았던 바와 같이, 1990년 대 이후 중국과의 교류가 늘고, 1997년 외환위기 이후 한국기업들이 급속도로 국제화되고 인천공항을 통한 해외 교류의 필요성이 증대하면서, 기업들이 수도권으로 집중화되었다. 그에 따라서, 양질의 일자리가 수도권으로 집중되었고, 양질의 일자리를 찾아서 청년층 인구가 대거 이동함에 따라 수도권 집중화 현상이 가속화되었다. 이런 가운데, 노무현 정부부터 이전과 다른 양상이 보이면서 보다 강력해진 지역균형정책이 시행되었는데, 대표적인 것이 바로 행정수도 이전과 공공기관 지방 이전이다. 이후, 정부들도 지난 정부의 정책적 한계점을 분석하여 새로운 지역균형발전을 새롭게 정의하고, 세부 정책들을 실행하였다. 이를 하나로 표로 요약하면 [표 3], [표 4]와 같다.

[표 3] 추진체계의 명칭 변화

정부	명칭
노무현 정부	국가균형발전위원회, 국가균형발전 5개년계획, 국가균형발전특별회계
이명박 정부	지역발전위원회, 지역발전 5개년계획, 광역·지역발전특별회계
박근혜 정부	지역발전위원회, 지역발전 5개년계획, 지역발전특별회계
문재인 정부	국가균형발전위원회, 국가균형발전 5개년계획, 국가균형발전특별회계

자료원 : 국회도서관(2022), [표 8] 추진체계의 명칭 변화 p. 23.

[표 4] 역대 지역균형발전 정책

정부	노무현 정부	이명박 정부	박근혜 정부	문재인 정부
주요 정책	• 행정중심복합 도시 등 건설 추진 • 지역혁신체제 (RIS) 구축	• 광역경제권 등 3차원 지역발전 정책 • 행·재정 권한의 지방 이양	• 지역행복생활권 구성 • 지역희망 (HOPE) 프로젝트	• 지역발전 투자협약제도 • 지역균형뉴딜
성과 및 한계	• 지역균형발전의 토대 마련 • 물리적 분산정책과 사회적 갈등 유발	• 광역경제권 개념 제시 • 지방재정 확충 및 자율성 제고 • 지역 특성과의 연계성 부족 • 광역경제권 내 지역 갈등 유	• 주민의 삶의 질 체감도 향상 • 지역일자리 위기 대응 소홀	• 지역일자리 위기 대응 소홀 • 가시적인 성과 도출 • 정책 브랜드 부재로 정책의 정체성 확립 미흡

자료원 : 국회도서관(2022), [표 2] 역대 지역균형발전 정책, p. 23.

① 노무현 정부의 정책

노무현 정부 이전까지는 지역균형발전 정책이 독자적인 정책위상을 갖지 못하였고, 관련 부처에서 개별적으로 추진되면서 독자적인 정책적 위상을 갖추지 못하였다. 그런 가운데, 2004년 「국가균형발전 특별법」을 제정하고, 이를 토대로 대통령 자문기구인 국가균형발전위원회 설치, 국가균형발전 5개년계획 수립, 국가균형발전특별회계 운용 등으로 지역균형발전 정책을 범부처 차원에서 통합적·체계적으로 추진하였다. 노무현 정부의 지역균형 정책을 요약하면, [그림 14]와 같다.

[그림 14] 노무현 정부 지방균형 정책

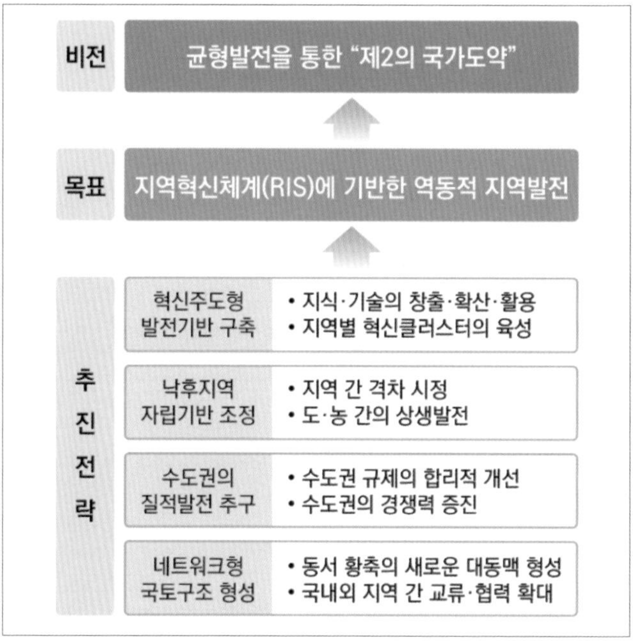

자료원 : 국회도서관(2022), [표 9] 역대 정부의 지역균형발전(지역발전) 5개년계획, p. 46.

노무현 정부는 수도권 과밀화와 지역균형발전을 위해서 행정중심복합도시 · 혁신도시 · 기업도시 등의 건설을 추진하였다. 이와 더불어, 2004년 12월 「기업도시개발 특별법」을 제정하고, 2007년 7월과 8월 2차에 걸쳐 충주, 원주, 무안, 태안, 무주, 영암 · 해남 등 6개 지역을 기업도시 개발 시범사업으로 선정하였다. 이 밖에 신기술 개발 및 첨단산업 육성, 산업클러스터 조성 등 지역혁신 체제(Regional Innovation System, RIS)를 구축하여 비수도권 지역의 역량을 강화하고자 노력하였다.

② 이명박 정부의 정책

이명박 정부의 지역균형발전 정책을 요약하면 다음과 같다. 이명박 정부의 핵심 정책은 광역경제권을 중심으로 한 '3차원 지역발전정책'인데, 이는 기초생활권 정책, 광역경제권 정책, 초광역개발권 정책 간의 상호보완적 추진을 통해 국토의 성장잠재력을 높이고자 하는 것이다. 기초생활권 정책과 광역경제권 정책을 요약하면 [표 5]와 같다.

[표 5] 이명박 정부의 지역균형발전 정책

차원	공간구조	주요 목적	주요 사업 및 예산	계획 체계
기초 생활권	점적	국민의 기본수요 충족	163개 시 · 군, 지역개발계정(시 · 군)	기초생활권 발전계획
광역 경제권	면적	지역경쟁력 강화	5+2 광역경제권, 선도프로젝트, 선도산업, 인재양성사업, 광역발전계정(시 · 도)	광역경제 발전계획

자료원 : 국회도서관(2022), [표 12] 이명박 정부의 지역발전 정책, p. 52.

[그림 15] 이명박 정부 지방균형정책

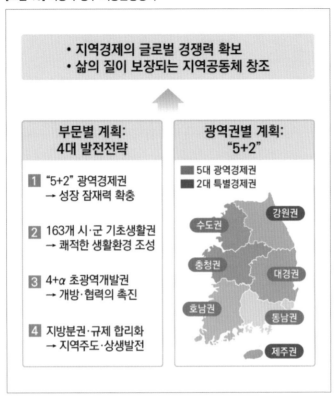

③ 박근혜 정부의 정책

박근혜 정부의 정책은 지역희망(HOPE)로 요약되는데, 이는 ①
주민이 현실 생활에서 행복과 희망을 체감하고(Happiness), ②행
복한 삶의 기회를 고르게 보장받고(Opportunity), ③자율적 참여
와 협업(Partnership)을 통해, ④전국 어디서나 정책의 사각지대가
없도록 하겠다는(Everywhere) 것이다.

박근혜 정부에서는 지역행복생활권을 '중추도시생활권', '도농연계생활권', '농어촌생활권'과 같이 세 가지로 유형화하고, 그에 맞게 맞춤형 정책을 수립하였다. 이를 실현하기 위해서, ①지역행복생활권 활성화, ②일자리 창출을 통한 지역경제 활력 제고, ③교육여건 개선 및 창의적 인재양성, ④지역문화 융성, 생태복원, ⑤사각 없는 지역 복지·의료와 5대 중점추진 분야를 추진하였다.

[그림 16] 박근혜 정부 지방균형 정책

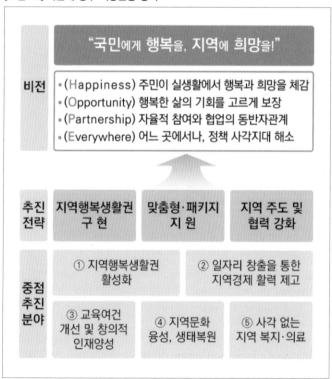

자료원 : 국회도서관(2022), [표 9] 역대 정부의 지역균형발전(지역발전) 5개년계획, p. 46.

각각에 대해서 세부적으로 살펴보면 다음과 같다.

■ 지역행복생활권 활성화 정책

주민들의 관점에서 실생활의 불편을 해소하고 행복 증진에 필요한 인프라 확충을 위해 전국에 63개 생활권을 구성하고, 생활권 단위에서 지역 간 연계사업, 취약지역 생활여건 개조사업(새뜰마을사업), 지역 중심지 활성화 사업에 역점을 두었음.

■ 일자리 창출을 통한 지역경제 활력 제고 정책

일자리 창출에 초점을 둔 지역산업의 육성, 지역투자촉진을 통한 일자리 창출, 산업단지의 창조경제 거점화, 농어촌 일자리 확충 등을 세부사업으로 포함함.

■ 교육여건 개선 및 창의적 인재양성 정책

지방 초중고교 교육여건 개선, 지방명품대학 육성, 지역인재와 기업의 선순환 지원 사업 등을 세부사업으로 추진하였음.

■ 지역문화 융성 및 생태복원 정책

지역 문화역량 강화 및 특성화 지원, 맞춤형 문화 서비스를 통한 문화격차 해소, 지역 관광산업 육성 등을 세부사업으로 추진하였음.

■ 사각 없는 지역 복지 · 의료 정책

주민밀착형 복지전달체계 구축, 수혜자 특성을 반영한 맞춤형 복지시책 추진, 취약지역 응급의료체계 구축 및 응급의료 인프라 확충 등에 역점을 두었음.

④ 문재인 정부의 정책

문재인 정부는 지역혁신협의회 등을 통한 지역주도형 혁신체계를 구축하고, 지역수요에 맞는 사업 추진을 위해 지방자치단체가 계획하고 중앙정부와 지방자치단체가 협의하여 협약을 체결하는 '지역발전투자협약 제도'를 도입·확대하였다.

[그림 17] 문재인 정부 지역균형 정책

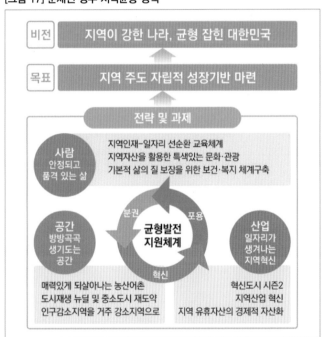

자료원 : 국회도서관(2022), [표 9] 역대 정부의 지역균형발전(지역발전) 5개년계획, p. 46.

[그림 18] 지역발전투자협약

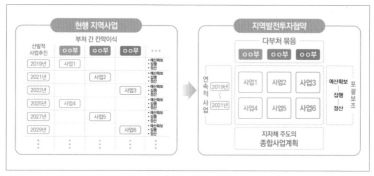

자료원 : 국회도서관(2022), [그림 14] 지역발전투자협약, p. 60.

이 제도는 중앙주도 균형발전 정책과 지방분권의 이념을 수용하면서, 포괄적 보조사업 제도의 문제점을 극복하기 위한 것이고, 이를 통해서 사업기간 동안 안정적으로 예산지원을 받을 수 있도록 하였다. [그림 18]처럼 부처별 그리고 연도별로 구분되었던 지원사업이 다부처묶음으로 사업이 기획되고, 연속적 사업으로 운영된다는 점이 큰 차이점이다. 이와 더불어, 시·도별로 지역균형뉴딜 정책도 시행하였고 [그림 19]가 대표적 사례이다.

[그림 19] 지역별 지역균형 뉴딜 사업 사례

자치 단체	지역균형 뉴딜 추진 사례
대구	(사업명) 로봇산업 가치사슬 확장 및 상생시스템 구축사업 - 상생협력 로봇화 공장 확대 및 부품·소재·장비 등 국산화·고도화 지원
세종	(사업명) 자율차 시범지구 운영 - 자율 주행차 상용화 촉진 위한 시범운행 특례지구 지정·운영 계획
경기	(사업명) 경기도 공공디지털 SOC 구축 - 소상공인 지원 위해 도내 배달업체가 활용할 수 있는 공공배달 플랫폼 구축 등
충북	(사업명) 스마트 의료 플랫폼 시범모델 사업 - ICT 기반 진단기기 개발 통해 비대면 환자관리시스템 구축
대전	(사업명) 대전형 뉴딜 정책자금 신설 - 성장 가능성 높은 분야의 스타트업 및 벤처창업 기업 지원 위한 정책자금 마련
인천	(사업명) 혁신생태계 사이언스 파크 조성 - 바이오, ICT, 데이터, 디자인, 혁신의료기술 등 첨단분야 연구·사업화 기반 구축 등
서울	(사업명) 신축건물 ZEB 가속화 - 에너지 효율 높고, 온실가스 배출 없는 건물(ZEB)로 의무화
부산	(사업명) 서부산권 신재생에너지 자립도시 조성 - 에코델타시티에 신재생에너지 시설(연료전지, 집단E) 설치
광주	(사업명) 광주 제1 하수처리장 연료전지 발전사업 - 소각장 폐쇄에 따른 대체열원으로 연료전지(12.3MW, PAFC방식) 발전소 건설
경남	(사업명) GW급 해상풍력단지 조성 - 국산 풍력터빈 활용한 해상풍력단지 조성과 연계해 RE100 그린산단 조성
전남	(사업명) 해상풍력 발전단지 조성 - 전남 서남권 지역에 우수한 해상풍력 이용 대규모 해상풍력 발전(8.2GW)단지 조성
전북	(사업명) 새만금(태양광), 군산, 부안(해상풍력) 등 - 새만금 재생에너지 클러스터 조성 및 서남권 해상풍력(6.77GW)단지 조성

자료원 : 윤태범. 지속성 있는 지역 발전과 지역균형 뉴딜. 정책특집(05), 대통령기록관,
[표 2] 지역별 지역균형 뉴딜 사업 사례.
http://webarchives.pa.go.kr/19th/www.pcpp.go.kr/images/webzine/202012/s15.html

3. 정책적 노력과 상반된 수도권 집중화의 심화

이상과 같이, 2000년대 이후 역대 정부들은 심화되는 수도권 집중화 현상을 막기 위해서 다양한 정책적 노력을 시도해 왔다. 그런데, 결과를 보면, 수도권 집중화는 도리어 더 심화되었다. 이에 대해서 자세히 살펴보겠다.

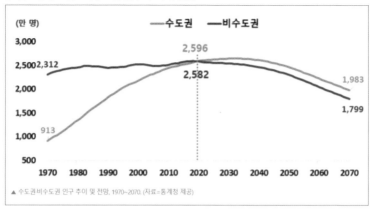

[그림 20] 수도권·비수도권 인구 추이와 전망

▲ 수도권비수도권 인구 추이 및 전망, 1970~2070. (자료=통계청 제공)

자료원 : 유연석(2020). 수도권 인구, 처음으로 비수도권 넘어…20대 직업 찾아 이동
https://www.kgnews.co.kr/news/article.html?no=590002

1) 인구 측면

통계청이 발표한 '최근 20년 간 수도권 인구이동과 향후 인구전망' [그림 20]을 보면, 2020년 수도권 인구가 2,596만 명으로, 비수도권 인구 2,582만 명으로 추산되었는데, 이렇게 수도권 인구를 비수도권 인구를 역전한 것은 통계청이 1970년 인구통계를 시작한 이래 처음 나타난 현상이다(유연석, 2020). 그런데, 더 큰 문제는 앞으로 수도권·비수도권 인구격차가 더 크게 벌어질 전망이다. 수도권 면적은 대한민국 전체 면적 중에서 11.8%를 차지하고 있는데, 이 한정된 공간에 전체 인구의 절반 이상이 몰려 있다는 것을 의미한다.

미래의 지역 경제활동과 출산율과 가장 관계가 높은 연령층은 20대 후반이다. 20대 후반 인구의 이동을 살펴보면, 미래의 수도권 집중화가 더욱 심각해 질 것이라는 것을 쉽게 확인할 수 있다. [그림 21]은 지역별로 20대 후반 청년인구의 유출입 비중을 시각적으로 나타낸 것인데, 수도권과 충청 북부권으로의 청년인구 유입이 확연히 높다는 것이 확인된다(조성철, 2020).

[그림 21] 지역별 20대 후반 청년인구 유출입 비중

자료원 : 조성철(2020), 지역별 20대 후반 청년인구 비중

2) 경제 측면

[그림 22]는 지역면적에 비례하여 지역총소득을 시각한 자료이다(신휴석, 2022). 실제 면적에서 비해서, 수도권의 면적을 크게 나타난 것은 이 지역의 지역총소득이 그만큼 높다는 것을 의미한다.

그런데, 2000년대 이후, 수도권의 색깔이 더 붉어지고 있다는 것이 확인되는데, 아래 범례에서 볼 수 있듯이, 지역총소득의 규모가 더 커진다는 것을 의미한다. 이 자료를 통해서, 2000년 이후 지금까지 지역총소득 관점에서 수도권 집중화가 더욱 심화되어 왔다는 것이 확인된다.

지역총소득만으로 현재의 경제활동 정도를 파악하기 힘들다. 국토정보원은 인구활력도[8], 소비활력도[9], 생산활력도[10]를 각각 구하고, 이를 합산하여 지역활력지수를 계산하였다(이영주 · 임은선.

[그림 22] 카토그램으로 보는 우리나라 지역총소득

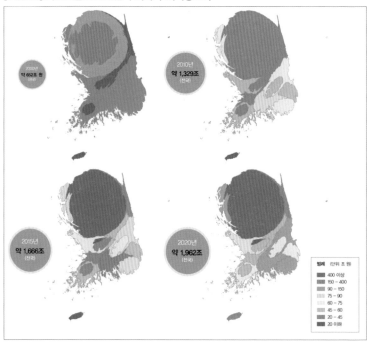

자료원 : 신휴석(2022b), 카토그램으로 보는 우리나라 지역총소득

[그림 23] 지역활력력지수 상위 30개 지역과 하위 30개 지역

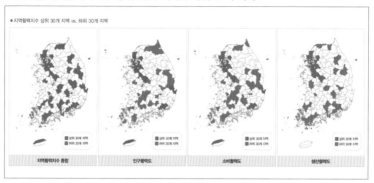

자료원 : 이영주·임은선(2023), 지역경제 활력도가 높은 지역은 어디일까?.

2023). 여기서 지역활력지수란 지역의 생산과 소비활동을 중심으로 지역경계의 상태와 변화상의 지속적인 모티너링을 위해 개발한 지표로, '해당 지역에서 발생하는 인구와 소비, 생산과 관련된 활동'을 나타낸다. 따라서, 이 지표를 통해서, 현 시점에서 해당 지역의 활성화 저도를 종합적으로 판단할 수 있다. [그림 23]은 지역활력력지수 상위 30개 지역과 하위 30개 지역을 나타낸 것인데, 그림에서 볼 수 있듯이, 인구, 소비, 생산 모든 측면에서 가장 활력이 높은 지역은 수도권인 것으로 나타났다. 따라서, 경제의 여러 측면을 종합적으로 판단해 보아도, 수도권 집중화가 높다고 볼 수 있다.

그렇다면, 수도권 집중화의 미래는 어떻게 예상되는가? 청년층 인구 이동의 가장 중요한 요인은 바로 양질의 일자리이고, 미래 일자리는 미래에 양질을 일자리를 제공할 수 있을 잠재력을 갖춘 혁신 기업의 지역별 분포를 통해서 예상할 수 있다. [그림 24]는 면적 보정하여, 지역별로 혁신형 기업 수를 시각적으로 나타낸 자료이다(신

휴석, 2022a). 그림에서 볼 수 있듯이, 미래에 양질의 일자리를 창출해 낼 수 있는 잠재력을 갖춘 혁신형 기업이 수도권에 집중되어 있는 것을 확인할 수 있고, 이를 통해서, 현재의 상태가 유지될 경우, 미래의 수도권 집중화는 더욱 심화될 것이라고 예측할 수 있다.

[그림 24] 카토그램으로 보는 시·도별 혁신형 기업 수

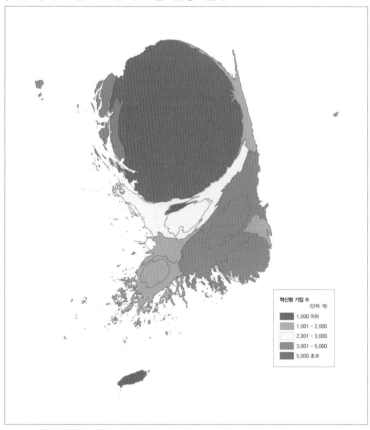

자료원 : 신휴석(2022a). 카토그램으로 보는 시·도별 혁신형 기업 수.

3. 지역균형발전 정책 실패의 원인

1) 지자체의 재정 자립도

중앙정부든 지자체든 자체적으로 정책을 기획하고 실행시키기 위해서는 돈이 필요하다. 우리나라는 국세와 지방세를 구분하여 징수하여 지자체가 자체적으로 예산을 확보할 여건을 조성하려고 노력은 하고 있지만, 수도권과 비수도권의 지역총생산이 확연히 차이가 나기 때문에 재정자립도 측면의 차이가 매우 크다. [그림 25]는 지방시대위원회의 NABIS가 제공하는 지역별 재정자립도(2024년)에 관한 자료이다.

[그림 25] 전국 재정자립도 현황(2024년)

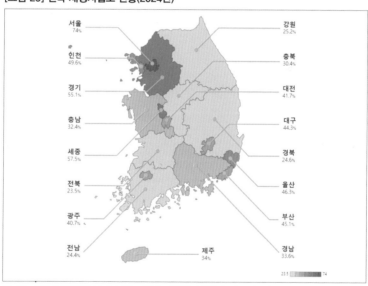

자료원 : 지방시대위원회, NABIS, 한눈에 보는 균형발전 현황판, 전국 재정자립도 현황.
https://www.nabis.go.kr/atlantisDetailView.do?menucd=151&menuFlag=Y

전국에서 재정자립도가 높은 순서대로 정렬해 보면, 서울(74%), 경기(55.1%), 세종(57.5%), 인천(49.6%), 울산(46.3%), 부산(45.1%), 대구(44.3%) 순서이다. 세종시를 제외하면, 상위 지자체는 모두 수도권 지역이다. 이와같이, 비수도권 지역에서 자체적으로 지역발전 사업을 시도하려고 해도, 재정 측면에서 한계점을 부딪히게 된다.

2) 지방의 교육 여건

지자체가 스스로 혁신하고 발전하려면 재무적 역량뿐만 아니라 지식 측면의 역량도 갖추어야 한다. 지역 대학은 지역사회가 필요로 하는 인재를 양성할 뿐만 아니라, 지역의 기업과 공공기관이 필요로 하는 지식을 제공한다. 따라서, 지역 내에 얼마나 우수한 대학이 있는가는 지역이 스스로 발전하는데 있어서 매우 중요한 요소이다.

[그림 26] 전국 재정자립도 현황(2024년)

2022 중앙일보 대학평가 The JoongAng

종합평가 순위

순위	대학명	점수(300점 만점)	순위	대학명	점수(300점 만점)	순위	대학명	점수(300점 만점)	순위	대학명	점수(300점 만점)
1	서울대	226	11	서울시립대	163	21	경북대	139	31	충북대	115
2	연세대(서울)	223	12	서강대	161	21	인천대	139	32	부경대	109
3	성균관대	210	13	아주대	156	23	숙명여대	137	33	강원대	107
4	한양대(서울)	207	14	한국외국어대	153	24	전북대	135	33	제주대	107
5	고려대(서울)	202	14	한양대(ERICA)	153	25	전남대	129	35	단국대	104
6	이화여대	170	16	서울과학기술대	147	26	충남대	127	36	선문대	103
7	건국대(서울)	169	17	인하대	145	27	가천대	121	36	순천향대	103
8	경희대	168	18	국민대	141	28	광운대	120	38	건양대	102
9	동국대(서울)	165	18	세종대	141	28	숭실대	120	39	경기대	99
10	중앙대	164	20	부산대	140	28	홍익대	120	39	영남대	99

※동순위는 가나다순. 종합평가는 인문·사회·자연과학·공학 등 4개 계열 이상을 갖춘 종합 4년제 45개 대학 대상 (포스텍·KAIST 등은 계열평가 대상)

자료원 : 이후연 등 (2022), 2022 중앙일보 대학평가.

대학이 얼마나 우수한가를 판단하는 것은 쉽지 않지만, 한국 사회에서 많이 인용되는 대학평가 지표로 중앙일보 대학평가가 있다. [그림 26]는 2022년 중앙일보 대학평가 자료이다(이후연 등, 2022).

자료에서 볼 수 있듯이, 10위권 안에는 비수도권 대학이 하나도 없다. 20위권에 비수도권 대학 중 유일하게 부산대만이 포함되어 있다. 대체적으로 보면, 서울소재 대학이 20위까지 차지하고, 그 다음에 지방 거점 국립대가 나타나는 양상이다. 중앙일보 대학평가 지표를 완벽하게 신뢰할 수 있는 것은 아니지만, 20위권 안에 부산대를 제외하고는 비수도권 대학이 포함되지 않았다는 것은 매우 심각한 일이다. 왜냐하면, 향후 지자체가 재정을 확보한다고 하더라도 지역이 필요로 하는 인재육성과 지식공급에서 한계가 있기 때문이다.

3) 지방의 정주 여건

앞에서 살펴본 바와 같이 지역 간 인구이동에서 가장 중요한 요인은 양질의 일자리였다. 그래서, 역대 정부들이 시행했던 지역균형개발 관련 정책에는 대부분 대기업 등 우수기업을 지방으로 이전하는 정책이 포함되어 있다. 그에 따라서 실제 지방으로 이전하였지만 많은 경우, 직원만 지방으로 내려가고 가족들은 수도권에 머무는 경우가 많다. 이병훈 중앙대 사회학과 교수는 공공기관 지방이전으로 인해 주말부부가 늘어났다고 주장하였는데(문가영·박나은, 2022), 이를 통해서 알 수 있듯이, 지방에서 일자리만 늘린다고 가족들까지 모두 지방으로 이전하는 것은 아니다. 온 가족이 함께 만족스럽게 살 수 있는 정주 여건이 갖추어져야 가족단위의 인구이동이 가능해 진다.

[그림 27]은 한국리서치가 거주이전 희망자에 대해서 그 이유를 조사한 결과이다. 파란색 막대가 수도권 거주를 희망하는 응답자가 수도권으로 거주이전하고 싶은 이유이다. 일자리 등 경제적 이

[그림 27] 수도권으로 거주이전하고 싶은 이유

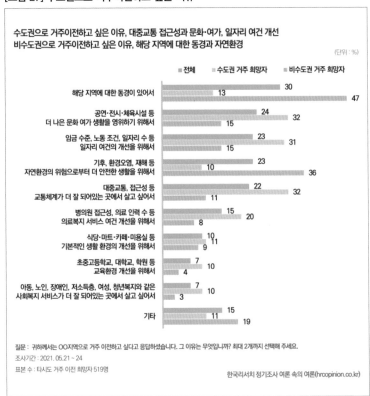

자료원 : 구정태(2021). 수도권으로 거주이전하고 싶은 이유, p. 12.

유를 제외하면, 문화 여가 생활(32%), 편리한 교통체계(32%), 의료 서비스(20%)과 같은 이유가 주된 이유로 조사되었다. 이 자료를 통해서 알 수 있듯이, 일자리와 같은 경제적 이유 다음으로 중요한 요인은 바로 문화생활, 교통, 의료와 같은 우수한 정주 여건 구비 여부이다.

4) 공모형 국고지원 사업의 남발

홍근석 외(2021)는 중앙정부가 공모형 국고지원 사업을 남발하여, 지역균형발전을 저해하고, 수도권 집중화를 심화시켰다고 주장하였다. 앞서 살펴본 바와 같이, 수도권에 비해서 지방은 재정, 대학과 같은 교육 및 혁신 인프라, 정주여건 모든 측면에서 열악하다. 여기에 덧붙여, 지방세보다 국세의 비중이 높으므로, 지자체는 중앙부처의 재정 지원에 의존할 수밖에 없는 구조이다.

이러한 구조 하에서 홍근석 외(2021)는 먼저 지적한 점은 공모형 국고지원 사업에 가장 많이 선정되고 재정지원을 받은 대상이 바로 수도권이라는 것이다. 지역총생산이 가장 높고, 기업과 대학이 가장 집중된 곳이 수도권이니까, 이러한 결과는 당연한 것이라고 볼 수 있지만, 다른 한편으로 생각하면 이런 현상이 유지되면 최소한 수도권·비수도권 격차가 유지되거나 더 벌어지게 될 것이다. 즉, 지역균형발전 측면에서는 구조적으로 문제가 있다고 볼 수 있다.

다음으로 홍근석 외(2021)는 공모형 국고지원 사업이 지자체 재정을 도리어 악화시켰을 가능성도 조사하였다. 왜냐하면, 중앙부처

사업비에 비례하여 지자체의 대응자금이 매칭되어야 하기 때문이다. 연구결과, 이러한 예상은 구체적으로 뒷받침되지는 않았다.

마지막으로 단기적인 국고지원 사업이 가지는 한계점이다. 지자체는 지자체에 맞는 고유한 발전 전략을 수립하고 그에 맞게 체계적으로 프로그램을 개발하고 운영해야 한다. 그런데, 공모제 형태에서는 개별 지자체의 특성을 반영하기 어렵고, 이런 사실을 하고 있는 지자체는 우선 사업 선정이나 되고 보자는 식으로 공모에 지원할 수밖에 없다. 더 큰 문제는 공모에 선정되었다고 하더라도, 원래 사업기간 동안 예정되었던 사업비가 제대로 집행되지도 않는다는 것이다. 이런 이유로 지자체들을 장기적으로 안목에서 지역 여건에 맞는 사업계획을 제대로 수립해 보지도 못하고, 중앙부처의 계획에 휩쓸려 다니게 되어서 지역 고유의 발전 계획을 제대로 운영하지 못하게 된다는 것이다.

제4절 지방시대를 선도하는 경북

1. 지방시대 실현을 위한 지자체의 역할 변화

2023년 9월 14일, 대통령 직속 지방시대위원회 초대 위원장인 우동기는 지방 주도 균형발전과 책임있는 지방분석을 실현하기 위한 5대 전략과 9대 주요 정책을 제시하였다(우동기, 2023). 여기서, 5대 전략은 첫째, 자율성을 키우는 과감한 지방분권, 둘째, 인재를 기르는 담대한 교육개혁, 셋째, 일자리를 늘리는 창조적 혁신성장, 넷째, 개성을 살리는 주도적 특화발전, 다섯째, 삶의 질을 높이는 맞춤형 생활복지이다. 역대 지역균형발전정책과 다른 점은 지역균형발전 정책과 지방분권 정책을 동시에 추진하여, 정책의 실현가능성을 높였다는 점이다. 그리고, 5대 전략에서 살펴볼 수 있듯이, 과거 많이 언급되었던 실패요인들을 전략에 반영하여 정책의 실효성을 높이고 있다. 특히, 중앙부처가 가지고 있던 많은 자원과 권한을 대거 지자체로 위양하였다.

과거, 지역균형발전 정책을 시행하는 과정에서 지자체의 역할은 중앙정부가 기획한 정책을 수동적으로 예산을 집행하는 정도로만 인식되었다. 진정한 지방시대를 열기 위해서는 지방이 앞장서고 중앙이 지원하는 방식으로 패러다임의 대전환이 필요하다고 전광섭(2023) 전 한국지방자치회장이 주장하였다. 따라서, 지자체의 역량과 노력에 따라서 많이 차이가 발생할 것으로 예상된다.

지방시대 실현을 위해서 지자체의 주도적 역할이 중요하기는 하지만, 분명한 사실은 중앙부처에 비해서 지자체가 가진 경험이나 역량이 제한적이라는 것이다. 지자체가 스스로 지자제의 여건에 맞게 사업을 개발하고 기획하고 실행해 나가는 것은 당연한 것이지만, 이 과정에서 풍부한 경험과 역량을 갖추고 중앙부처와의 협력과 공조 역시 중요하다는 것이다. 이는 과거 대구시에서 진행되었던 밀라노 프로젝트와 영암 F1 경기 유치 사례를 통해서 확인할 수 있다. 당시, 대구시는 감사원의 지적에도 불구하고, 무리하게 자기 방식으로 밀라노 프로젝트를 강행하는 바람에 기대했던 실적을 거두지 못했다. 역시, 영암 F1 경기에서도 자지체가 감당하기 어려운 규모의 국제 스포츠 이벤트를 올림픽과 월드컵을 유치한 경험이 있는 중앙부처와 협업하지 않고 지자체가 단독으로 추진하다고 상당한 규모의 국고낭비를 초래하였다.

이러한 점들을 고려해 볼 때, 지자체는 주도적으로 지역 여건에 맞게 사업을 발굴하고, 개발하고, 추진해야 하지만 전체 과정에서 경험과 역량을 많은 중앙부처와 협력 역시 중요하다. 여기서, 협력이란 과거와 같은 중앙부처의 통제가 아니라 중앙부처의 지원을 의미한다. 그런데, 지금까지 이러한 방식으로 지자체가 스스로 사업을 개발하고 추진해 본 경험이 적기 때문에 바람직한 롤 모델을 정의하기 어려운 상황이다. 이런 가운데, 경북은 과거 경제 부흥기에 중앙부처와 협력하여 대한민국 경제성장의 토대를 제공하였고, 최근 중앙정부의 지방시대 정책 도입 이전부터 지방시대 도입의 필요성을 역설하고 준비를 해 왔다. 이런 측면에서 현재 경북이 추진하고 있는 지방시대 정책을 실현하는데 있어서 하나의 롤 모델이 될 것으로 기대된다.

2. 과거 역사를 통해서 살펴본 경북의 역량

1960년대 제1차 경제개발5개년 계획을 수립할 당시, 정부는 첫 번째 산업단지로 서울에 구로구 일대를 선정하였고, 지방에서 울산 일대를 지정하였고, 울산에는 중화학공업단지를 건설할 예정이었다.[11] 울산의 중화학공업단지를 육성하려면, 기초 소재인 강철의 공급이 필요했고, 이를 생산할 제철단지 조성이 필요하였다. 처음 계획은 울산에 제철단지을 함께 조성하는 것이었지만, 이후, 계획된 산업 규모을 충족할 수 있는 규모의 제철단지를 울산에 조성하는 것이 불가능하여, 여러 지역의 입지를 모색한 결과, 최종적으로 선택된 곳이 포항이었다.[12]

당시, 한국의 경제 여건을 대규모 제철소를 건설할 여력이 없었으므로, 중앙정부는 제철소 건설에 필요한 재원 마련에 역량을 집중하였다. 이런 가운데, 경북 관내에 세계적 규모의 제철단지가 조성되기 때문에 당시 경북도청도 포항제철 건설에 정책적 역량을 투입하였다. 세계적 규모의 제철소가 건설되기 위해서, 막대한 규모의 토지와 철광석과 석탄을 실어나르는 화물선이 접안할 수 있는 시설이 필요하였다. 이에 대해서 「포스코 50년사」는 경북의 공헌점에 대해서 다음과 같이 기술하였다.

종합제철 입지를 결정한 뒤 정부는 제철소 부지를 매수하고, 그곳에 살던 주민 이주를 시작했다. 부지매수는 경상북도가 맡아 1968년 5월 30일 완료했고, 이후 영일군이 주민 이주에 나섰다. 부지 매수와 주민이주 모두 일부 주민이 반발해 어려움이 있었으나 경상북도와 영일군이 갖은 노력을 기울인 끝에 무난히 제철소 부지를 확보할 수 있었다. 이후 정부는 준설, 성토, 정지, 비토 포설 순으로 부지 조성 공사를 진행했다. 이 공사들은 포항 1기를 착공한 1970년 4월 1일 이후에도 제철소 공사와 병행됐으며, 포항 1기 건설 막바지인 1973년 3월 20일 완료됐다(p. 41).

이후 포항제철은 산업의 꽃인 철강을 저렴하게 한국기업들에게 공급하여, 현재 한국 수출의 핵심축인 자동차 산업과 조선 산업을 뒷받침하고 있다. 이와같은 포항제철 건설 사례에서 볼 수 있듯이, 과거 경북은 중앙정부와의 공조를 맞추어서, 지역산업을 개발육성하는 역량을 보인 바 있다.

현대에서 진정한 공업국가가 되기 위해서는 소재로써 철강과 더불어, 산업 에너지로서 충분한 전력을 공급할 수 있어야 한다. 그런데, 지하자원과 수력 등 자원 조건이 뒷받침되지 않는 한국이 국제 경쟁력을 갖춘 값싼 산업용 전기를 생산할 수 있는 방법은 원자력 발전밖에 없다. 우리나라 원자력발전소는 지금의 부산광역시 기장군에 처음 건설되었다. 이어서, 경북 월성군(현재 경주시)에 원자력 발전소가 건설되면서, 고질적인 전력난에서 벗어날 수 있었고, 이어서 경북 울진에 한울 원자력발전소가 건설되면서 선진국 중에서 가장 저렴한 산업용 전기를 공급할 수 있게 되었고, 현재 전체 원자력 발전의 50%를 경북에서 공급하고 있다.

경주시는 중저준위 방사성폐기물처분장 건설을 두고 심각한 수준의 주민 갈등을 겪은 바 있다(경북일보, 2005). 이런 점을 비추어 볼 때, 경북에서 두 군데나 원자력 발전단지를 조성하는 과정에서 경북은 엄청난 갈등을 경험했을 것이다. 하지만, 만약에 당시 원자력발전소 건설에 실패했더라면, 지금 대한민국은 먹여 살리고 있는 수도권 지역의 반도체 산업이 제대로 운영되기 어려웠을 것이다.

이상 살펴본 바와 같이, 경북은 중앙정부의 정책과 발맞추어서 지역 산업을 성공적으로 육성했던 행정 역량을 보유하고 있다. 향후, 지방시대을 맞이하여, 권한과 자원이 대폭적으로 주어질 경우, 과거의 이상의 성과를 낼 것이라고 기대된다.

3. 지방시대 선도하는 경북의 현재 역량과 의지

현 경상북도지사를 맡고 있는 이철우는 2011년에 「이철우. 2011. 지방이 살아야 나라가 산다 : 국회의원 이철우의 최다 화두」라는 저서를 출간하였다. 이 저서에는 국회의원 생활의 소회가 적혀 있지만, 눈여겨 볼 점은 "제5장 지방이 살아야 나라가 산다" 부분이다. 앞서 살펴보았던 바와 같이, 2000년 이후, 역대 정부들이 예외없이 지역균형발전에 관련 정책을 내 놓았지만, 이 책에서는 지방정책에 지방이 보이지 않는다고 비판하였다. 지방의 삶의 여건이 좋아져야 수도권 집권화가 억제되고, 이를 통해서 국가경쟁력이 높아진다고 주장하였다. 이를 실현하는 한 방법으로 동남권(내륙) 신공항 건설을 주장하였다.

지역 주도의 지역균형발전에 대한 생각은 2018년 경상북도지사 취임사에 반영되어서, 과거에 경북이 전후 대한민국을 경제를 이끌었던 것처럼 경북을 통해서 미래 한국을 대도약시키자는 의지를 표명하였다. 그리고, 경상북도지사 취임 이후부터 지금까지 동남권 내륙신공항 건설과 대구 · 경북 행정통합을 꾸준히 추진해 오고 있다. 이러한 점을 고려해 볼 때, 현재 경북 추진하고 있는 지방시대 관련 정책들이 특정 시점에 급조된 것이라기보다는 오랜 기간 숙고

하고 검토한 결과라고 볼 수 있다.

지자체 주도 지역발전정책을 수립하고 추진하는 과정에서 국가 차원의 이익보다는 지역 이익 중심으로 편협하게 기획하거나 추진할 가능성이 높다. 그런데, 현재 경상북도지사인 이철우는 2022년 8월 19일부터 2023년 12월 31일까지 대한민국시도지사협의회 회장직을 수행하였고, 이를 통해서 중앙정부의 입장과 지자체의 입장을 조정하는 역량을 갖추게 되었다. 이를 반영하듯이, 2023년 7월 대통령 직속으로 지방시대 위원회(위원장 우동기)가 출범하고 난 뒤, 경상북도는 중앙정부의 정책에 맞추어 같은 해 10월 30일에 경북도 지방시대 위원회를 출범시켰다(김창원, 2023).

이와같이, 정부가 지방시대 실현이라는 방향으로 정책을 확고한 잡은 상태에서 경북의 주도 지방시대 정책이 정부합동평가 '1위'로 확실한 인정받았다(오정민, 2024). 경상북도는 2023년 '경북의 힘으로 새로운 대한민국'이라는 도전적 메시지 아래, 지역 정책을 스스로 만들고 완성해 나가는 확실한 지방시대를 이끌어가는 데 주력하였고, 전국 최초로 지방시대정책국을 신설하는 등 국정 목표인 '지방시대'를 실현하기 위한 정책 개발에 매진하였다. 그 결과, 지역 중심 인재 양성, 저출생 대응, 소외계층 지원 분야 등에서 경북만의 차별성 있는 정책들이 시행됐고, 이번 평가로 경북 정책이 대한민국 표준 정책이 될 수 있다는 것이 객관적으로 입증되었다.

선정된 주요 정책 우수사례는 △대학과 지자체 연계협력(지방정주시대 케이유(K-U)시티, 전국최다 지역혁신중심 대학지원체계 시범지역(RISE) 및 글로컬대학 선정), △지자체간 연계·협력

(대구경북통합신공항 건설 및 군위군 대구광역시 편입), △클라우드 전환 및 이용(경북형 클라우드 데이터센터 구축, 광역지자체 최초 SaaS기반 공공기관 통합업무시스템 도입), △가족센터 가족서비스(전국최초 아이돌봄서비스 본인부담금 지원, 전국최초 지역특화비자 외국인정착 주거지원 및 희망이음사업), △시민참여형 보훈문화 행사·체험(광역지자체 직접 운영 경북독립운동기념관), △자원봉사 활성화(대학사회봉사단과 함께하는 비치코밍), △자전거 이용 활성화(전국최초 화물용 전기자전거 활용 신산업 육성) 등이다.

참고문헌

- 경북일보. 2005. 경주방폐장 헌법소원 지역갈등 증폭. 경북일보, 11월 28일.
- 경상북도. 2024. 경북 주도 지방시대 정책, 정부합동평가'1위'로 확실한 인정 받아.
  보도자료, 4월 29일.
- 구정태. 2021. 여론 속의 여론, 기획 : 지방소멸 위기와 지역 불균형 해소를 위한 노력.
  한국리서치 주간리포트, 제136-2호.
- 국회도서관. 2022. 지역균형발전 한눈에 보기. FACT BOOK, 4호(통권 제 96호).
- 김창원. 2023. 경북도 지방시대위원회 출범…5대 정책 방향·5대 메시지 발표.
  경북일보, 10월 30일.
- 더리더. 2021. '지역균형발전' 전도사 이철우가 던지는 화두…'삶의 질 개선'. 머니투데이, 5월 3일.
- 듀오. 2024. 2024 결혼비용 실태 보고서. 듀오.
- 문가영·박나은. 2022. "여보, 다음주에 만나요"…맞벌이 8쌍중 1쌍 주말부부. 매일경제, 6월 24일.
- 민보경. 2023. 지방소멸위기 대응 방향. Futures Brief(국회미래연구원), 제23-03호.
- 신휴석. 2022a. 지도로 보는 우리 국토(44) : 카토그램으로 보는 시·도별 혁신형 기업 수.
  국토(국토연구원), 8월호(통권 490호).
- 우동기. 2023. 지방시대 비전과 전략(관계부처 합동). 대한민국 정책브리핑. 9월 14일.
- 유연석. 2020. 수도권 인구, 처음으로 비수도권 넘어… 20대 직업 찾아 이동. 경기신문, 6월 29일.
- 이상헌. 2024. 尹 "저출산 문제, 최우선 국정과제… 일단은 1.0을 목표로". 동아일보, 2월 7일.
- 이영주·임은선. 2023. 지도로 보는 우리 국토(58) : 지역경제 활력도가 높은 지역은 어디일까?
  국토(국토연구원), 10월호(통권 504호).
- 이지헌. 2023. NYT칼럼니스트 "韓저출산, 흑사병 창궐 중세유럽 인구감소 능가".
  연합뉴스, 12월 3일.
- 이철우. 2011. 지방이 살아야 나라가 산다 : 국회의원 이철우의 최다 화두. 동화사.
- 이철우. 2018. [취임사] 이철우 경상북도지사. 대구·경북뉴스, 7월 2일.
- 이태열. 2020. 우리나라 혼인율 급락의 구조적 특징. KIRI리포트, 3월 2일.
- 이후연·신혜연·편광현·우수진. 2022. 서울대 7년 연속 1위…
  건국대, 29년만에 사상 첫 톱10 진입 [2022 대학평가]. 중앙일보, 11월 14일.
- 임성수·민경석. 2024. 홍준표 "국토균형발전 신호탄"…이철우 "대한민국 새판 짜기".
  영남일보, 6월 5일.
- 전광섭. 2023. 지방정부가 앞서 주도하는 생태계 조성이 우선. 나라경제(KDI), 11월.
- 조성철. 2020. 지도로 보는 우리 국토(21) : 지역별 청년인구 유출입 현황. 국토(국토연구원),
  9월호(통권 467호)

- 최영상 · 강영신. 2023. 2023년 주택시장 분석 및 전망. 주택금융연구원.
- 통계청. 2022. 2021년 국내인구이동통계. 보도자료, 1월 25일.
- 통계청. 2023. (기획보도) 「사회조사」로 살펴본 청년의 의식변화. 통계청.
- 통계청. 2024. 인구상황판. 인구로 보는 대한민국.
- 하수정 · 이차희 · 심혜민 · 이종표. 2022. 청년의 지역이동과 정착. 균형발전 모니터링 & 이슈 Brief (국토연구원), 제11호.
- 홍근석 · 조기현 · 김성주 · 전성만 · 이서희. 2021. 공모형 국고보조사업 운영체계 개선방안. 한국지방행정연구원

주

1 KBS. 2021. [여론조사] 국민 79.3% "균형발전 필요"…"비수도권 투자 · 개발해야". 뉴스9, 1월 6일.

2 대한민국 대통령실. 120대 국정과제.https://www.president.go.kr/affairs/gov_project

3 부처합동. 2024. 대구경북 신공항 본격 사업 추진…대통령 "2030년 개항 목표 달성".
   대한민국 정책브리핑, 3월 4일.

4 자료원 : 우리역사넷. 역대 국사 교과서, 6차 교육과정.
   Ⅳ. 현대 사회의 발전. 4. 경제 성장과 사회 변화, (1) 경제발전을 위한 노력
   http://contents.history.go.kr/mobile/ta/view.do?levelId=ta_h62_0050_0040_0010

5 조정미. 도시화에 따른 불가피한 선택, 신도시개발. 국가기록원.
   https://theme.archives.go.kr/next/koreaOfRecord/newTown.do

6 국회도서관(2022)이 발간한 『지역균형발전 한눈에 보기』의 내용 중에서 일부를 재편집하였음.

7 국회도서관(2022)이 발간한 『지역균형발전 한눈에 보기』의 내용 중에서 일부를 재편집하였음.

8 경제활동인구수(2021) + 학령인구수(2021) + 체류인구수(2021)

9 경제활동인구수(2021) + 학령인구수(2021) + 체류인구수(2021)

10 소매업 및 음식 · 주점업 월매출액(2021) + 총수입금액(2020) + 카드이용금액(2021)

11 경제개발에 관련 내용은 제 3장에서 자세하게 다룰 예정임.

12 신동명. 2022. 포항 아닌 울산에 제철소 지으려 했다고? 한겨레 신문, 6월 29일.
   https://www.hani.co.kr/arti/area/yeongnam/1048954.html

제2장

·

지방분권형 국가경영시스템으로의 전환 및 지방의 역량 강화

안성조

경북연구원 연구위원

본 장은 지방분권형 국가경영시스템의 전환과 지방의 역량 강화에 대해 논의한다. 1960년대 이후 한정된 자원을 효율적으로 사용하고자 채택하였던 중앙집중의 국가발전전략은 우리나라를 선진국에 진입하게 하였다. 그러나 수도권의 지나친 비대화가 이제 우리사회의 지속가능성을 위협하고 있다. 이에 본 장에서는 지방분권형 국가경영시스템의 필요성과 사례를 살펴보고 경북이 주도하는 지방시대를 위한 정책제언을 제시하고자 한다.

제1절 서론

"서울은 넓다. 아홉 개의 구(區)에 가(街), 동(洞)이 대충 잡아서 380개나 된다. 이렇게 넓은 서울도 370만 명이 정작 살아보면 여간 좁은 곳이 아니다. 가는 곳마다, 이르는 곳마다 꽉꽉 차 있다. 집은 교외에 자꾸 늘어서지만 연년이 자꾸 모자란다. 일자리는 없고 사람들은 입만 까지고 약아지고 당국은 욕사발이나 먹으면 낑낑거리고 신문들은 고래고래 소리나 지른다."

1966년 이호철의 소설 「서울은 만원이다」의 일부 내용이다. 당시에도 서울은 만원이었다. 해방 전후에 100만 명 즈음이던 서울의 인구는 1963년 300만 명, 1970년 550만 명, 1988년 1,000만 명을 넘었다. 지금의 서울은 더 커졌고, 더 혼잡해졌다. 이제 국민 절반이 서울을 포함한 수도권에 거주하고 있다. 일부 도시국가를 제외하면 유래를 찾기 힘든 구조이다. 이렇게 서울 중심의 국가구조를 갖게 된 것은 우리나라 압축성장에 기인한다. 한정된 자원을 효율적으로 사용하여 성장을 이끌어 내기 위해서는 중앙집중의 국가발전전략이 필연적이었다. 한편 지방분권은 중앙집권적 국가경영 체계에서 벗어나 지방자치단체가 자체적인 권한과 책임을 갖고 자율적으로 행정을 수행할 수 있도록 권한을 배분하는 정책이다. 이는 지역맞춤형 서비스를 제공함으로써 지역특성에 맞는 발전전략을 수립할 수 있다는 점에서 의의를 가진다. 중앙집중의 한계를 극복하고, 국가 전체의 균형있는 발전을 촉진하기 위해 지방분권은 필수적인 조치이다. 지방분권의 필요성은 다음과 같은 이유에서 비롯된다.

첫째, 중앙정부의 과부하를 줄이고 효율적인 정책집행을 가능하게 한다. 중앙정부가 담당하는 역할과 기능이 지나치게 많을 경우, 의사결정과 정책실행의 지연이 발생하며, 이는 전체적인 국가운영의 비효율로 이어진다. 지방분권을 통해 각 지방자치단체가 자신의 특성에 맞는 문제를 직접 관리하고 해결할 수 있는 권한을 갖게 됨으로써 중앙정부의 부담이 감소하고, 보다 신속하고 적절한 서비스 제공이 가능해진다.

둘째, 지역주민들의 참여와 만족도를 높일 수 있다. 정책결정 과정에 지역주민들이 직접 참여함으로써 주민들의 요구와 필요가 반영된 맞춤형 정책을 수립할 수 있다. 이는 주민들의 정책에 대한 수용성을 높이고, 정책의 효과를 극대화하는 결과를 가져온다. 또한, 지방자치단체의 정책결정 과정에 주민들이 직접 참여함으로써 투명성과 책임성이 제고되며, 이는 지방자치단체에 대한 신뢰도를 향상시킨다.

셋째, 지역 간 불균형을 해소하고 국가 전체의 균형있는 발전을 도모할 수 있다. 지방분권을 통해 각 지역이 자체적으로 경제, 사회, 문화, 교육, 복지 등 다양한 분야에서 자립적인 정책을 수립하고 실행함으로써, 지역간 발전격차를 줄이고 전국적인 균형발전을 이룰 수 있다. 각 지역이 보유한 자원과 잠재력을 최대한 활용하여 특색있는 발전전략을 추진함으로써, 국가경쟁력을 제고할 수 있다.

이러한 지방분권을 위해서는 지방자치단체의 역량 강화가 필요하다. 이를 세부적으로 살펴보면 우선, 자치조직권, 자치재정권, 자치입법권 등 적절한 자치권 확보가 요구된다. 지방분권과 지방자치의 관계는 불가분의 관계로 지방자치 역량이 전제되지 않고는 지방분권 효과가 반감될 수밖에 없다. 따라서 해당 지역의 역량으로 지역의 문제를 해결할 수 있도록 지방자치의 정책역량과 제도 마련이 필요하다.

다음으로 지방공무원 역량 강화와 주민참여 활성화이다. 자체적인 인재양성 프로그램을 개발하고, 지방공무원의 전문성과 역량을 향상시키는 데 집중해야 한다. 또한, 고도화된 정보기술을 활용하여 행정효율성을 극대화해야 한다. 한편, 지방자치단체 정책결정 과정에 주민참여를 보장해야 한다. 이를 통해 주민들의 요구와 문제인식을 정책에 반영하여 주민만족도를 높이고 정책실효성을 제고할 수 있다.

마지막으로 지방자치단체 간의 협력체계를 구축해야 한다. 상호보완적인 발전을 위해 지역 간 네트워크를 강화하고, 공동목표를 가지고 협력프로그램을 추진해야 한다. 이는 지역 간의 경쟁을 넘어서 서로의 발전을 지원하고 촉진하는 효과를 가져올 수 있다. 특히 지방소멸로 대표되는 지역과소화 시대에 접어들면서 지역간 공공시설 및 프로그램의 공동 공급·이용을 통해 공공서비스의 양적 · 질적 수준을 제고할 수 있다.

이와 같은 전략을 통해 지방분권형 국가경영시스템으로의 전환은 국가의 효율성을 높이고, 주민들의 삶의 질을 개선하며, 국가 전체의 균형있는 발전을 이루는 데 기여한다. 따라서 지방의 역량강화는 단순히 행정적 차원을 넘어서 경제, 사회, 문화적 측면까지 아우르는 포괄적인 접근이 필요하다. 본 장에서는 경북의 지방분권 현황과 사례를 살펴보고 경북이 주도하는 지방시대의 정책과제를 논의해 보고자 한다.

제2절 현황 및 국내외 정책동향

1. 왜 지방분권형 국가경영시스템인가

1) 수도권 비대화와 부(−)의 외부효과

그간 압축성장을 위해 우리나라가 취하여 온 수도권 중심의 성장전략을 경제적 관점과 지역개발 관점으로 살펴보자. 우선 경제적 관점에서 살펴보면 집적경제, 규모경제, 도시화경제를 들 수 있다.

첫째, 집적경제(economies of agglomeration)는 경제주체들이 특정 공간에 밀집할 때 얻게 되는 긍정적 외부효과를 의미한다. 마셜(A. Marshall)에 의하면 경제주체가 인접하여 위치하면 상품, 인력, 기술 및 아이디어 교환에 비용이 절감되기 때문에 집적경제가 발생하는 것이다. 예컨대, 기업들이 인접한 기업과의 상호작용을 통해 긍정적 효과를 얻을 수 있기 때문에 기업들이 공간적으로 집중한다는 것이다. 성남 판교에 IT기업이 몰리는 현상, 용인에 반도체 클러스터를 조성하는 이유 등이 이러한 집적경제에서 비롯된다고 할 수 있다.

둘째, 규모경제(economies of scale)이다. 일반적으로 재화와 서비스의 생산량(공급량)을 늘려감에 따라 추가적으로 소요되는 평균 생산비용도 점차 늘어난다. 그러나 일부 재화와 서비스의 경우 생산량이 늘어날수록 단위 평균비용이 감소하는 현상이 나타나는데 이를 규모의 경제라고 한다. 수도권은 각종 공급과 수요의 규모가 크다보니 최대시장을 형성하고 있고 이는 곧 경제적 효율성과 직결되는 것이다. 예컨대, 수도권에 공공시설을 공급하는 것이 지방보다 비용 대비 효용이 크다보니 경제성과 효율성이 담보되고, 이는 곧 수도권과 지방의 격차로 이어져 악순환을 형성하는 것이다.

셋째, 도시화경제를 들 수 있다. 도시화경제는 도시규모가 증가하여 재화나 서비스의 공급이 상대적으로 저렴해지고 노동공급이 원활해지는 현상을 말한다. 아울러, 도시에서는 지식이 광범위하게 확산되면서 지식서비스산업의 형성에 유리해진다. 이를테면, 다국적기업이나 R&D 연구소가 수도권에 모여드는 현상을 설명할 때 도시화경제를 들 수 있다.

살펴본 바와 같이 수도권 중심의 집적경제, 규모경제, 도시화경제는 우리나라 압축성장에 필요한 효율성을 제공해 주었고 이 덕분에 우리나라는 개발도상국에서 선진국까지 성장할 수 있었다. 그러나 수도권 집중이 심화되면서 정(+)의 외부효과는 부(−)의 외부효과로 바뀌었고 우리나라의 선진국 안착에도 장애가 되고 있다.

우선 집적경제는 경제주체가 공간적으로 모임으로 인해 얻을 수 있는 경제적 효율성을 말한다. 그러나 집적의 정도가 지나치면 혼잡비용이 발생하고 부의 외부효과가 발생한다. 수도권 과밀로 인해 우리사회가 부담할 비용은 환경오염, 필요 이상의 교통량 유발, 주택가격, 지방의 기회상실 등을 들 수 있다. 이제 수도권으로 집중할수록 우리 사회가 부담하는 비용이 점점 커지고 있는 실정이다.

다음으로 규모의 불경제를 들 수 있다. 앞에서 살펴보았다시피 규모의 경제는 재화와 서비스의 공급이 증가하면서 공급단위당 평균비용이 절감되는 현상을 말한다. 그러나 규모의 불경제는 수도권의 지나친 비대화로 인해 효용 대비 사회적 비용이 증가하는 것이다. 수도권 집중은 어느정도까지는 경제적 효율성을 가져왔지만 지나친 비대화로 인해 부의 외부효과가 발생하는 단계에 이르렀다.

마지막으로 도시화경제는 도시화가 진전되면서 누릴 수 있는 유무형의 경제적 이점을 말한다. 수도권이 성장하면서 도시화경제의 장점은 크게 증가하여 왔으나, 과밀화된 지금에 있어서는 단점도 발생하는 것으로 평가되고 있다. 토지비용의 과도한 상승, 밀집비용 등을 들 수 있다. 또한 코로나19 확산사태에서도 볼 수 있듯이 전염병, 보건위생, 안보위협 등도 우려되는 지점이다. 도시화경제의 이점을 누리기 위해서는 도시경쟁력과 사회적 후생을 최적화할 수 있는 적절한 규모의 도시화 수준을 유지할 필요가 있다.

집적경제, 규모경제, 도시화경제의 측면에서 수도권의 성장과 부의 외부효과를 살펴보았다. 수도권의 성장이 우리나라 고도성장에 기여한 바가 매우 큰 것이 사실이다. 그러나 이제 지나친 비대화로 인해 사회적 비용이 발생하고 한계효용이 체감하고 있는 실정이다. 이제 지역으로 눈을 돌려야 할 시점이고, 경북이 주도하는 지방시대를 주목할 때다. 이를 통해 대한민국 2.0으로의 도약을 기대한다.

2) 성장거점이론과 낙수효과

이어서 지역개발 관점에서 수도권 집중을 살펴보자. 식민지와 전쟁을 겪은 우리나라는 전세계에서 가장 가난한 국가였다. 자원, 기술, 자본이 없이 국가성장을 견인하기 위해 우리나라는 1962년부터 중앙정부 주도로 제1차 경제개발5개년 계획을 수립 및 시행하였다. 성장거점이론은 1950년대 중반에 거론되어 1970년대 중반까지 20년간 지역개발정책의 주요한 전략으로 운용되어 왔으며, 공간적 차원에서는 불균형성장이론의 설득력을 제공했다. 성장거점이론은 한마디로 성장잠재력(growh potential)이 큰 중심지 내지 거점을 선정하여 이를 집중개발함으로써 성장거점의 개발효과를 주변지역으로 파급시키고자 하는 데 목적이 있다. 이른바 집중화된 분산전략(concentrated decentralization)이 그 방법론이다. 또한 불균형개발전략 이론이면서 중앙정부 주도의 집중적·선도적 지역개발 방식이고, 자원배분의 효율성을 중시하는 개발전략이다.[1] 이는 페로우(F. Perroux)의 성장극이론의 발전된 형태로써 1950년대 후반 균형성장이론과 불균형성장이론의 논쟁의 시발점이 된 이론이다.

성장거점이론은 중심도시를 육성하면 그 개발효과가 주변지역으로 파급될 수 있을 것이라는 점에서 개발도상국들로부터 상당히 각광을 받았으며, 1960년대를 거쳐 1970년대 중반에 이르기까지 지역정책의 가장 중요한 전략으로 선호되었다. 그러나 본질적으로 성장거점이론은 하향식 개발이론으로, 그 논리적 유용성에도 불구하고 성장거점지역만 더욱 성장함으로써 기대했던 파급효과는 일어나지 않고 오히려 새로운 불균형이 나타나고 있다는 점에서 상당한 비판을 받았다.

[그림 1] 성장거점이론의 개념도

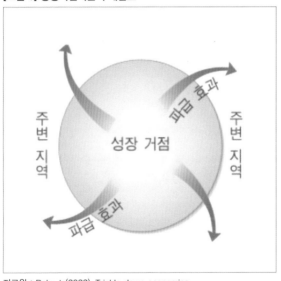

자료원 : Roberts(2022), Trickle down economics
(https://unitedworldint.com/27043-trickle-down-economics)

성장거점이론은 낙수효과를 전제하고 있다. 거점 중심의 성장이 주변으로 확산하여 성장의 성과를 전체가 고루 누린다는 개념이다. 우리나라 역시 한정된 자원을 수도권과 일부 대도시 중심으로 투입하여 국가전체적인 낙수효과를 기대하였다. 그러나 성장극의 비대화와 지방의 피폐화를 초래하였으며 지금에 와서는 성장극이론은 실패한 지역개발 방식으로 평가되고 있다. 따라서 국가균형발전과 지방분권에 대한 필요성은 어느 때보다 큰 시점이다. 아울러, 이를 이루기 위해서는 지역의 자립적 역량을 확충하는 것이 전제되어야 한다.

경북은 우리나라의 근대화를 선도하여 온 지역이다. 구미국가산업단지와 포항국가산업단지는 우리나라 산업화를 이끌었고, 호국정신과 선비정신으로 국가위기 극복에 앞장서 왔다. 이제 제2의 새마을운동을 통해 경북이 지방분권과 균형발전에 앞장설 것으로 기대하는 대목이다.

2. 수도권 집중과 지방쇠퇴

1) 수도권–지방의 불균형 수준

2019년은 수도권과 비수도권(지방)의 인구비중이 역전된 해이다. 수도권의 합계출산율은 지방에 비해 낮은 편이다. 그럼에도 불구하고 지방에서의 인구유입에 기인하여 수도권 인구 총량은 매년 증가하여 왔다. 2023년 기준으로 우리나라의 인구는 51,325,329

명이다. 이중에서 서울, 인천, 경기의 수도권에 거주하는 인구가 26,014,265명으로 우리나라 전체 인구의 50.7%를 차지하고 있다.

[그림 2] 낙수효과를 비판한 그림

자료원 : Roberts(2022), Trickle down economics
(https://unitedworldint.com/27043-trickle-down-economics)

한편 1990년대까지 우리나라의 인구는 매년 폭발적인 증가세를 보이다가 2020년부터 사망자 수가 출생아 수 보다 많은 데드크로스(dead cross)가 발생하고 있다. 매년 미미하지만 자연인구 감소가 시작되고 있다. 지역은 인구의 자연적 감소와 함께 수도권으로의 유출과 고령화까지 더해져 2중, 3중의 고충을 겪고 있다.

수도권 인구비중이 우리나라 전체인구의 과반을 초과하는 것은 여러 가지 의미가 있다. 정치권 입장에서는 전체 표의 절반이 넘는 수도권의 민심에 더욱 귀를 기울일 수밖에 없고, 기업입장에서는 수도권 시장의 트렌드에 더욱 민감해질 수밖에 없다. 정치적 입김과 시장지배력을 비롯한 여러 측면에서 수도권 집중이 우리 사회 다방면으로 미칠 영향은 더욱 클 것으로 예상된다.

인구에 이어서 각 부문별 수도권 비중을 살펴보면 제조업체는 51.0%(76,856개 사), 서비스업 종사자는 56.2%(7,894천 명), 100

[표 1] 시도별 인구추이(2018-2023) (단위 : 명, %)

구분	2018	2019	2020	2021	2022	2023
전국	51,826,059	51,849,861	51,829,023	51,638,809	51,439,038	51,325,329
서울	9,765,623	9,729,107	9,668,465	9,509,458	9,428,372	9,386,034
부산	3,441,453	3,413,841	3,391,946	3,350,380	3,317,812	3,293,362
대구	2,461,769	2,438,031	2,418,346	2,385,412	2,363,691	2,374,960
인천	2,954,642	2,957,026	2,942,828	2,948,375	2,967,314	2,997,410
광주	1,459,336	1,456,468	1,450,062	1,441,611	1,431,050	1,419,237
대전	1,489,936	1,474,870	1,463,882	1,452,251	1,446,072	1,442,216
울산	1,155,623	1,148,019	1,136,017	1,121,592	1,110,663	1,103,661
세종	314,126	340,575	355,831	371,895	383,591	386,525
경기	13,077,153	13,239,666	13,427,014	13,565,450	13,589,432	13,630,821
강원	1,543,052	1,541,502	1,542,840	1,538,492	1,536,498	1,527,807
충북	1,599,252	1,600,007	1,600,837	1,597,427	1,595,058	1,593,469
충남	2,126,282	2,123,709	2,121,029	2,119,257	2,123,037	2,130,119
전북	1,836,832	1,818,917	1,804,104	1,786,855	1,769,607	1,754,757
전남	1,882,970	1,868,745	1,851,549	1,832,803	1,817,697	1,804,217
경북	2,676,831	2,665,836	2,639,422	2,626,609	2,600,492	2,554,324
경남	3,373,988	3,362,553	3,340,216	3,314,183	3,280,493	3,251,158
제주	667,191	670,989	674,635	676,759	678,159	675,252
수도권 인구비중	49.8	50.0	50.2	50.4	50.5	50.7

자료원 : 행정안전부, 2024. 주민등록인구현황.

대 기업 본사는 90.0%(90개 사), 1000대 기업 본사는 74.9%(749개 사), 연구개발(R&D)비는 70.1%(789,973억 원), 금융예금액은

[표 2] 부문별 수도권 비중

구분		기준년도	단위	전국(A)	수도권(B)	B/A(%)
면적1)		2023	km²	100,449	11,872	11.8
인구2)		2023	천명	51,325	26,014	50.7
제조업3) (5인 이상)	업체수	2022	개사	150,591	76,856	51.0
	종업원	2022	천명	3,472	1,498	43.1
	생산액(10인 이상)4)	2022	10억원	20,738	6,635	32.0
서비스업 종사자5)		2022	천명	14,036	7,894	56.2
500인 이상 사업체수3)		2022	개사	1,890	1,188	62.9
기업본사	1000대 기업6)	2022	개사	1000	749	74.9
	100대 기업6)	2022	개사	100	90	90.0
	상장사7)	2024	개사	2,671	1,956	73.2
	상장사 자본총액7)	2024	조원	2,457.4	2,129.9	86.7
R&D8)	연구개발비	2022	억원	1,126,460	789,943	70.1
	인원수	2022	명	813,763	518,215	63.7
금융	예금액9)	2023	조원	199	141	70.8
	대출액10)	2023	조원	227	153	67.4
소득세 징수(종합소득세 결정세액)11)		2022	조원	4,836	3,342	69.1
지방세 수입(지자체 징수실적)12)		2022	억원	11,857	6,544	55.2
전국 주요 방송·통신·신문사 본사13)		2024	개소	20	20	100.0
대학생 수14)	대학생	2022	명	5,567,266	2,598,060	46.7
	대학원생	2022	명	667,814	385,150	57.7
의료15)	의료기관	2023	개소	101,762	52,342	51.4
	의사수	2023	명	114,699	64,044	55.8
	상급종합병원	2023	개소	45	22	48.9
	치과	2023	개소	19,271	10,682	55.4

자료원 : 1) 국토교통부. 2023. 「지적통계」 2) 행정안전부. 2024. 「주민등록인구현황」. 3) 고용노동부. 2022. 「사업체노동실태현황」. 4) 통계청. 2022. 「광업제조업조사」. 5) 통계청. 2023. 서비스업 종사자수. 6) 부산상공회의소. 2023. 「2022년 매출액 기준 전국 1000대 기업 중 부산기업 현황」. 7) KRX 정보데이터 시스템(http://data.krx.co.kr). 8) 과학기술정보통신부. 2022. 연구개발활동조사. 9) 한국은행 경제통계국. 2024. 예금은행예금액(시도). 10) 한국은행 경제통계국. 2024. 예금은행대출금액(시도). 11) 국세청. 2022. 종합소득세 주요항목 신고 현황Ⅱ(시·군·구). 12) 행정안전부. 2022. 자치단체별 징수실적 총괄. 13) 3대 공중파 방송사, 10대 일간지, 2대 통신사 및 5대 경제신문사 포함. 14) KESS 교육통계서비스. 2022. https://kess.kedi.re.kr/, 학과수 학년별 재적학생 수. 15) 국민건강보험공단. 2024. 건강보험통계.

70.8%(141조원), 의사수는 55.8%(64,044명)를 차지하는 실정이다.

한편 지역내총생산 비중을 카토그램으로 나타낸 [그림 3]을 보면 2005년, 2010년, 2015년, 2020년으로 시간이 경과됨에 따라 수도권의 비중이 확대되고 있음을 잘 알 수 있다. 수도권 면적은 우리나라 전체면적의 11.8%에 불과하지만 인구, 경제, 사회, 문화 등 여러 영역의 비중은 50%에서 90%에 육박하고 있는 실정이다. 지방분권을 통한 국가균형발전이 없이는 국가적인 혼잡비용, 과도한 경

[그림 3] 지역별 총소득 변화

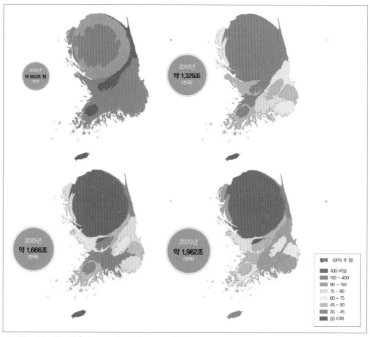

자료원 : 국토연구원, [지도로 보는 우리 국토 45] 카토그램으로 보는 우리나라 지역총소득(https://www.krihs.re.kr/gallery.es?mid=a10702050000&bid=0043&list_no=29754&act=view).

쟁에 의한 저출산, 수도권-비수도권의 사회갈등, 지방소멸의 문제를 해결할 수 없다. 더 이상 골든타임이 많이 남지 않았다.

2) 지방분권형 국가경영시스템의 필요성

살펴본 바와 같이 우리나라는 수도권중심 성장전략으로 고도성장을 이루었다. 그러나 한편으로는 과도한 중앙집중으로 인한 사회적 비용 증가와 부의 외부효과가 발생하고 있다. 각 지역은 저마다 특성과 여건이 상이하다. 우리나라가 선진국으로 자리잡기 위해서는 새로운 지방분권형 국가경영시스템으로의 전면적인 전환이 필요한 시점이다. 이를 통해 각 지역의 자율성과 책임성을 부여하고 해당지역 특성에 부합하는 지역정책을 수립할 수 있다.

또한 지방분권은 지역 간 상호보완적인 발전을 가능하게 한다. 따라서, 지방분권형 국가경영시스템은 각 지역의 자립적 역량을 강화하고, 중앙과 지방의 협력을 통해 전국적 균형발전을 도모할 수 있는 새로운 성장전략으로 의의가 있을 것이다. 이를 통해 지역의 다양성을 존중하고 지역주민의 삶의 질을 제고하는 동시에, 국가전체적인 지속가능 성장을 기대할 수 있다.

한편 광역교통수단의 발전은 국토의 상대적인 거리를 크게 단축시키고 있다. 물리적 국토공간의 상대적 축소는 중앙집중을 강화하고 수도권을 확대하는 요인이 되고 있다. 지방분권형 국가경영시스템으로의 전환이 더욱 필요한 까닭이다.

3. 국내외 정책동향과 시사점

1) 제주특별자치도

제주특별자치도의 자치분권 모델은 크게 두가지 배경에서 출발한다. 첫째는 분권모델의 구체화이다. 지식정보사회와 세계화 추세에 효과적으로 대응하기 위한 획기적이고 선진적인 분권모델 필요성이 제기되었다. 이에 사회·경제·문화적 특수성을 가지고 독자성이 가장 강한 제주도가 이상적 분권모델의 선도지역으로 가장 적합하다고 보았다. 둘째는 국제자유도시로서의 지속적 발전을 위한 토대 구축이다. 제주도를 싱가폴이나 홍콩과 같이 경쟁력 있는 국제자유도시로 발전시키기 위해 사람·상품·자본의 국제적 이동과 기업활동의 편의가 최대한 보장되도록 규제완화 및 핵심산업 육성이 필요하고, 이러한 발전전략을 뒷받침하기 위해 권한과 자율권을 부여하여 지역 특성에 부합하는 분권모델 실현이 필요하다는 것이다. 제주특별자치도의 추진경과를 살펴보면 아래와 같다.

- 2001. 「제주국제자유도시기본계획」 수립
- 2002. 「국제자유도시특별법」 제정
- 2004. 09. 정부혁신위원회 내 제주특별위원회 구성,
  행정자치부에 추진지원단 설치
- 2004. 11. 30. 제주도, 특별자치도추진계획을 마련하여 정부에 건의
- 2005. 05. 20. 관계장관회의를 거쳐 기본구상안 확정·발표
- 2005. 07. 25. 국무총리 산하에 추진기획단 발족

- 2005. 07. 27. 제주도 주민투표 결과 혁신안(단일광역자치안) 채택
- 2005. 08. 30. 제주도가 마련한 기본계획안 의회보고 및 발표
- 2006. 02. 21. 「제주특별자치도 설치 및 국제자유도시 조성을 위한 특별법」 제정
- 2006. 07. 01. 제주특별자치도 출범

이러한 경과를 거쳐 제주특별자치도가 출범하게 되었다. 제주특별자치도에 부여된 특례의 주요내용은 첫째, 고도의 자치권 부여이다. 이에 따라 자치입법권 강화, 자치조직·인사 자율성 강화, 의정활동역량 강화, 주민참여의 확대, 재정자주권 강화, 교육자치제도의 선도적 실시, 제주형 자치경찰제 시범 실시, 특별지방행정기관 이관 등을 추진하게 되었다. 둘째, 단계적 규제완화를 통한 자유시장 경제모델 구축이다. 권한이양을 중점적으로 요구하되 교육·의료·기업 등 핵심산업과 관련되는 일부 중요 규제에 대해서는 우선완화를 추진하였다. 셋째, 핵심산업 육성이다. 특히 관광산업 활성화(출입국관리제도 개선 등), 국제자유도시에 적합한 교육서비스 제공, 특화된 양질의 의료서비스 모델 개발·육성, 첨단산업의 육성, 청정 1차 산업의 육성 등을 추진했다. 넷째, 산업 및 인프라 여건의 조성이다. 이를 통해 건설·교통, 환경, 사회복지 및 보건 분야의 권한이양이 이루어졌다.

2006년 「제주특별자치도 설치 및 국제자유도시 조성을 위한 특별법」 제정을 통해 중앙권한 이양, 특행기관 이관, 자치경찰제 실

시, 지방교부세 정률특례, 기구정원 특례, 국제자유도시 특례 등이 제주특별자치도에 부여되었다. 그러나 주어진 자치 특례만으로는 당초 계획했던 목표달성에 한계가 있다는 주장이 지속적으로 제기되었고, 7단계에 걸쳐 4,932건의 추가적인 권한 이양을 요구했다. 이를 통해 제주특별자치도는 4,699건을 이양받았다. 2006년 출범한 이후 꽤 긴 시간이 흘렀음에도 불구하고 당초 목표했던 연방제 수준의 자치분권과 국제자유도시 조성을 통한 지역 발전을 달성했는지에 대해서는 여전히 의문이 제기되고 있다. 그럼에도 제주특별자치도는 우리나라 최초의 특별자치도로 자치분권을 위한 다양한 시도가 이루어진 것으로 평가된다.

2) 전북특별자치도

제주특별자치도 출범이후 세종특별자치시, 강원특별자치도, 전북특별자치도 등의 광역지방자치단체 특례가 부여되었다. 이 중에서 경상북도와 지역적 여건이 비교적 비슷하고 가장 최근에 특례를 부여받은 전북특별자치도의 사례를 살펴보자. 전북특별자치도의 추진배경은 광역 대도시 미보유를 들 수 있다. 이에 그동안 국가 균형발전의 정책에서 소외되는 경우가 있었고, 대규모 SOC 조성과 지원에서 제외되며 지역 인프라 낙후가 심화되었다는 것이 추진배경이다. 전북특별자치도의 추진경과를 살펴보면 아래와 같다.

- 2022. 08. 18. 「전북특별자치도 설치 등에 관한 특별법」 발의
- 2022. 12. 28. 「전북특별자치도 설치 등에 관한 특별법」 제정
- 2023. 02. 08. 전북, 전북특별자치도 성공적 추진을 위한 14개 시군과 업무협약 체결
- 2023. 02. 21~22. 제주 · 세종 · 강원 · 전북 특별자치시도 업무협의
- 2023. 03. 15. 전북특별자치도 종합계획 수립 연구 용역 착수보고회
- 2023. 04. 18. 국무조정실 전북특별자치도 지원위원회 가동
- 2024. 01. 18. 전북특별자치도 출범

전북특별자치도 특례의 주요내용은 첫째, 자치권 부여와 지역 특화발전이다. 행정체제 개편, 특별자치도로서 지위와 그에 따른 특례 부여로 정주인구 확대 도모, 특별지원과 특례부여, 국가균형 발전 특별회계 별도계정 설치근거 마련, 지방교부세 확보, 지방소 비세 안분 기준 변경, 자치조직권 확보, 공사 계약지역 제한기준 설 정, 독립적 감사위원회 설치 등을 이양 받았다. 둘째, 지역특화산 업 육성이다. 생명산업 육성, 생명경제 기반 구축, 농업진흥지역 지 정 · 해제 등 각종 권한을 이양 받았다. 셋째, 도민 삶의 질 제고이 다. 이를 통해 수요응답형 교통체계 운영, 원격의료, 의료취약지 응 급의료, 환경영향평가 권한 특례, 수도권과의 격차를 줄여 도시수 준의 생활 · 의료 체계와 농촌활력 기반구축 등이 가능하게 되었다. 전북특별자치도는 광역대도시가 없다는 지역적 한계를 극복하고, 자치권과 특례부여뿐만 아니라 생활인프라 확충, 지역산업 육성 등 의 지역특화 정책을 추진할 수 있는 계기를 마련하였다.

3) 영국 : 분권협상제도 및 차등적 권한이양과 재정배분

영국은 1990년대 후반 본격적으로 지방분권을 추진하면서 연합국인 스코틀랜드, 웨일스, 북아일랜드 정부로 권한을 이양하였다. 이렇게 연합국에 권한을 이양하는 형태로 지방분권을 시작하여 영국내에서도 지역·도시권 단위의 이양으로 지방분권이 전개되었다. 즉, 1998년 스코틀랜드 법을 시작으로 각각의 연합국에 대한 법을 제정하면서 지방분권을 추진하고 2009년 「지역 민주주의, 경제발전 및 건설법(Local Democracy, Economic Development and Construction Act)」의 제정을 시작으로 각 지역에 대한 권한을 본격적으로 이양하고 있다.

영국의 분권 추진현황을 살펴보면 영국 의회(Parliament of the United Kingdom of Great Britain and Northern Ireland)는 국가 단위에서 수행해야 할 국방, 국가 보안, 외교정책 같은 필수 부분만 중앙정부 격인 잉글랜드의 권한으로 규정하고 지방정부가 자체적으로 수행할 수 있는 농·수산업 관리, 경찰, 소방, 도시계획 등의 권한은 이양하였다. 이미 영국 중앙정부는 지방정부가 가진 권한에 대해 감독·통제하지 않는 정치적 분권(political devolution)을 이룬 것으로 평가되고 있다.

영국은 중앙과 지방간 협상을 통해 분권의 정도와 이양사무를 선정했는데 이는 중앙정부 권한을 지방에 이양할 때 각 지방자치단체의 역량과 자원 등을 고려하여 이양의 정도를 협상하기 위해서이다. 뿐만 아니라, 지역의 주도성과 책임성 제고를 위해 영국 정부는 2012년 도시권 협상(City Deal), 2014년 지역성장협상(Local

Growth Deal), 분권협상(Devolution Deal)등 다양한 분권정책을 추진하였다.[2]

영국은 중앙정부의 권한을 지자체의 역량을 고려한 맞춤형 혹은 차등적 권한이양 방식으로 추진하였다. 우리나라도 영국의 사례에서 살펴본 것처럼 지자체의 규모(행정구역, 인구, 재정 등)를 고려한 차등적 권한이양을 진행할 필요가 있다. 지역특성화 발전을 제안하는 지방자치단체는 더욱 많은 재원과 권한을 확대하여 이양하는 방안을 고려할 수 있다. 예를 들어, 농업이나 산림에 특화된 경북은 관련분야의 권한을 더욱 많이 이양할 필요가 있다. 아울러 원자력 발전, 국가산업단지 관리 등에 대해서도 경북의 지역적 특성을 반영한 자치분권이 가능하도록 권한을 부여하고 제도를 개선할 필요가 있다.

4) 프랑스의 지방분권 모델

프랑스 중앙정부와 지방자치단체 간 관계는 기본적으로 1985년 EU 국가 중심의 자치지방정부 헌장에서 명시하고 있는 협력원칙(cooperation), 상호지원(의견수렴) 원칙(concertation, consultation), 정보교환 원칙(information exchange), 재정적 독립성 보장 원칙(financial independence), 합법적 감독의 원칙(legal supervision) 등에 근거하고 있다. 프랑스 헌법과 통합지방자치법에서는 지방정부 상호 감독권은 배제하고, 사후적으로 최소한의 통제장치만 규정하고 있고, 직접감독이 아닌 지방자치단체의 수지균형 예산운영의 정당성만을 확인한다. 직접적 위임사무 외 다른 사항에 대해서는 간접적 감독에 의하거나 주민통제장치를 통한 협력 거버넌스 체제하에서 국가감독을 적용하고 있다.

한편 프랑스의 사무배분법에 근거한 사무배분 원칙 및 기준을 살펴보면 1982년 「신지방자치법」 제정 이후 1983년 「사무배분법 (Loi 83-663 du 22 Juillet 1983)」을 통해 국가와 지방자치단체 간 사무권한 및 행정권한의 배분체계 확립하고 지방자치단체의 자치 입법권과 자치조직권을 명시하였다. 사무배분법에서 지방자치단체 의 계층별 사무권한 범위와 대상을 규정하고, 보충성의 원칙, 포괄 적이고 배타적인 사무이양, 개별적 독립적 사무권한의 배분, 지방 이양에 따른 재정보전 원칙, 지방자치단체 상호간의 동등한 사무배 분 원칙과 상호 감독금지의 원칙도 제정하였다.

프랑스의 중앙정부와 지방자치단체는 상호 간 협력적 거버넌스 체제를 구축 및 운영하고 있다. 중앙-지방자치단체 정치리더 협 의회(Conférence nationale des exécutifs, CNE)는 2007년 중앙 에 설치된 범정부적 협의체, 중앙정부의 수상이 위원장이 되어 협 의회를 주관, 다른 중앙부처 장관으로는 지방자치와 관련한 내무부 장관, 경제장관, 예산장관, 유럽연합장관 등 지방자치단체를 대표 해서는 전국의 시장협의회, 도자치단체 협의회, 레지용 자치단체 협의회 등 지방정치 대표자들도 참여하고 있다. 또한 재정문제협의 회(Conférence sur les déficits publics)는 2010년 설치되어, 대통 령이 직접 주관하면서 국가-지방재정 간 균형재원 활성화를 협의 하고 있다. 마지막으로 공공재정운영위원회(Conseil d'orientation des finances publiques), conférence nationale des finances publiques)는 경제부처 장관(예산장관, 기재부장관, 국토균형장관), 국회의 상하원 재정관련 상임위원회와 지방자치단체 대표 참석, 연례회의를 개최하여 지방재정의 확보, 상호간 정책 및 입법 차원에서의 협력정책방안 등을 논의한다.[3]

5) 일본의 지방분권개혁

일본은 메이지 유신 이후 중앙집권형 국가발전을 이루었으나, 사회적 불평등 심화라는 부정적 결과를 초래하였다. 인적·물적자원의 과도한 중앙집중으로 인해 사회·경제적, 지역적 불균형이 발생하였다. 이에 지역간 사회·경제적 균형 및 조화의 실현을 추구하고 분권개혁을 추진하게 되었다.

제1차 분권 개혁은 1993년 '지방분권추진에 관한 결의'의 채택과 1999년 「지방분권 일괄법」의 제정으로 시작되었는데 중앙과 지방의 사무 개편 및 기관위임사무를 폐지했다. 그리고 지방의 형편에 따라 광역자치단체의 조례로 지방자치단체에 광역의 권한을 이양할 수 있도록 조례로 규정하고 이를 '조례에 의한 사무처리 신설'이라 하였다. 또한, 지방자치단체의 설치 및 조직에서 반드시 설치해야 하는 규칙 재검토, 지방채 발행의 협의제 전환·세금 관련 규제 완화와 같은 세제개혁, 중앙과 지자체의 관계를 수직에서 수평적으로 전환 등을 담고 있다.

또한 삼위일체개혁은 세원의 지방이양과 국고보조금 및 지방교부세의 개혁이 핵심인데 2001년 '지방분권 추진회의' 출범과 함께 시작되었다. 재정형편이 악화된 지역의 통합으로 광역행정의 실현과 주민 행정의 내실화를 제고하였고 제2차 분권개혁은 2006년

「지방분권개혁 추진법」 이후 본격 시행되었다. 그리고 지방정부에 대한 규제완화 및 법제화, 중앙과 광역에서 지방으로 사무·권한의 이양, 지역에서 의견을 모아 발의하는 상향식 제안모집방식 등이 도입되었다.

6) 일본의 간사이 광역연합
(關西廣域聯合, Union of Kansai Governments)

간사이 광역연합은 일본 최초로 설립된 광역연합체로 지방자치법에 의해 특별지방공공단체로 지정되었다. 간사이 광역연합은 간사이 지역의 2부(교토부, 오사카부) 5현(시가현, 효고현, 와카야마현, 돗토리현, 도쿠시마현)을 중심으로 형성되었으며, 중앙집권적 체제와 도쿄 중심의 일극집중을 완화하고 지방분권을 촉진하기 위해 시작되었다.[4]

설립목적은 간사이 전체의 광역행정을 담당하고, 국가로부터 지방행정의 사무를 이양받아 처리하는 체계를 구축하는 것이다. 이를 위한 조직구성은 광역연합의회와 광역연합위원회로 이루어져 있으며, 각 부현에서는 분담금을 통해 재원을 조달하고 있다. 이 연합은 방재, 관광·문화진흥, 산업진흥, 의료, 환경보전, 자격시험·면허, 직원연수 등의 광역적인 사무를 처리하고, 각 부현별로 기능을 분산시켜 책임경영을 가능하게 한다. 이는 간사이 광역연합이 각 자치단체가 독자적으로 수행하기 어려운 광역사무에 효과적으로 대응할 수 있는 구조를 제공한다. 간사이 광역연합의 설립은 지방분권을 실현하고자 하는 일본 정부의 의지가 반영된 결과이며, 지역 내에서 광역적인 문제를 자치단체가 공동으로 해결하도록 하는데 큰 역할을 하고, 이를 통해 간사이 전체의 경제력과 사회적 서비스의 질을 향상시키는 데 기여하고 있다.

간사이 광역연합은 대구경북 행정통합과 같은 메가시티 논의에 중요한 시사점을 제공한다. 특히, 연합구성은 장기적인 관점에서 접근하며, 각 지자체의 처지와 필요를 고려하여 단계적으로 실현 가능한 사업을 중심으로 추진해야 한다. 이는 지자체 간의 협력을

[그림 4] 간사이 지방연방

자료원 : 간사이지방연합 홈페이지.
(https://www.kouiki-kansai.jp/koikirengo/koikirengo/150.html)

통해 시너지 효과를 극대화하고, 지역 경쟁력을 제고하는 데 기여할 수 있어야 한다. 또한, 광역연합의 존재는 각 자치단체가 공동으로 중대한 지역 문제를 해결하고, 국가 정책에 대한 지방의 목소리를 높이는 데 중요한 역할을 하며, 지방분권의 실질적인 진전을 이루는 데 기여하고 있다.

7) 시사점

동향 및 사례분석의 시사점을 살펴보면 첫째, 중앙–지방의 대등한 관계이다. 지자체는 국가의 지도·감시 대상이자 중앙–지방은 상하·복종관계라고 인식되던 과거와 달리 중앙–지방의 관계가 수평·대등한 상호협력의 관계로 변화되고, 단체자치제에서 주민자치로의 전환을 들 수 있다. 이를 위해서는 지방자치단체의 위상강화가 필요하다. 1995년 지방자치제가 본격적으로 시행된 이후에도 여전히 중앙정부와 지방간 관계는 수직적 관계로, 지방정부를 중앙정부에 종속되는 관계로 보는 시각이 남아있다.[5]

둘째, 지자체 권한강화가 필요하다. 1960년대 이후 압축 경제성장을 위해 중앙정부가 정책기획, 지방정부는 단순 집행하는 기존의 국가운영 모델이 현재의 저출산·고령화, 인구감소에 따른 지방소멸, 사회적 갈등 등 국가의 사회적 위기를 초래한 것으로 평가된다. 지금의 중앙집권적 국가운영방식으로는 지역별 여건에 맞는 차별화된 공공서비스 제공이 곤란하고, 정책 사각지대 발생 등 지역주민의 다양하고 차별화된 욕구를 충족하기가 곤란하다. 따라서 지역이 주도하여 지역특성에 부합하는 정책을 추진할 필요가 있다.

셋째, 자치역량 및 책임성 제고이다. 다변화된 행정수요에 대응할 수 있도록 지방정부 스스로가 경쟁력을 갖추는 것이 중요하나 인구감소, 4차 산업혁명 등에 관련된 시대적 과제를 지역 스스로가 해결하기에는 여전히 지방자치단체의 역량은 역부족이다. 역대 정부는 지속적으로 지방정부의 자율성과 책임성을 강화하고자 여러 정책과 제도를 추진하였으나, 지방정부의 권한과 책임은 여전히 중앙정부에 종속된 상태이다. 지방정부의 견제역량 강화를 위한 제도적 개선 노력과 경북 주민의 참여역량 제고를 통한 지방정부 견제 시스템의 활성화를 통해, 지방정부—지역사회—주민으로 이어지는 견제의 거버넌스를 구축해야 한다.

넷째, 지방자치의 다양성 확대 및 특례부여가 필요하다. 영국의 경우, 분권 협상 제도, 차등적 재정 배분 등을 통해 각 지방자치단체의 역량과 자원 등을 고려하여 이양의 정도를 협상하는 등 중앙정부의 권한을 일방적 · 획일적으로 이양하는 방식이 아닌 지자체의 역량을 고려한 맞춤형 혹은 차등적 권한이양을 추진하고 있다. 프랑스도 재정조정제도를 통해 지방의 역량을 고려한 조정제도를 운영하고 있다. 이처럼 지역의 역량과 특성을 고려한 차등적 분권이양이 필요하다.

다섯째, 지역특성을 고려한 자치분권 모델 정립이 필요하다. 수도권과 비수도권, 대도시와 중소도시, 지방소멸 위기 등 각 지역의 특성에 따라 정책 수요가 상이하다. 따라서 정책수요와 지역자원을 고려한 지역발전 전략 및 이를 위한 자치분권 모델 마련이 필요하다.

제3절 경북이 주도하는 지방분권의 주요내용과 성과

1. 메가시티와 대구경북 행정통합

메가시티는 대도시 및 그 주변 지역을 포함하는 광역도시권을 의미한다. 과소화되는 지역의 인구와 재정을 키워 '규모의 경제'를 달성하고 수도권 집중에 대응하는 지역경제권을 형성한다는 측면에서 논의되는 개념이다. 수도권 집중이 어느 때보다 심화되는 지금, 여러 지역에서 메가시티에 대한 논의도 활발하게 진행되고 있다.

대전, 세종, 충북, 충남은 행정통합의 전단계인 '충청권 특별지방자치단체' 출범을 추진하고 있다. 이는 간사이 광역연합과 같이 행정권역을 하나로 묶는 연합지자체의 형태라고 할 수 있다. 행정안전부는 충청권 특별지자체 설치 등을 위한 '충청 지방정부 연합 규약안'을 이미 승인한 바 있다. 이 안에는 2024년 하반기까지 특별지자체 출범과 공동사무 개시를 목표로 하고 있으며 장의 각 시도지사가 돌아가면서 1년씩 맡는다는 계획이다.

이어서 부산과 경남의 사례를 살펴보면 부산시는 2024년 하반기 통합안을 도출하여 주민의견 청취 계획이다. 이를 위해 부산연구원과 경남연구원은 통합타당성과 현실가능성 등을 검토하고 공동연구를 진행하고 있다. 광주와 전남은 '서남권 메가시티'를 구상하여 교통, 산업경제 등의 기능과 역할을 분담하고 장기적인 행정통합으로 연계한다는 계획이다.

이들 지자체는 행정통합을 통해 규모의 경제를 확보하고 중앙정부 권한을 이양받아 자치권을 강화한다면 수도권 집중을 어느 정도 막을 수 있다는 생각이다. 행정통합 시 지역내총생산(GRDP)은 충청권이 270조 원, 부산·경남은 224조 원, 대구·경북은 178조 원, 광주·전남은 135조 원 규모를 갖게 된다. 서울(485조원), 경기(546조원)에는 여전히 못 미치지만, 지방재정 확대를 통해 도시계획과 교통, 산업, 복지, 교육 등 각 분야에 걸쳐 수도권에 맞서 경쟁력을 키울 수 있다는 것이다.[6]

[그림 5] 전국 지자체 행정 통합 시 경제 규모

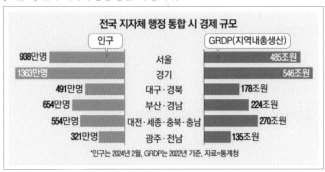

자료원 : 매일경제신문. 2024년 5월 28일자. "TK 이어 충청… 지방도 '메가시티' 바람".

대구경북 통합의 방향은 단순히 행정을 합치는 수준을 뛰어넘어 지방에 완전한 권한을 이양하는 연방제 수준의 행정통합이 되어야 한다. 경상북도는 2024년 중으로 시·도의회 의결을 거쳐 2025년 국회에서 행정통합특별법을 통과한 후 차기 지방선거에서는 통합 단체장을 선출할 수 있도록 추진하고 있다. 이에 대구경북 시도지사, 행정안전부 장관, 지방시대위원장 등의 협의회를 거쳐 대구경북의 실무진도 실무협의를 진행하고 있다.

　그러나 각 지역의 이해관계, 반대여론, 주민정서 등의 극복해야 할 과제이다. 최근의 대구경북 통합 역시 주민의견 수렴에 이어, 시도의회 의결, 특별법 제정 등의 과정이 뒤따라야 한다. 대구경북의 행정통합은 그간 활발한 논의와 소강을 반복해 왔다. 대구경북 행정통합은 지방소멸을 극복하고 지역의 지속가능 역량을 확보하기 위해 언젠가 이루어져야 할 사안이다. 그러나, 행정통합의 형태, 권한, 역할과 기능, 중장기 공간구상 등에 대한 논의없이 진행된다면 과오가 될 수 있다. 최근들어 대구경북 통합이슈가 다시 제기되고 있는데 어느 일방의 입장이나 주장보다는 협의와 절차를 통해 진행되기를 기대한다.

2. 경북이 주도하는 저출생과의 전쟁

　우리나라의 저출생은 세계에서 유례를 찾기 힘든 정도이고 추세 역시 고착화되고 있다. 이에 저출생을 완화하고 반등을 마련하지 못하면 국가 지속가능성에 위협이 된다. 특히 지역은 저출산과 함께, 고령화, 인구유출의 3중고를 겪고 있다. 우리나라의 합계출산율은 2023년 말을 기준으로 0.72명을 기록하여 대체출산율 2.1명의 1/3에 머물고 있는 실정이다. 더군다나 2024년의 합계출산율은 0.6명대로 예상되어 전쟁, 전염병, 도시국가 등의 특수상황이 아닌 상황에서 보기 힘든 정도의 출산율을 기록할 것으로 보인다.

우리나라에서 유독 저출생이 두드러지는 이유는 여러 가지 꼽을 수 있겠으나, 지나친 경쟁과 비교문화, 높은 교육비용과 주거비용, 일-가정 균형문화 미비, 사회계층 양극화 등이 꼽히고 있는데 이러한 문제들의 상당부분은 결국 수도권 집중의 문제로 귀결된다. 서울의 합계출산율이 0.55명을 기록하여 우리나라 전체평균 0.72명에 비해 0.17명 낮다는 점에서 이를 보여준다. 출산은 지방에서 이루어지지만, 이들이 성인이 되는 시점에는 대학진학이나 일자리를 찾아 수도권으로 이동하는 현상이 반복되고 있다.

이에 전통적으로 저출생 대응정책이 국가정책이라는 기존의 관점을 벗어나서 경북이 주도하는 적극적인 저출생 대응정책을 천명하고 '저출생과의 전쟁'을 선포하기에 이르렀다. 이를 위해 경상북도는 지방시대정책국이라는 조직을 만들고 재원과 역량을 집중하고 있다. 현장을 잘 아는 지역이 주도하고, 국가는 협력·지원하는 융합적이고 체감도 높은 저출생 대책을 시행하여 '저출생 극복의 전환점'을 마련하자는 것이 경상북도의 계획이다.[7]

[표 4] 경상북도 저출생과 전쟁 100대 과제

	구분	실행과제
1	① 만남주선 (4)	젊은 경북, 청춘동아리 활동 운영
2		청춘시 연애읍 솔로마을 운영
3		예비 엄마아빠를 위한 행복가족여행
4		솔로 및 신혼부부 국제크루즈관광 지원
5	② 행복출산 (15)	출산축하박스지원
6		산모 건강회복 동해 특산 미역 지원
7		임산부 친환경 농산물 꾸러미 지원
8		임신부 어촌마을 태교여행 지원
9		초보 엄마아빠 북돋움 책선물 사업

	구분	실행과제
10	② 행복출산 (15)	생애초기 건강관리지원사업
11		산모 · 신생아 건강관리지원사업
12		임신사전건강관리지원
13		난임부부 시술비 지원
14		남성난임시술비 지원
15		냉동난자 사용 보조생식술 지원
16		난임 · 우울증 상담센터 확대
17		공공산후조리원 확대(거점형 등)
18		신생아 집중치료센터 운영 지원
19		김천의료원 분만산부인과 운영
20	③ 완전 돌봄 (34)	돌봄 공동체 프로젝트 가칭 '우리동네 돌봄마을' 조성
21		온종일 자녀안심 아이사랑 차량 운행
22		돌봄 통합정보 제공 서비스
23		가칭우리동네 돌봄마을 우리아이 안심길 조성
24		가칭우리동네 돌봄마을 이동 · 안전 지원(자치경찰)
25		가칭우리동네 돌봄마을 이동 · 안전 지원(소방)
26		가칭우리동네 돌봄마을 자원봉사 · 재능기부
27		가칭우리동네 돌봄마을 친환경 과일간식 지원
28		가칭우리동네 돌봄마을 급 · 간식 업체 정보지원
29		경북형 생활SOC 입지분석 시행
30		늘봄학교 지원(분야별 전문가 현황 제공)
31		늘봄학교 안전 지원(소방본부)
32		늘봄학교 등하교 안전인력 지원(자치경찰)
33		늘봄학교 자원봉사자 지원
34		늘봄학교 간식 지원 플랫폼 제공
35		늘봄학교 급 · 간식 업체 정보 제공
36		돌봄 · 독서 융합 경상북도 돌봄도서관 구축
37		아픈아이 긴급 돌봄센터 운영 확대
38		24시 시간제 보육 지원 확대
39		119응급처치 편의점 이동지원
40		아이돌보미 처우개선비(수당) 지원
41		틈새 돌봄을 위한 대학생 아이돌봄 서포터즈 운영
42		종교시설을 활용한 돌봄공동체 지원
43		농촌형 보육서비스 지원사업
44		청소년 부모 양육 등 통합 패키지 지원
45		입양아동 · 위기임신부 보호지원 체계 구축

구분		실행과제
46	③ 완전 돌봄 (34)	영유아 비인지역량강화 경북행복아이키움사업
47		가족행복 콜택시 시범 운영
48		가족친화형 우수 캠핑장 지원
49		지역예술인과 함께하는 아이돌봄 예술교육
50		영아 표준 보육 과정 신설
51		돌봄 융합 특구 조성
52		산단 특화 돌봄 · 교육 통합센터 건립
53		공항신도시 아이사랑 리빙파크 조성
54	④ 안심주거 (19)	청년 신혼부부 월세 지원
55		청년 월세 한시 특별 지원
56		청년부부 주거환경 개선
57		신혼부부 임차보증금 이자지원사업
58		다자녀 가정 주거 상향 한시 특별지원
59		다자녀 가구 이사비 지원
60		영유아 동반 가족 우선 주차장 설치
61		CCTV활용 '스마트도시 안전망' 추진
62		안심하고 학교 가는 길 조성
63		양육친화형 공공임대주택 공급 추진
64		지역밀착형 공공임대주택 공급 확대
65		문화를 통한 민관협력형 저출생극복 프로젝트
66		청년 유입을 위한 지역활력타운 조성
67		K-U시티 청년정주 공동주택 보급
68		마린보이 청년어부 어촌정착 패키지 지원
69		청년유입을 위한 빈집활용 어촌재생 프로젝트
70		개발제한구역 활용 주거안정성 확보
71		청년을 위한 하천부지활용 택지공급
72		도시재생을 통한 공공임대주택 확대
73	⑤ 일, 생활 균형 (14)	육아기 부모 단축근로시간 급여보전 지원
74		소상공인 출산장려 아이보듬 지원
75		출산농가영농도우미 지원
76		육아기 근로시간 단축제도 시행 중소기업 우대
77		아이동반 근무 사무실 설치 지원
78		초등맘 10시 출근제 도입 중소기업 장려금 지원
79		출산장려 모범 기업 어워드 추진
80		AI기반 제조혁신 핵심기술 개발 · 실증 사업
81		다문화 가정 임신 · 출산 지원 맘코치

구분		실행과제
82	⑤ 일. 생활 균형 (14)	외국인 영유아 자녀 보육료 전액 지원
83		경북형 부부공동육아 선도 프로젝트
84		K-공공기관형 돌봄 시범모델 구축
85		저출생 극복을 위한 가족친화형 동부청사 운영
86		돌봄 연계 경상북도 일자리 편의점 구축
87	⑥ 양성평등 (14)	우리동네 아빠 교실 운영
88		함께 돌봄 아빠교실 기업 확산 방안
89		아빠 육아 프로그램
90		도청내 아빠 육아교실 '아빠랑 놀자' 운영
91		신규공무원 저출생 극복 대응 프로그램 추진
92		자녀돌봄&육아교실 실시간 온라인교육
93		다자녀 가정 할인 패스카드 도입
94		문화로 행복한 K-다둥이 프로젝트
95		다자녀 가정 권리장전 제정
96		다자녀 공무원 인사우대
97		아동친화음식점. '웰컴키즈존' 운영
98		모두의 놀이터 조성
99		아이행복 해피투게더 경북 캠페인 시행
100		유입부터 정주까지 책임, 아시아 이주 허브

자료원 : 경상북도. 2024년 5월 13일자 보도자료.
"경북도, 결혼 · 출산 · 주거 · 돌봄까지 저출생 전주기 대응!".

이를 위해 경상북도는 2024년 1,100억 원 규모의 추경예산을 편성하였고, 장기적으로는 1조 2,000억 원 규모의 저출생 극복예산을 투입할 계획이다. 아울러, 6개 분야 100대 과제를 추진하되 우선 추진과제로 20대 핵심과제를 선정하여 도민이 체감하는 정책 추진에 노력할 예정이다. 20대 핵심과제는 만남주선 분야에서 ① 미혼남녀 커플, '국제크루즈' 여행, ②자연스러운 만남 추구, '청춘 동아리', ③공식 만남 주선. '솔로마을' 등을 추진한다. 그리고, 행복 출산 분야에서는 ④남성 난임 시술비까지 지원, ⑤임신을 위한 필수 가임력 검진비 지원, ⑥산모 산후 회복과 신생아 건강관리 최대 서비스, ⑦거점형 공공산후조리원 설치 등 임신, 출산부터 산후조리까지 패키지로 추진한다.

완전 돌봄 분야에서는 ⑧공동체에서 24시까지 함께 돌봄, ⑨돌봄도서관 운영, ⑩돌봄 유토피아, 돌봄융합특구 조성 등 온 동네가 함께 아이들을 돌볼 수 있는 기반을 구축한다. 특히, 국가돌봄정책을 대행하고 육아시설 집적화, 규제 일괄해소 등 각종 저출생 정책을 실험할 수 있는 국가 저출생 극복 시범도시인 돌봄 융합 특구 시범지구 조성에 집중한다. 안심 주거 분야에서는 ⑪3자녀 가정 큰집 마련 지원, ⑫월세와 전세보증금 이자 지원, ⑬신축약정형 매입임대주택 공급 등 월세, 전세부터 큰 집 마련까지 촘촘히 지원한다. 일·생활 균형 분야에서는 ⑭육아기 부모 4시 퇴근, 초등 맘 10시 출근, ⑮소상공인 6개월 출산휴가 도입, ⑯아빠 출산휴가 한 달 및 아이 동반 근무사무실, ⑰일자리 편의점 등을 중점 추진한다. 양성평등 분야에서는 ⑱다자녀 가정은 어디서나 우대·할인, ⑲아동 친화 음식점, 웰컴 키즈존 운영, ⑳다자녀 가정 공무원 특별 우대 등 다자녀 가정을 국가유공자 수준으로 우대한다는 계획이다(경상북도, 2024). 한편 경상북도 저출생과의 전쟁 100대 과제는 [표 4]와 같다.

저출생 문제는 경북의 문제일 뿐 아니라 국가적인 문제이다. 그간 보건복지부, 행정안전부, 기획재정부, 대통령직속 저출산고령사회위원회 등 중앙부처에서 이 문제를 다루어 왔고, 지역은 인구전입 유도, 지방소멸 대응 등의 상대적으로 소극적 역할에 그치고 있었다. 오히려 대도시 지역의 합계출산율이 경상북도를 비롯한 광역도의 합계출산율에 비해 더욱 낮았던 것이 현실이다. 그럼에도 경상북도가 나서서 '저출생과의 전쟁'을 선포한 것은 국가와 민족을 위해 어렵지만 꼭 필요한 일을 경북이 먼저 나서서 선도한다는 도정철학에서 기인하고 있다.

3. 경북이 주도하는 자치분권 계획 추진

1) 기본구상

경북이 주도하는 지방분권의 주요내용과 성과를 살펴보기 위해 관련계획인 경상북도 지방분권촉진 및 지원계획을 살펴보았다. 이 계획은 경상북도의 자치분권을 실현하기 위해 「경상북도 지방분권 촉진 및 지원조례」에 의하여 5년마다 수립하는 계획으로써 경상북도 지방분권의 로드맵과 사업을 담고 있다.

경상북도 지방분권촉진 및 지원계획에는 경상북도의 지방분권 비전으로 '자치분권으로 실현하는 지방시대'로 설정하고 있고 자율적 자치기반 마련, 지방재정력 강화, 자치역량 제고, 지방의 책임성 제고, 경상북도 자치모델 개발을 5대 영역으로 설정하고 있다. 따라서 본 장(chapter)에서도 경상북도 관련 계획에서 구분한 5대 영역을 준용하여 경북이 주도하는 지방분권 주요 내용을 살펴보고자 한다.

[그림 6] 경상북도 지방분권촉진 및 지원계획의 기본구상

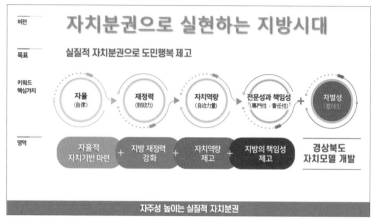

자료원 : 경상북도. 2023. 경상북도 지방분권촉진 및 지원계획.

2) 부문별 주요 내용

'자치분권으로 실현하는 지방시대'의 비전을 실현하기 위해서는 5대 부문, 13대 과제를 제시하고 있다. 우선 자율적 자치기반 마련에서는 ①행정사무 재배분, ②행정사무 처리에 필요한 의사결정권 확대를 들고 있다. 그리고 지방재정력 강화에서는 ①자주재원 확충 및 세입기반 강화, ②지방재정 자율성 강화, ③지자체간 재정균형 장치 강화를 제시하고 있다. 이어서 자치역량 제고에서는 ①지방정부의 주도역량 강화, ②지방의회의 전문성 강화, ③주민참여 증진 활성화를 제시하고 있다. 지방책임성 확보에서는 ①지방정부 감사기능 강화, ②재정건전성 및 투명성 제고, ③지방의회의 책임성 제고를 들고, 마지막으로 경상북도 자치모델 개발에서는 ①자치경찰 이원화와 ②경북형 자치분권 추진을 담고 있다.

대구경북은 전통적으로 지방분권 운동이 일찍부터 시작한 지역이다. 특히 지역대학, 시민사회 등과 연계하여 지방분권을 위한 제도개선을 중앙정부에 건의하고 앞장서서 정책을 추진해 왔다. '경북의 힘으로 새로운 대한민국', '경북이 주도하는 확실한 지방시대' 등의 슬로건도 이러한 경북의 정책기조와 도정철학을 잘 반영한다고 할 수 있다. 누군가 반드시 해야 한다면 이해득실을 따지지 않고 앞장서서 선도하는 정신이 경북의 정신이라고 할 수 있다.

[표 5] 경상북도 지방분권 촉진 및 지원계획 주요과제

구분		세부사업
자율적 자치기반 마련	행정사무 재배분	사무구분체계 정비 및 이양사무의 안정적 재정지원 확보
		자치단체 · 특별행정기관간 협의체 구축 및 특별행정기관 신설방지
		지역맞춤형 특례발굴 · 신청지원체계 구축
	행정사무 처리에 필요한 의사결정권 확대	자치입법권 확대 및 적극조례 제정
		법령정비를 통한 자치조직권 강화
지방 재정력 강화	자주재원 확충 및 세입기반 강화	지방세 확충
		세외수입 확대 : 국가부담금 귀속비율 조정
		담배분 개별소비세 소방안전교부세 전환
	지방재정 자율성 강화	복지대타협
		균형발전특별회계 지역자율계정 확대
	지자체간 재정균형장치 강화	지방소멸대응기금 확대 및 운영체계 개편
		국고보조금 차등보조율 인상
		지방교부세 법정률 인상 및 탄소중립수요 반영
자치역량 제고	지방정부의 주도역량 강화	협업행정을 위한 기반시스템 구축
		복합문제해결을 위한 공무원역량 확대
		디지털기반의 행정업무 스마트화 확대
	지방의회의 전문성 강화	지방의회 전문성 연수기능 강화
		지방의회 조직권 및 인사권
		정책지원 전문인력운영 확대
	주민참여 증진활성화	아이디어 창출과정에서의 주민참여 활성화
		공공갈등숙의제도 활성화
		지역적특성에 맞는 주민자치회 운영모델 마련

구분		세부사업
지방 책임성 제고	지방정부 감사기능 강화	외부전문감사제도 확대 추진
		합의제 감사위원회제도 신설 추진
	재정건전성 및 투명성 제고	지방세체납액 징수강화를 통한 지방정부 자주재원 확보
		고향사랑기부금의 투명한 관리 및 운용
		주민참여예산제 확대 추진
		지방재정평가제도 운영 개선
		예산낭비신고제도 활성화 및 인센티브제도 도입
	지방의회의 책임성 제고	지방의회의원 겸직금지 실효성 제고
		지방의회의원의 이해충돌 방지 및 관리
		주민소환제도 소환요건 기준완화
경상북도 자치모델 개발	자치경찰제 이원화	자치경찰사무 개편
		시도지사의 자치경찰 인사권 강화
		자치경찰의 안정적 재원 확보
		자치경찰권 차등이양제 도입
	경북형 지방분권 추진	지역강점중심의 차등이양 특례 도입
		경상북도 권한이양 특별법 제정
		특별자치단체에 대한 권한특례 강화

자료원 : 경상북도. 2023. 경상북도 지방분권촉진 및 지원계획.

제4절 결론

수도권 일극집중, 지방소멸, 저출생 확대는 우리나라의 국가경영시스템 전환을 요구하고 있다. 효율성과 압축성장으로 대표되던 수도권 중심주의는 이제 우리사회 지속가능성 확보의 장애가 되고 있다. 이제 지방시대로 전환해야 한다. 지방자치단체가 권한과 책임을 갖고 자율적으로 행정을 수행해야 지역특성에 맞는 발전이 가능하고 주민, 나아가 전체 국민의 정책만족도를 제고할 수 있다. 지방분권은 중앙정부의 과부하를 줄이고, 지역주민의 참여를 증대시키며, 지역간 불균형을 해소하는 등의 이점을 제공한다.

경상북도는 이러한 변화를 앞장서서 선도하기 위해 역량 강화를 비롯한 다양한 노력을 경주하고 있다. 이러한 노력에는 자치조직권, 자치재정권, 자치입법권의 확보와 더불어 지방공무원의 역량강화, 주민참여 활성화, 지방자치단체 간의 협력체계 구축 등이 포함된다. 이러한 전략적 접근을 통해 지역의 자립적 발전을 촉진하고 선순환구조를 마련할 수 있다. 이를 위해 '저출생과의 전쟁'을 선포하고 지방분권계획을 체계적으로 추진하고 있다. 아울러, 수도권중심주의에서 벗어나 지역이 주도하는 대한민국을 위해 대구경북 행정통합을 추진하고 있다.

국가가 위기일 때, 경북은 앞장서 왔다. 꼿꼿한 선비정신과 구국의 호국정신, 도약의 새마을정신이 경북의 정신이다. 국가와 민족의 지속가능한 발전을 위해 경상북도는 지방시대의 선도적 역할을 하고 있다. 지방분권형 국가경영시스템의 전환은 단순히 행정적 차원을 넘어서 경제, 사회, 문화적 측면까지 아우르는 포괄적인 접근이 필요하다. '경북의 힘으로 새로운 대한민국!', 경북의 행보는 더욱 빠르고 과감해질 것이다.

참고문헌

- 간사이지방연합 홈페이지(https://www.kouiki-kansai.jp/koikirengo/koikirengo/150.html).
- 경상북도. 2023. 경상북도 지방분권촉진 및 지원계획.
- 경상북도. 2023. 경상북도 지방시대 계획(2023-2027).
- 경상북도. 2024년 5월 13일자 보도자료.
  "경북도, 결혼 · 출산 · 주거 · 돌봄까지 저출생 전주기 대응!"
- 고용노동부. 2022. 사업체노동실태현황.
- 과학기술정보통신부. 2022. 연구개발활동조사.
- 국민건강보험공단 건강보험심사평가원. 2024. 건강보험통계.
- 국세청. 2022. 종합소득세 주요항목 신고 현황Ⅱ(시 · 군 · 구).
- 국토교통부. 2023. 지적통계.
- 국토연구원. [지도로 보는 우리 국토 45] 카토그램으로 보는 우리나라 지역총소득
  (https://www.krihs.re.kr/gallery.es?mid=a10702050000&bid=0043&list_no=29754&act=view).
- 류형철 외. 2012. 대경CEO 브리핑 제341호.
  "영남권 경제공동체 실현, '간사이 광역연합'에서 배운다".
- 매일경제신문. 2024년 5월 28일자. "TK 이어 충청… 지방도 '메가시티' 바람".
- 부산상공회의소. 2023. 2022년 매출액 기준 전국 1000대 기업 중 부산기업 현황.
- 이성근 외. 2012. 지방분권과 균형발전에 기반한 자립적 지역발전론. 대구경북연구원.
- 정재희 · 류형철 · 강성권 · 유정우 · 이영. 2012. 경남정책 BRIEF 7월.
  "영남권 경제공동체 실현, '간사이 광역연합(關西廣域聯合)'은 어떻게 했나?".
- 통계청. 2022. 광업제조업조사.
- 통계청. 2023. 서비스업 종사자수.
- 한국은행 경제통계국 2024. 예금은행예금액(시도).
- 한국은행 경제통계국. 2024. 예금은행대출금액(시도).
- 행정안전부. 2022. 자치단체별 징수실적 총괄.
- 행정안전부. 2024. 주민등록인구현황.
- KRX 정보데이터 시스템(http://data.krx.co.kr).
- KESS 교육통계서비스. 2022. https://kess.kedi.re.kr/, 학과수 학년별 재적학생 수.
- Roberts, M. 2022. Trickle down economics, United World, Oct. 18th.

주

1 이성근 외. 2012. 지방분권과 균형발전에 기반한 자립적 지역발전론. 대구경북연구원.

2 경상북도. 2023. 경상북도 지방분권 촉진 및 지원계획.

3 경상북도. 2023. 경상북도 지방분권 촉진 및 지원계획.

4 류형철 외. 2012. "영남권 경제공동체 실현, '간사이 광역연합'에서 배운다".
  대경CEO 브리핑 제341호. 대구경북연구원.

5 경상북도. 2023. 경상북도 지방분권 촉진 및 지원계획.

6 매일경제신문. 2024년 5월 28일자. "TK 이어 충청… 지방도 '메가시티' 바람".

7 경상북도. 2024년 5월 13일자 보도자료.
  "경북도, 결혼 · 출산 · 주거 · 돌봄까지 저출생 전주기 대응!"

제3장
·
지방시대의
산업정책

안성익

영남대학교 경영학과 교수

우리나라는 1960년부터 추진된 경제발전5개년 계획의 잇따른 성공을 통해서 6.25전쟁의 폐허를 딛고 일어서 눈부신 경제성장을 이룩하였다. 이 과정에서 경북은 지역 내 산업발전을 통해서 한국의 전체 산업 발전에 공헌하였다. 먼저, 포항의 철강단지를 통해서 산업화 초기에 가장 필요했던 소재를 공급하였고, 둘째, 구미의 전자산업 단지는 현재 한국의 수출의 핵심인 반도체와 이동통신 산업의 기틀을 제공해 주었다. 마지막으로 경주와 울진의 원자력 발전단지는 만성적 전력난을 해소하였고, 가장 저렴한 산업용 전기를 공급할 수 있는 기반을 제공하였다. 경북은 1990년대에서 2000년대까지 잠시 주춤하였지만, 4차 산업혁명으로 대표되는 대규모 산업 전환기를 맞아 역내에서 새롭게 전환전화를 시도하고 있으며, 이를 통해서 한국의 산업 발전에 기여하고 있다.

제1절 서론

　영남지역은 소백산맥이 북쪽과 동쪽의 경계를 이루고, 동해안과 남해안이 남쪽과 동쪽의 경계를 이루며, 낙동강이 남북으로 영남지역 중앙으로 길게 흘러서 영남지역을 동서로 나눈다. 이러한 지리적 특성 때문에, 농산물, 임산물, 해산물 등 다양한 자원이 공급되었고, 남북으로 길게 이어진 낙동강 덕분에 경북북부 내륙과 남해안이 물류로 이어질 수 있었다. 특히, 소백산에서는 풍부한 한약재 생산되었고, 영주와 대구에 집산되어 전국으로 유통되었다. 그래서, 조선은 조선시대부터 국가 경제에 큰 역할을 담당하고 있었다.

　일제 강점기 시기에 서울과 부산을 잇는 경부선이 건설되었고, 그 경로에 위치한 대구가 산업도시로 발달하였다. 당시, 경북 일대에 양질의 누에고치가 공급되었고, 이를 바탕으로 대구에서 섬유 및 섬유기계 산업이 발달하였다. 광복 시점에는 한반도의 산업시설의 대부분이 38선 이북에 있어서, 남한에는 경인 지역과 대구 지역에 일부 있는 정도였다. 이렇듯 건국 초기, 열악한 산업 여건 속에서 대구·경북 지역은 섬유산업을 시작으로 하여 대한민국의 경제 발전에 공헌하였다. 1960년대 경제개발5개년 계획이 본격화되면서, 산업 설비를 갖추기 위해서 막대한 외화가 필요하였는데, 대구 · 경북 지역은 섬유수출을 통해서 당시 국가적으로 절실했던 외화를 벌어들여 한국의 산업 발전에 기여하였다.

이후, 경제개발5개년 계획이 순차적으로 이루어지면서, 다양한 분야에서 국가산업이 고도화되었다. 당시, 정부는 지방에서는 처음으로 울산에 처음 국산산업단지를 조성하였고, 울산산업단지가 필요로 하는 철강소재를 안정적으로 공급하기 위해서 포항에 철강단지가 조성되었다. 당시 한국의 여건에서는 대규모 제철소 건설이 불가능이라고 여겨졌지만, 불굴의 투지로 추진하여 성공에 도달하였다. 이렇게 자리잡게 된 포항의 철강 산업은 이후, 울산에 조성된 자동차 산업과 울산 및 거제에 조성된 조선단지에 양질의 국산 철강 자재를 공급하여 한국의 핵신산업이 자리잡는데 혁혁한 공을 세웠다. 비슷한 시기, 구미에 전자산업단지가 조성되어서 섬유산업을 이어서 안정적으로 외화벌이를 할 수 있었고, 이렇게 확보된 자본을 바탕으로 이후 반도체가 산업이 육성되어 우리나라가 현재 반도체 강국으로 자리잡게 되었다. 그리고, 이러한 발전의 이면에서는 한국 원자력 발전의 50%를 담당하는 경북의 원자력발전소가 있다.

이렇듯, 경북은 해방 당시 세계에서 가장 가난했던 우리나라를 선진국 반열으로 성장하는데 혁혁한 기여를 하였다. 2000년대에 접어들면서, 중국의 부흥과 대중국 수출이 늘면서 경북이 국가 경제가 공헌하는 바가 줄어들게 되었다. 이와 더불어 한국 산업이 고부가가치 산업으로 질적 전환이 이뤄져서, 해운을 통한 수출보다 항공을 통한 수출 비중이 커지면서 인천공항이 있는 수도권 집중화가 심화되었다.

하지만, 최근 들어서, 이전과 매우 다른 산업전환이 일어나고 있다. 요약하면, AI, 전기차와 자율주행, 반도체 등이다. 요즈음 주목받고 있는 산업에는 분명한 공통점이 있는데, 전기가 핵심동력으로 사용된다는 점이다. 이런 이유로 향후 전력 수요가 폭발적으로 늘어날 것으로 예상되는 경북은 새로운 원자력 발전 기술의 핵심지역으로 선정되고 운영되고 있다. 이런 측면에서 경북은 미래 대한민국 성장동력 중에서 가장 중요한 부분을 맡고 있다고 하겠다.

이처럼 경북은 건국 시점에서부터 지금까지 한국의 산업과 경제 발전에 지대한 기여를 해 오고 있고, 현재 시도되고 있는 다양한 접근들을 살펴볼 때, 미래에도 지금 못지않게 대한민국 성장에 공헌할 것으로 예상된다. 이런 측면에서 경북이 대한민국의 성장에 어떻게 기여하였고, 향후 어떤 방식으로 기여할 것인가에 대해서 세부적으로 알아보겠다.

제2절 한국의 산업발전에 기여해 온 경북

1. 1950년~1960년대 한국의 경제

한국전쟁을 겪은 우리 대한민국은 전세계에서 거의 최빈국이라고 불릴 정도로 최악의 경제 상황에 있었다. 해당 당시, 주요 공업시설은 북한에 있었고, 그마나 있던 경인지역에 있었던 공업시설도 3년

간의 전쟁을 거치면서 모두 잿더미로 날려버렸다. 그런 열악한 상황에서 포기하고 좌절할 수도 있었지만, 대한민국은 전국민 합심하여 국가재건을 온 힘을 기울였고, 소위 전세계적으로 한강의 기적이라고 불리는 경제발전을 이룩하였다. 이에 대한 자세한 내용은 [표 1] 조장옥ㆍ김숙영(2012)의 자료를 통해서 알아보면 다음과 같다.

[표 1] 1인당 GDP 변화　　　　　　　　　　　　　　　　　(단위 : 달러)

년도	1953	1960	1970	1980	1990	2000	2010
일인당 GDP	69	83	255	1,666	6,303	11,292	20,759

자료원 : 조장옥ㆍ김숙영(2012), [표 2.1] 1인당 GDP, p. 6.

　　전쟁을 막 끝낸 1953년 당시의 우리나라의 1인당 GDP는 69달러였다. 우리나라는 1인당 GDP 순위로 세계 109위의 세계에서 가장 가난한 나라였다. 지금의 물가와 단순히 비교하기 어렵지만, 69달러를 365일로 나누면 약 0.19달러 정도가 된다. 다시 말하면, 당시 우리나라 국민들이 하루를 약 0.19달러라는 돈으로 버텨야했던 것이다. 지금에서 상상할 수 없는 보릿고개라는 것이 당시에 당연한 것이었다는 것이 수치로 확인된다. 이렇게 세계에서 가장 가난했던 나라가 우리 경제를 성장시키기 시작하였고, 본격적인 경제성장이 이루어진 1970년 이후, 1인당 GDP가 본격적으로 증가하였다.

　　1953년 당시, 대한민국의 인구는 2,144만 명 정도였다. 전후 복구가 어느 정도 이루진 1960년에 2,501만 명으로 증가하였다, 1970년에는 3,224만 명으로 증가하였다. 이후에도 계속 증가하여, 1980년에는 3,812만 명, 1990년에는 4,286만 명으로 증가하였다.

앞서 살펴본 바와 같이 1인당 GDP가 급속히 증가하였으므로, 인구 증가와 함께 GDP 역시 급격히 증가하였다.

우리나라는 전후 국가재건을 위해서 1962년부터 경제개발5개년 계획을 수립하여 추진해 왔다. 제1차 경제개발5개년 계획은 1962년부터 1966년까지 진행되었는데, 기본목표는 산업구조 근대화, 자립경제의 확립을 더욱 촉진하는 것이었고, 중점과제는 식량자급, 공업구조 고도화의 기틀 마련, 7억불 수출 달성, 획기적인 국제수지 개선의 기반 확립, 고용 증대, 인구팽창 억제, 국민소득의 획기

[표 2] 명목 GDP 변화   (단위 : 억 달러)

년도	1953	1960	1970	1980	1990	2000	2010
명목 GDP	13	120	181	638	2,637	5,164	11,164

자료원 : 조장옥 · 김숙영(2012), [표 2.3] 명목 GDP, p. 7.

[그림 1] 명목 GDP

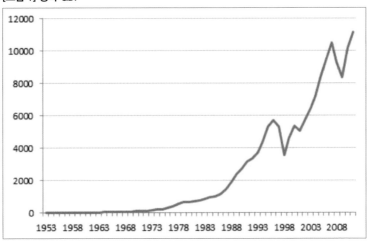

자료원 : 조장옥 · 김숙영(2012), [그림 2.1] 명목 GDP, p. 7.

적 증대, 과학 및 경영기술 진흥, 인적자원 배양 등이었다.[1] 이후, 1997년까지 총 7차의 경제개발5개년 계획이 시행되어서 위와 같이 대한민국 경제성장을 이끌었다.

2. 국가 경제성장과 경북의 공헌

1) 경제개발5개년 계획과 국가산업단지

1960년대 초, 식량의 안정적 공급 위해서 외화획득이 무엇보다 중요하였고, 산업육성과 수출증대를 체계적으로 달성하기 위해서, 산업단지를 조성하기 시작하였다. 국가기록원의 산업단지에 관한 기록을 살펴보면 다음과 같다.[2]

정부는 1962년 1월 27일 각령 제404호로 「울산지구 종합공업지대 조성 추진위원회 규정」을 공포하였다. 이후 울산이 공업도시로 발전할 수 있도록 여러 법령이 설치되어 자동차, 조선, 화학 등의 중화학 산업의 중심도시로 성장할 수 있는 기반이 조성되었다.

1964년 6월 14일 「수출산업공업단지개발 조성법」을 제정하였으며, 이 법에 근거하여 한국수출산업공단을 설립하였고 한국수출산업공업단지 제1단지를 서울 구로동에 조성하였다. 현재 구로공단이라고 불리우는 이 지역은 지속적으로 발전하여 인천의 부평과 주안으로 확장되었고, 이 지역을 중심으로 수도권의 경공업이 발전하게 되었다.

1962년부터 경제개발5개년 계획이 실행되는 가운데, 1968년 2

월 1일에는 전국을 1일 생활권을 만드는 것을 목표로 하여, 서울에서 부산까지 잇는 경부고속도로가 착공되었다. 여러 구간을 나누어 동시 다발적으로 공사가 시작되었고, 마침내 1970년 7월 7일에 대전-대구 구간이 개통되면서, 경부고속도로가 완전 개통하게 되었다.

이처럼 사회간접자본의 확대로 인해 전국이 1일 생활권으로 발전하게 됨에 따라서 산업단지도 전국적으로 확장되었다. 1970년대에는 울산 · 미포국가산업단지, 포항국가산업단지, 구미국가산업단지, 창원 국가산업단지, 여수 국가산업단지, 온산 국가산업단지, 옥포 · 안정 · 죽도 국가산업단지가 개발되었다.

2) 대한민국 산업에 소재를 공급하는 포항의 제철산업

이 중에서 가장 먼저 계획된 국가산업단지는 포항국가산업단지이다. 현대 산업국가에서 제철산업은 산업의 꽃이라고 할 수 있고, 당시 국가 경제규모를 감안할 때 세계 수준의 경쟁력을 갖춘 제철소를 짓는다는 것을 상상할 수 없는 일이지만, 이를 실현하였다. 애초 정부는 울산에 제철소를 짓는 안을 수립하였으나 그것보다는 훨씬 큰 규모의 제철소가 필요하다고 판단하여, 1967년 6월 24일 종합제철공장 입지를 포항으로 확정하였다. 그런데, 제철소 건설에 들어가는 막대한 자금마련 때문에 제철소 건설에 난항을 겪다가 결국, 1970년부터 제철소 건설에 착수하였고 1973년 6월 9일에 마침내 용광로에서 첫 쇳물이 흘러나왔다. 포항제철은 전세계 제철소 역사에 유례가 없는 기적을 만들었는데, 조업 첫 해에 순이익을 달성하는 쾌거를 이룩하였다. 이후, 포항은 한국 산업의 핵심 축인 조선산업과 자동차 산업의 핵심 원자재인 철강을 공급하여, 한국 경제를 견인하는 도시로 자리잡고 있다.

3) 대한민국 수출을 주도하는 구미의 전자산업

서울 구로, 울산, 포항을 제외한 1호 국가산업단지는 구미국가산업단지이다. 1969년 3월 4일에 구미공업단지 제1단지가 지정되었다. 정부는 짧은 시간에 선진국과의 격차를 줄이는 산업으로 모색하는 가운데, 전자산업을 선택하고, 1969년 1월 28일 「전자공업진흥법」을 제정하였고, 전자산업을 주도할 도시로 당시 신설된 경부고속도로로 연결되는 도시인 내륙의 구미를 선택하였다. 구미국가산업단지에는 현재 한국경제를 이끌고 있는 삼성전자와 LG전자 등이 입주하여, 전자산업을 통해서 한국경제를 이끌었다.

구미국가산업단지가 대한민국 경제에 미친 영향을 간략히 살펴보면 다음과 같다.[3] 구미국가산업단지는 1974년에 최초로 7,900만 달러를 수출한 이래, 1975년 1억 달러를 돌파하였다. 1975년 대한민국 전체 수출액이 50억 달러 정도였는데, 하나의 도시의 국가전체 수출액의 2%를 차지한 셈이다. 이것은 시작일 뿐이고, 한국의 전자산업을 견인하는 도시로 자리잡은 구미는 2005년에 지방자치단체로는 전국 최초로 수출 300억 달러를 돌파하였다. 나아가, 무역 질에서 아주 우수한 면모를 보인다. 2006년 구미세관 통관 무역수지 흑자 또한 197억 달러를 달성하였다.

4) 대한민국 기업에 전력을 공급하는 경북의 발전산업

현대의 일상생활과 기업활동에서 전기는 필요불가결한 것이다. 한 나라의 제철 능력과 더불어 발전 역량은 그 나라의 산업능력을 가늠하는 척도로 활용된다. 우리나라가 건국 초기에 얼마나 전력 부족에 시달렸는지는 중앙일보의 기사(채인택, 2018)에 잘 나타나 있다.

해방 당시, 한반도의 발전 용량은 38선 이북에 92%(90만 9200kW)나 몰려있었고, 38선 이남의 발전용량은 8%인 7만 9500kW에 불과했다. 그래서, 해방 직후, 전력난에 시달릴 수밖에 없었는데, 엎친데 덮친 격으로, 1948년 5월 14일 소련 군정은 아무런 사전 경고도 없이 대남 송전을 끊어버렸다. 이로 인해, 38선 이남의 공장 대부분이 조업을 중단해야 했다. 이에 미군정이 발전기를 탑재한 발전선 자코나호(용량 2만kW)를 부산항에 정작하여 전력을 공급하였고, 이어서, 엘렉트라호(용량 6900kW)가 인천항에 정박하여 전력을 공급하였다. 자주독립국인 대한민국이 두 대의 발전선에 의존하여, 전력을 공급받고 있을 때 쥐가 발전기가 두 대 있는 자코나호에 들어와서 전선을 갉아먹어서 한 대 고장나고 나머지 한 대를 무리하게 가동하여 고장나서 자코나호가 아예 발전을 못하게 되었다고 한다. 몇 마리의 쥐 때문에 나라 전체가 정전 사태에 빠지게 되었다고 한다.

이처럼 한 나라가 제대로 된 산업을 육성하려면 다른 사회간접자본과 더불어 안정적 전력 생산 설비가 갖추어져야 한다. 발전용량의 중요성을 지각한 대한민국 정부는 발전설비를 갖추기 위해서

많은 노력을 투입하게 된다. 이후 한국의 전력산업에 대해서 알아보면 다음과 같다.[4]

정부의 노력에도 불구하고, 1961년에도 남한의 총 발전설비 용량은 36.7만kW에 지나지 않았고, 그나마 공급 가능한 최대 출력은 28.8만kW로 당시 최대 전력설비수요 약 50만kW 대비 15만kW가 부족한 상황이었다. 이러한 전력부족 현상은 5.16 이후 경제성장이 진행되면서 많이 완화되었는데, 당시 군사정부는 남한에 있던 3개 전기회사를 통합, 한국전력주식회사를 설립하여 국내 전력생산과 송·배전을 담당하게 하였다. 이후 경제개발5개년 계획을 추진하면서 발전용량을 많이 늘리면서 1964년 제한송전이 해소되었다. 꾸준히 발전설비는 증설하여, 1971년 발전용량이 263만kW까지 늘었다. 1978년 4월 고리원자력 1호기가 가동하면서, 우리나라도 원자력 발전시대로 접어들게 되었다. 그 결과, 1970년대에서는 원자력 발전의 비율이 9.3%로 늘어났고, 1989년 원전 비중이 50%를 상회하게 되었다.

우리나라에서는 고리원자력발전소가 부산광역시 기장군 장안읍 고리에 1971년 11월에 착공되어서 1977년 완공되었다. 상업운전은 1978년 4월 시작하였다. 이어서, 경북 경주시 양남면에 월성원자력발전소가 1977년 10월 착공되었고, 1983년 4월부터 상업운전을 시작하였다. 이후 동해안 중심으로 원자로가 순차적으로 건설되었고, 1986년 8월에 전라남도 영광군에서 한빛원자력발전소가 상업운전을 시작하였다.

[표 3] 지역별 발전 설비 용량   (단위 : MW / % / 호기 / MW, 2023. 12. 31. 현재)

지역	지역 발전용량(MW)	비율(%)	발전소	원자로수(호기)	발전용량(MW)
부산 울산 경남	7,350	30%	고리	3	2,550
			신고리	2	2,000
			새울	2	2,800
전남	5,900	24%	한빛	6	5,900
경북	11,400	46%	한울	6	5,900
			신한울	1	1,400
			월성	3	2,100
			신월성	2	2,000

자료원 : 한국수력원자력(주), 일반현황. https://www.khnp.co.kr/main/contents.do?key=61.

[표 3]은 2023년 년말 기준으로 대한민국의 원자력발전소 현황이다. 경북, 경남, 전남 해안을 중심으로 원자력발전소가 위치해 있는데, 이 중에서 가장 많은 원자로가 경북에 위치해 있고, 발전용량도 전체의 46% 차지하고 있다. 이를 통해서 알 수 있드시, 경북는 현대 산업경쟁력에서 매우 중추적 역할을 하는 전력 산업의 핵심 축을 갖추고 있다.

3. 세계 속 한국의 위상과 경북의 공헌

1) 세계 속 한국의 위상

한국 전쟁의 잿더미 속에서 성장을 거듭해 온 한국은 현재 세계 속에서 어느 국가와 비교해도 위축되지 않은 정도로 성장하였다. 한국이 성장은 여러 자료를 통해서 확인할 수 있으나, 가장 상징적

이면서 압축적으로 나타낼 수 사건이 바로 2023년 일본 히로시마에서 열린 G7 정상회담에 대한민국이 초대된 일이다. 이를 기념하여 전국경제인연합회가 G7국가를 비교한 자료를 발표하였는데(전국경제인협회, 2023), 이를 통해서 현재 우리 대한민국의 세계적 위상에 대해서 살펴보겠다.

① 군사력

국력을 종합적으로 판단할 때, 경제력, 기술력, 지정학적 요소 등이 모두 고려되었을 때, 군사력이 가장 포괄적인 지표가 될 수 있어서 살펴보았다.

미국 소재의 군사력 평가기관인 Global Firepower(GFP)가 매년 인구, 국방예산, 병력, 무기, 자원 등 60여 개 항목을 종합해 군사력 지수 산출하여, 국가별 GFP 군사력 지수를 발표한다.

2023년 GFP 지표에서 한국은 무려 6위인 것으로 발표되었다. 러시아와 중국이 빠진 G7 국가 중에서 1위인 미국과 5위인 영국을 제외하고 3번째로 높은 순위에 매겨졌다.

[표 4] 2023년 G7국가 군사력 비교

구분	한국	미국	일본	영국	프랑스	독일	이탈리아	캐나다
GFP 군사력 지수	6위	1위	8위	5위	9위	25위	10위	27위

자료원 : 전국경제인연합회(2023), 통계로 보는 대한민국의 국제적 위상 현주소.

② 경제력

경제력을 GDP, GDP 성장률, 수출시장 점유, 수입시장 점유, IT 수출비중으로 구분하여 살펴보았다. 총GDP 규모에서는 G7국가 중에서 가장 낮은 순위인 13위로 매겨졌다. 그런데, 성장률에 있어서는 G7국가 중에서 중간 정도의 순위게 있어서, 향후 총GDP에서도 순위가 바뀌어질 가능성은 충분히 있다.

국토가 좁고 부존자원이 부족한 한국은 산업화 초기부터 수출에 많은 비중을 두었고, 그 결과, 수출시장 점유에서는 6위로 총GDP 규모에 비해서 수출시장 점유가 높은 편으로 조사되었다. 이런 통계를 놓고 볼 때, 한국 경제가 세계경제에 미치는 영향력을 충분히 10위권 안에 든다고 볼 수 있다.

[표 5] 2023년 G7국가 경제비교

구분	한국	미국	일본	영국	프랑스	독일	이탈리아	캐나타
GDP ('22, 억$)	13위 (1조 6,650)	1위 (25조 4,640)	3위 (4조 2,330)	6위 (3조700)	7위 (2조 7,840)	4위 (4조750)	10위 (2조120)	9위 (2조 1,390)
GDP 성장률 ('22)	2.6%	2.1%	1.1%	4%	2.6%	1.8%	3.7%	3.4%
수출시장 점유 ('22)	6위 (2.8%)	2위 (8.4%)	5위 93.0%)	14위 (2.1%)	9위 (2.5%)	3위 (6.7%)	7위 (2.7%)	11위 (2.4%)
수입시장 점유 ('22)	8위 (2.9%)	1위 (12.9%)	5위 (3.6%)	7위 (3.2%)	6위 (3.3%)	3위 (6.2%)	10위 (2.7%0	14위 (2.4%)

자료원 : 전국경제인연합회(2023), 통계로 보는 대한민국의 국제적 위상 현주소.

③ 혁신능력

기업들이 미래의 먹거리를 지속적으로 만들어내기 위해서는 R&D에 대해 지속적으로 투자해야 필요가 있다. 이런 면에서 경제규모 대비 R&D비중은 그 나라의 미래를 가늠할 수 있는 척도라고 할 있는데, G7국가 중에서 가장 높은 순위(2위)로 자리한 한국의 미래가 매우 밝다고 하겠다.

과거 한국은 단순히 외국기술은 수입하는 정도로 인식되었으나, R&D투자가 세계 최고 상위 수준이고, 그에 걸맞게 걸맞게 국제특허 출원횟수도 G7국가 중에서도 상위권에 위치하고 있다. 이외에도 블룸버그 혁신지수('21)와 UN세계지적재산기구 혁신지수('22)에서 높은 순위에 위치하고 있어서, 대한민국은 앞으로도 계속 성장할 기반을 갖춘 것으로 보여진다.

[표 6] 2023년 G7국가 혁신능력 비교

구분	한국	미국	일본	영국	프랑스	독일	이탈리아	캐나다
GDP대비 R&D비중	2위 (4.9%)	4위 (3.5%)	6위 (3.3%)	12위 (2.9%)	17위 (2.2%)	10위 (3.1%0)	27위 (1.5%)	25위 (1.7%)
국제특허출원 ('80~'21)	5위	3위	1위	8위	6위	4위	14위	13위
블룸버그 혁신지수('21)	1위	11위	12위	18위	13위	4위	20위	21위
UN세계지적재산기구 혁신지수 ('22)	6위 (57.8)	2위 (61.8)	13위 (53.6)	4위 (59.7)	12위 (55.0)	8위 (57.2)	28위 (46.1)	15위 (50.8)

자료원 : 전국경제인연합회(2023), 통계로 보는 대한민국의 국제적 위상 현주소.

2) 경제 및 산업 발전에 대한 경북의 공헌점

이상의 자료을 통해서 알 수 있듯이, 1953년 전쟁의 폐허 속에서 외국의 원조없이 자생하기도 힘들었던 우리나라가 세계 정상의 국가들과 어깨를 견줄 정도로 국제적 위상을 높이게 되었다. 이렇게 우리나라가 성장할 수 있었던 이유는 전국민이 강력한 애국심으로 노력을 아끼지 않기 때문일 것이다. 성장과 발전을 위해서 당시 우리나라 국민들이 당시 얼마나 많은 어려움과 고통을 감내해야 했던가는 1961년과 1971년 10대 수출품목만 봐도 쉽게 알 수 있다.

[표 7] 우리나라 10대 주요 품목의 수출 실적(1961년과 1971년)   (단위 : 백만 달러, %)

순위	1961년			1971년		
	품목	금액	비중	품목	금액	비중
1	철광석	5.3	13.0	합판	124.3	11.6
2	중석	5.1	2.6	스웨터	97.8	9.2
3	생사	2.7	6.7	가발	74.5	7.0
4	무연탄	2.4	5.8	면직물	72.0	6.7
5	오징어	2.3	5.6	전자제품	68.5	6.4
6	활선어	1.9	4.5	참치	55.1	5.2
7	흑연	1.7	4.2	생사	39.3	3.7
8	합판	1.4	3.3	신발류	37.4	3.5
9	미곡	1.4	3.3	홀치기(견직물)	34.1	3.2
10	돈모	1.2	3.0	철강재	33.4	3.1

자료원 : 한국섬유수출입협회 60년사, 우리나라 10대 주요 품목의 수출 실적(1961년과 1971년), p. 89

현대 한국의 주요수출은 반도체, 전자제품, 선박, 자동차, 화학제품 등과 같은 최첨단 산업 제품이 주를 이룬다. 그런데, 산업화가 막 시작하려던 1961년에 가장 비중이 컸던 수출품은 중석과 같은 지하자원과 오징어와 같은 수산물이었다. 이러한 산업구조가 경제개발5

개년 계획 실행의 효과로 인해 1971년의 10대 수출이 확연하게 바뀌게 되었다. 스웨터와 면직물의 비중이 확연하게 증가하였다.

① 섬유수출을 통해 초기 한국 산업화를 견인한 대구 · 경북

1960년대 수출품을 지하자원과 수산물을 가공없이 그대로 수출하는 수준이어서, 한국이 본격적으로 공업국가로 들어섰다고 보기는 어렵다. 제1차와 제2차 경제개발5개년 계획의 실행과 대구를 중심으로 섬유산업이 발전하면서, 1970년대, 수출품목이 대폭적 변화하였다. 눈에 띄는 점은 부산의 합판이 수출이 전체 수출액의 1위를 차지하였고, 스웨터와 면직물이 그 다음을 차지하였다.

과거부터 경북 성주, 군위, 예천 지역에서 양잠업이 발달하여 명주의 재료 공급이 쉬웠고 이를 바탕으로 일제시대부터 대구가 명주 생산시설이 몰리게 되었고, 대구의 대표 산업으로 섬유산업이 자리잡기 시작하였다. 해방이후 혼란기를 거치고 난 뒤, 1957년 삼경물산 이원방 씨가 동구 신천동에 한국 나일론 공장을 설립하면서, 한국에서도 본격적으로 합성섬유가 생산되기 시작하였다. 1960년 경제개발5개년 계획을 통해서 섬유산업이 수출을 위한 전략산업으로 선정되면서 본격적으로 발전하였고, 앞에 [표 7]에서 보듯이 한국 수출을 주도하게 되었다.

우리나라 산업화 초기에 대구 · 경북의 섬유산업이 수출증대 기여한 바는 [그림 2], [그림 3](TIN뉴스, 2013)을 통해서 쉽게 알 수 있다.

[그림 2] 1960년대 총수출과 섬유수출

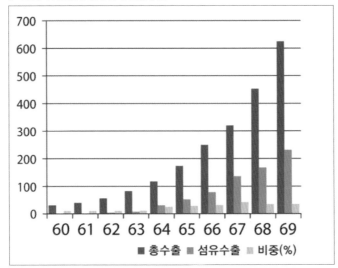

자료원 : TIN뉴스(2013), 1960년대 섬유산업 수출 실적 연도.

[그림 3] 1970년대 총수출과 섬유수출

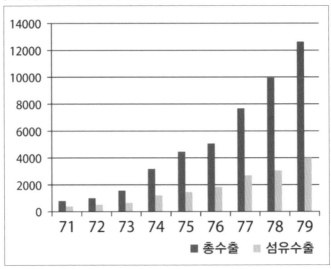

자료원 : TIN뉴스(2013), 1970년대 섬유산업 수출 실적 연도.

위 그림에서 볼 수 있듯이, 총수출액 중에서 섬유수출의 매우 높다는 것이 확인된다. 일례로 1968년에는 전체 수출에서 섬유수출이 42.8%나 차지하였고, 1972년에 무려 53.6%나 차지하였다. 이렇게 1970년대 초, 섬유수출의 비중이 정점이 찍고 난 이후 한국산업이 중화학 그리고 전자 등 첨단산업으로 전환하면서 점차 그 비중이 줄어들었다.

이와 같이, 아무런 기반이 없는 상태에서 산업화와 공업화를 추진하는 과정에서 대구·경북의 섬유산업은 당시 자본이 부족했던 우리나라에 외화벌이 수단으로 큰 기여를 하였고, 이렇게 모아진 자본을 바탕으로 이후 전자 및 반도체와 같이 현재 우리나라를 먹여살리는 산업조성에 기여를 하였다.

② 경북 포항 철강 제품의 수출과 산업 파급효과

1961년, 1980년, 2000년, 2015년 주요 수출품목 추이를 살펴보면 [표 8]과 같다(김쌍주, 2016). 1960년에 가공되지 않은 제품이 주로 수출되었는데, 1980년 품목을 보면 비로소 우리나라가 공업화된 산업국가가된 것을 확인할 수 있다. 앞에서 언급한 바와 같이, 대구·경북이 주도한 섬유산업의 제대로 꽃을 피워서, 의류 및 인조장섬유직물이 주요 수출품으로 자리잡게 되었다. 그런데, 20년 뒤인 2000년에는 수출품목 상위에 랭크되었던 의류는 9위권으로 밀려나게 되고, 2015년에는 10위권 밖으로 사라졌다.

1980년에는 국가가 전략적으로 육성한 제철산업이 꽃을 피워서, 철강판이 수출품목 2위 자리를 차지하였다. 포항의 제철 산업의 철강판 수출에만 그치는 것이 아니라 대규모로 철강판을 사용해야 하는 산업에도 유발효과를 미쳤다. 조선업으로 대표되는 선발해양구조물및 부품이 1980년대 수출품목 중 4위를 차지하였고, 2000년과 2015년 이후에 5위권에 머물고 있다. 조선업 다음으로 철강판이 많이 사용되는 품목이 자동차라고 볼 수 있는데, 2000년대에 자동차는 수출품목 5위로 랭크되었고, 2005년에는 수출품목 5위에 랭크되었다. 이처럼, 경북 포항에서 시작된 제철산업은 그 자체로 산업수출에 지대한 공헌을 하였을 뿐만 아니라, 조선업 및 자동차 등 관련 산업의 발전에도 큰 효과를 미쳤다.

[표 8] 주요수출품목 추이   (단위 : 백만 달러, %)

순위	1961년		1980년		2000년		2015년	
1	철광석	5.3(13.0)	의류	2,778(15.9)	반도체	26,006(15.1)	반도체	62,916(11.9)
2	중석	5.1(12.6)	철강판	945(5.4)	컴퓨터	14,687(8.5)	자동차	45,794(8.7)
3	생사	2.7(6.7)	신발	908(5.2)	자동차	13,221(7.7)	선발해양구조물 및 부품	40,107(7.6)
4	무연탄	2.4(5.8)	선발해양구조물 및 부품	620(3.5)	석유제품	9,055(5.3)	무선통신기기	32,587(6.2)
5	오징어	2.3(5.5)	음향기기	620(3.5)	선발해양구조물 및 부품	8,420(4.9)	석유제품	32,002(6.1)
6	활선어	1.9(4.5)	인조장섬유직물	564(3.2)	무선통신기기	7,882(4.6)	평판디스플레이 및 센서	30,088(5.7)
7	흑연	1.7(4.2)	고무제품	503(2.9)	합성수지	5,041(2.9)	자동차부품	25,550(4.9)
8	합판	1.4(3.3)	목재류	485(2.8)	철강판	4,828(2.8)	합성수지	18,418(3.5)
9	미곡	0.2(0.5)	영상기기	446(2.5)	의류	4,652(2.7)	철강판	16,458(3.1)
10	돼지털	0.1(0.3)	반도체	434(2.5)	영상기기	3,667(2.1)	플라스틱제품	9,135(1.7)

자료원 : 김쌍주(2016). 주요 수출품목 추이.

③ 섬유산업과 반도체산업 가교역할을 한 경북 구미의 전자산업

우리나라가 제대로 가공생산하여 수출한 최초의 제품은 섬유 및 의류 제품이라고 할 수 있다. 1970년대 급속도로 성장하였다가, 1980년에는 수출 1위 품목까지 성장하였다. 이후, 국내 인건비 상승과 중국 등의 경쟁국가의 등장으로 이후 섬유 및 의료 제품 수출은 감소하게 되었다.

정부는 섬유 다음으로 단기간 수출경쟁력을 갖출 산업으로 전자산업을 선정하고, 대전에 한국전자통신연구원을 설립하여 기술발전을 도모하고, 구미에 국가산업단지를 개발하여 전자제품을 생산기지로 활용하였다. 이를 통해서, 수출에서 섬유가 담당하였던 역할을 가전 및 전자제품이 맡게 되었다. 이는 1980년 수출품목 중에서 음향기기는 5위, 영상기기가 9위에 랭크된 것을 통해서 알 수 있다.

2000년 대 이후에는 반도체가 수출품목 1위로 확고하게 자리를 굳히게 되었고, 그에 따라서, 영상기기는 10위로 밀려났다. 평판디스플레이도 원래 구미에서 시작되었으나, 생산거점을 경기도로 옮기면서 구미의 수출비중이 점차 줄어들게 되었다.

④ 저렴한 산업용 전기 공급, 대한민국의 국제 산업경쟁력을 증진하는 경북

앞서 살펴본 바와 같이, 한국은 건국 초기부터 극심하게 전력부족에 시달렸고, 자원빈국인 우리나라가 화력발전에 의존하던 시기까지는 항상 전력부족에 시달릴 수밖에 없었다. 그랬던 우리나라가 고리원자력발전소가 1978년 4월에 상업용 발전을 시작하면서 전력난에서 벗어나게 되었다. 그리고, 경북 동해안을 중심으로 다수의 원자력 발전이 건설되고, 우리나라 발전에서 원자력 발전의 비중이 일정 수준 도달하면서 산업용 전기 가격이 다른 산업국가에 비해서 도리어 저렴하게 되었다.

[표 9]는 2012년 국가별 산업용 전기 가격이다. 자국의 천연자원이 풍부하고, 수력과 풍력 등 발전을 할 수 있는 자연조건이 잘 갖추어진 미국과 캐나다는 산업용 전기 가격이 저렴하다. 이들 국가를 제외한 주요 산업국가의 전기료를 비교해 보면, 우리나라의 산업용 전기 가격이 매우 싸다는 것을 확인할 수 있다. 우선, 일본과 비교해 보면 가격이 절반에도 미치지 못하고 심지어 중국과 비교해 보아도 한국의 산업용 전기 요금이 저렴하다. 이를 반영하듯이, 2023년 말에 미국 상무부가 한국의 저렴한 전기요금을 철강업체에 대한 보조금으로 간주하고, 한국 철강 기업들에게 상계관세를 부과한 일도 있었다(이진한, 2023).

어느 업종을 가리지 않고 전기를 사용하지 않는 업종이 없다. 따라서, 이렇게 저렴한 산업용 전기요금이 우리나라 산업 전체의 국

[표 9] 2012년 국가별 산업용 전기 가격 (단위 : US cent/kWh)

년도	한국	일본	미국	캐나다	중국	프랑스	독일	영국	이탈리아
2012년 산업용 기격 가격	8.55	20.40	6.67	8.52	14.09	11.68	14.87	13.42	22.55

자료원 : 전력통계정보시스템.
   https://epsis.kpx.or.kr/epsisnew/selectEkttEpcEciChart.do?menuId=070402

제경쟁력을 높이는 역할을 한다. 현재 자동차는 내연기관 자동차에서 전기자동차로 넘어가는 추세인데, 자동차 선진국인 독일에서는 비싼 전기료 등의 이유로 자국 전기차 업체들이 해외로 나가고 있다고 한다(빈난새, 2023). 이런 점을 뒤집어서 생각해 보면, 한국에 진출한 외국기업들 다수가 한국의 저렴한 전기료 때문에 진출했다고도 볼 수 있다.

정리하면, 건국 시점에 발전선 두 척의 발전용량에 국가 전체가 의존했던 우리나라가 원자력 발전이 본격화되면서 선진국 중에서 가장 저렴한 산업용 전기를 공급할 수 있게 되었고, 이것이 현재까지 한국 기업들이 국제경쟁력 향상에 큰 기여를 해 오고 있다. 경북은 한국 원자력 발전의 46%를 담당하고 있으므로, 우리나라 전체의 국제 산업경쟁력을 높이는 역할을 하고 있다.

제3절 미래 한국 산업을 견인하는 경북

1. 미래 산업환경

1) 기술 변화에 대한 대처와 미래 성장

인류의 역사를 살펴보면, 역사의 변곡점에는 반드시 기술혁신이 있었고, 국가가 이런 기술변화를 얼마나 제대로 이해하고 잘 대처하는 가에 따라서, 국운이 결정되었다. 18세기 영국의 산업혁명 이후 현재까지 기술혁신이 꾸준히 일어났고, 그에 따라서, 에너지원이 석탄, 석유, 전기, 원자력 순서로 바뀌어왔고, 현재에 와서는 그런 변화가 맹렬한 속도로 진행되고 있다. 우리 대한민국이 과거 60년 동안 이룩한 성장을 앞으로도 잘 유지하기 위해서는 현재 진행되고 있는 기술변화에 효과적으로 대처해야만 한다. 그런면에서 나무에서 석탄으로 그리고 석탄에서 석유로 에너지가 바뀌어 가는 과정에서 국가 수준에서 잘 대처한 영국의 사례를 간략히 살펴보겠다.

① 산업혁명 전후 영국의 예

영국은 1760년에서 1820년까지 산업혁명이라는 일컬어지는 생산혁명을 성공적으로 완수하여, 전세계를 지배하는 국가로 성장하였다. 영국이 주도한 산업혁명이라고 할 때 가장 먼저 떠오는 것이 바로 석탄, 제철, 자동직기, 그리고 증기기관이다. 그런데, 이들이 함께 묶는 가장 중요한 요소는 바로 석탄이다. 석탄이 활용되기 전까지 철을 생산하기 위해서 나무를 숯으로 만들어서 제철 작업을 수행해야만 했고, 증기기관 역시 석탄을 연료로 하여 물을 끓여서 증기의 힘을 동력을 얻는다.

그렇다면, 산업혁명이 일어나기 이전까지 영국의 철 생산 능력을 어땠을까? 당시 영국은 목재가 부족하여 철 생산에 제약이 걸렸다. 1톤의 철을 생산하는데 숯 1,000톤이 필요했으므로, 목재가 부족한 영국은 1978년 이전까지 영국은 스웨덴과 러시아로부터 철을 수입하였다.[5] 영국은 목재가 부족했기 때문에 난방용 연료로 석탄을 사용하다가, 1678년 석탄을 활용하여 철을 생산하는 기술을 특

허출연하였고, 1985년에 석탄을 활용하여 강철을 생산하는 방법이
발표되었다.[6]

다른 경쟁국가에 비해서, 석탄을 활용하여 철을 생산하는 기술
을 가장 먼저 개발한 영국은 에너지의 제약없이 대량으로 철을 생
산할 수 있었고, 당시 주로 목재로 건조되었던 군함을 철제로 제작
하여 해군력을 급속도록 증진할 수 있었다. 더불어, 전통적으로 청
동으로 제작되었던 대포를 청동보다 싼 재료인 철로 제작하는 기술
을 개발하여, 다른 국가보다 군함이 더 많은 대포를 싣게 되어서 해
군력이 급속도 발전하였다.

② 1900년 초, 연료를 석탄에서 석유로 바꾼 영국 해군

석탄을 통한 제철기술이 보편화되어 서구 열강의 철생산력이 획
기적으로 늘어나고, 석탄을 활용한 증기기관이 보급되면서 군함도
점차 철갑함으로 발전하였고, 1800년대 후반으로 대형함포를 장착
하고 증기기관으로 운영되는 철갑선이 표준적인 군함으로 자리잡
게 되었다.

그런데, 1800년 중후반부터 유전에서 얻어지는 액체 연료, 즉,
석유의 잠재력에 대해서 주목하고 있었고, 당시, 사업가로서 동물
적 감각을 가졌던 록펠러가 1870년 스탠더드 오일을 설립하면서
전세계 석유를 독점하였다. 그 결과, 록펠러는 아직까지도 대표적
부자로 인정받고 있다. 그 당시, 전세계 모든 유전이 북미대륙에 있
었는데 영국계 호주인인 윌리엄 디아시가 영국해군의 도움을 받아
서 이란 지역에서 유전을 개발하였고, 1908년에 이란지역에서 석

유시추에 성공하게 되었다.

이를 후원한 영국의 석유회사가 바로 지금의 BP인데, 석유자원을 확보하는 영국은 영국해군의 군함의 연료를 석탄에서 석유로 바꾸었다. 석유는 석탄보다는 가벼웠지만 열량이 높았기 때문에 석탄으로 추진되는 군함에 비해서 속도가 월등히 빨랐고, 한번의 연료보급으로 활동할 수 있는 작전반경도 석탄 추진 군함에 비해서 월등히 컸다. 이렇게 영국 해군이 군함의 연료을 석탄에서 석유로 변경하는 덕분에 당시 영국을 맹렬하게 추격해 오던 독일 해군을 가볍게 제칠 수 있었고, 강력한 해군력을 바탕으로 제해권을 확보하여 영국은 해가지지 않는 대영제국으로 성장할 수 있었다.

2) 예상되는 미래 기술 환경

2016년 3월 15일, 프로바둑 전수인 이세돌과 AI 알파고와의 대결이 끝났다. 총 5번의 경기에서 이세돌 기사는 알파고에게 1승 4패로 패배하였다. 당시, 인공지능이 발달하여도 바둑과 같이 복잡한 연산체계는 인공지능이 인간을 극복하지 못할 것이라고 예상하였지만, 결과는 인간의 패배였다. 그로부터 10년도 채 지나지 않은 시점에서 Chat GPT가 등장하여, 또 다시 세상을 놀라게 하고 있다.

2023년 1월에 MIT 테크놀로지 리뷰가 10대 기술을 발표하였는데, 다음과 같다(MIT Technology Review, 2023).

이 중에서는 현재 상업화가 진행되어서 하나의 산업으로 자리잡고 있는 분야도 있는데, '이미지를 생성하는 AI', '전기차와 배터리 재활용' 그리고 '군사용 드론의 대중화' 등을 들 수 있다.

① 제임스웹 우주망원경(JWST)

② 콜레스테롤 수치를 낮추는 CRISPR 기술

③ 이미지를 생성하는 AI

④ 주문형 장기이식

⑤ 원격진료를 통한 임신중절

⑥ 개방형 표준의 반도체 칩 설계

⑦ 고대 유전자의 분석

⑧ 배터리 재활용

⑨ 자동차 산업의 주류가 된 전기차

⑩ 군사용 드론의 대중화

이들은 기술 수준에서 언급하는 것이고, 보다 직접적인으로 미래 산업과 연계해서 보면, 삼일PwC경영연구원이 발표한 자료가 있는데, 요약하면 그 내용은 [그림 4]와 같다(삼일PwC경영연구원, 2023).

[그림 4] 패러다임 변화 속 유망산업

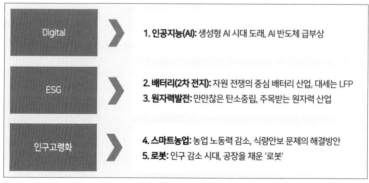

자료원 : 삼일PwC경영연구원(2023), 패러다임 변화 속 유망산업, p. 5.

과거, 인간과 컴퓨터의 역할이 분명히 구분되었지만, 디지털 기술의 발전으로 인하여 AI가 발달하여, 그 역할 구분이 모호해지고 있다. 이것이 가능해지기 위해서, SW 측면에서의 기술개발도 이뤄지고 있지만, 동시에 그에 최적화된 반도체 설계 및 양산 기술에 전 세계가 사활을 걸고 경쟁 중이다.

다음으로, 탄소배출로 인해 지구 온난화가 전인류의 핵심 당면문제라 자리잡게 됨에 따라서, 탄소중심이 무엇보다는 중요한 목표가 되었다. 그에 따라서, 대량의 탄소를 배출하는 기존에 에너지를 탈피하여, 탄소중립을 달성할 수 있는 에너지로 전환하기 위해서 무한의 경쟁이 벌어지고 있다. 그에 따라서, 탄소중립을 달성할 수 있는 배터리 산업과 소형원자로 중심의 원자력 발전 기술이 부각되고 있다.

얼마 전까지 고령화는 일본 등의 선진국에 한정된 사회문제였다가, 최근 들어서 고령화는 한국사회의 존립을 흔들 정도의 심각한 사회문제가 자리잡았다. 줄어들는 노력동력을 대신하여 생산활동을 하기위해서, 식량증산 측면에서는 스마트농업이 생산현장에의 노동력을 대체하기 위해서 로봇 기술이 주목받고 있다.

이러한 첨단기술이 발전할수록 전력 수요는 늘어날 수밖에 없을 것이다. 예로, AI 활용률이 높아지면, 수퍼컴퓨터 활용이 늘어나므로 전력수요가 늘 것이다. 또한, 전기차 증가하면 전기차 충전 때문에 전기에 대한 수요가 늘어날 것이다. 따라서 기술이 어떤 식으로 발전하든 간에 확실한 것 하나는 바로 전력수요가 늘어날 것이라는 점인데, International Energy Agency는 미래의 전력 수요 예측을 다음과 같이 하였다(International Energy Agency. 2023). 그들은 다음과 같이 세 가지 시나리오를 설정하고, 전기수요를 예측하였다.

- Net Zero Emissions by 2050 (NZE) Scenario : 최소한 50% 확률로 산업화 이전 대비 평균기온이 1.5도까지 상승하는 것을 2100년까지 막기 위해서 탄소배출을 "0" 수준으로 제한한다는 시나리오
- Announced Pledges Scenario (APS) : 50% 확률로 산업화 이전 대비 평규기온이 1.7도 상승하는 것을 2100년까지 막기 위해서 정부가 발표한 서약을 준수한다는 시나리오
- Stated Policies Scenario (STEPS) : 50% 확률로 산업화 이전 대비 평규기온이 2.4도 상승하는 것을 2100년까지 막기 위해서 정부가 정책을 수행한다는 시나리오

이 세 가지 시나리오 중에서 지금 온난화 억제를 위한 가장 엄격한 시나리오는 NZE이고, 그 다음이 APS이고, 가장 완화된 시나리오가 STEPS이다. 이를 반영하듯이, 미래 전기수요 증가율이 STEPS, APS, NZE 순으로 낮다. 시나리오에 따라서 전기수요증가율이 다르기는 하지만, 2050년도까지 내다보았을 때, 전력 수요는 2~3배는 증가할 것이라는 것이 지배적인 예상이다. 따라서, 어느 국가든 미래 산업에서 국제경쟁력을 확보하기 위해서는 친환경이면서 안정적인 발전 설비를 갖추는 것이 매우 중요하다.

저렴하면서도 안정적으로 전기를 공급할 수 있는 능력이 그 나

라의 산업경쟁력과 직결된다는 것은 IBM의 양자컴퓨터가 부산에 들어온다는 뉴스(유지한, 2024)를 통해서 알 수 있다. 실제 산업에 활용될 수 있는 미국 IBM의 고성능 양자컴퓨터 '퀀텀 시스템 투'가 2028년 부산에 들어오고, 2024년 9월에는 IBM의 최신 인공지능 (AI) 플랫폼 '왓슨x'를 구동하는 용인 AI 센터가 가동된다고 한다.

기존 방식과 다른 연산방식으로 구동하여, 암호 해독 등 몇몇 분야에서는 기존 컴퓨터와는 비교불가능하는 성능을 보이는 것이 양자컴퓨터인데, 모든 암호체계를 무력화할 수 있다는 능력 때문에 모든 선진국들이 국가 안보차원에서 개발에 사활을 걸고 있다. 그런데, 이 컴퓨터가 작동하기 위해서는 전기저항이 '0'에 가까이 떨어지는 극저온 상태가 유지되어야 하고, 그로 인해, 운영을 위해서는 막대한 전기가 필요하다. 역으로 생각해 보면, 한국의 발전과 송배전 여건이 다른 국가에 비해서 우월하므로, 한국에 IBM이 최신의 양자컴퓨터 센터를 한국에 설치하는 것으로 볼 수 있다.

[그림 5] 미래 전력 수요 전망

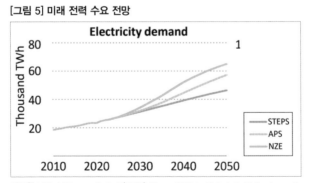

자료원 : World Energy Outlook(2023), Figure 3.13 ▷ Global electricity demand, 2010-2050, and generation mix by scenario, 2022 and 2050, p. 123

따라서, 어느 국가를 막론하고 미래 산업 경쟁력은 기본적으로 그 나라의 발전 인프라에 달려 있다고 볼 수 있는데, 우리는 어느 나라보다 빠르게 대응하고 있다. 산업통상자원부가 2024년 2월에 발표 자료에 의하면, 우리나라 소형모듈원전(SMR)의 기술력이 세계 최고 수준이고, 상업화 단계가 멀지 않았다고 밝혔다(산업통상자원부, 2024). 이 발표를 통해서 확인되듯이, 국가 산업경쟁력에서 전기의 중요성이 더욱 높아질 미래 산업환경을 고려했을 때, 우리나라 산업의 미래는 밝다고 볼 수 있다.

정부는 2023년 3월에 '국가첨단산업 육성전략'을 발표하였다(산업통상자원부, 2023). 6대 첨단산업에 550조 원를 투자하여 미래 먹거리를 확보하겠다는 것이 요지인데 6대 첨단산업은 반도체, 디스플레이, 이차전지, 바이오, 미래차, 로봇이다. 여기서 바이오를 제외하면 모두 전기와 관련된 제품이다.

[표 10] 산업별 육성전략 핵심내용

첨단산업	비전	세부과제
반도체	세계 최대 클러스터와 유기적 생태계로 압축 도약	• 반도체 메가클러스터 조성(신규 국가산단 포함) • 첨단 패키징 거점 구축에 24조원 민간 투자
디스플레이	디스플레이 세계 1위 탈환	• 투자 지원을 위해 '국가전략기술' 지정 • 투명, 확장현실, 차량용 등 3大 유망분야 실증
이차전지	2030년 이차전지 세계 1위 도약	• 기술 초격차를 위해 민·관 20조원 투자(~'30년) • 핵심광물 관련 글로벌 광물지도·수급지도 제작
바이오	바이오의약품 제조역량 세계 1위 달성	• 제조역량 확충을 위한 민간투자 밀착 지원 • 현장수요 맞춤형 인력양성(K-NIBRT 등 시설 활용)
미래차	미래차 글로벌 3強 도약	• 전기차 생산규모 5배 확대 • 「미래차전환특별법」 제정
로봇	첨단로봇 글로벌 제조국 진입	• 핵심기술 확보를 위해 민·관 2조원 투자 • 규제개선·실증으로 로봇 친화적 환경 조성

자료원 : 산업통상자원부·국토교통부(2023), 산업별 육성전략 핵심내용.

이를 통해서 보듯이, 미래 산업에서 전기의 비중은 더욱 커진다고 볼 수 있다. 풍부한 발전 인프라를 갖춘 상태에서 제품에 AI와 모빌리티 특성이 강조화되는 구조를 핵심산업이 전개된다. 미래 핵신산업의 가장 대표적 제품으로 미래차를 들 수 있는데, 미래차의 에너지원은 전기 배터리 혹은 수소연료전지가 될 것이고, 차별화되는 기능 중에서 핵심은 자율주행기능이다. 이러한 기능을 발휘할 수 있도록 해 주는 부품 및 소재산업이 바로 반도체, 디스플레이, 이차전지이다.

2. 한국 미래 산업 발전에 기여하는 경북

1) 경북의 산업혁신 전략

2018년 7월에 민선 7기 경상북도지사로 취임한 이철우는 미래 국가산업 발전과 지역의 균형발전을 실현하기 위해서 취임 후, 각 개의 전문가의 의견을 수렴하여, 2019년에 '경북 스마트-X 산업혁신 신전략 2022'를 발표하였다(경상북도, 2019). 경상북도는 급변하는 국내외 경제 상황과 4차산업 혁명시대를 맞이해 지역 기업들이 기술혁신에 뒤처지지 않고 새로운 미래 산업을 대비할 수 있도록 지역 주력산업이 나아가야 할 미래 방향을 설정하고 이에 따른 분야별 세부 프로젝트를 발굴했다.

잘 알려진 바와 같아, 경북의 기존 산업의 축은 구미의 전자, 포항의 철강, 경주-영천-경산으로 이어지는 자동차 부품 벨트, 조선시대부터 내려오는 한약재료와 같은 바이오 산업이다. 최근 기술환경이 급격하게 바뀌고 있는데, 아래와 같이 기존 산업의 세부 내용을 현재 기술변화 방향대로 혁신을 추진한다. 다시 말하면, 기존 산업의 연계성을 감안하여 신산업 발굴과 육성한다는 것이고, 이러한 접근은 수립한 산업전략의 실현가능성을 높인다.

[그림 6] 경북 산업혁신 新전략 2022

자료원 : 경상북도(2019), 경북 산업혁신 新전략 2022.

[그림 7] 기존 주력산업의 혁신 방향

<주요 추진 산업>

	현재	미래
전자	■ 모바일통신기기 ■ 디스플레이 ■ 반도체 소재 · 장비	■ 5G 융합기기 ■ 인공지능 기반 가전 ■ 차세대 반도체
자동차	■ 내연기관 부품 ■ 차체 · 섀시 성형가공 ■ 공정 시설 · 장비	■ 전기자동차 　(이차전지, 무선충전) ■ 자율주행 자동차 　(전장부품, S/W)
철강	■ 강판 · 강관 ■ 경량소재 　(알루미늄, 탄소복합재)	■ 고기능성 철강소재 ■ 탄소기반 신소재 ■ 4D 프린팅
바이오	■ 백신 ■ 신약 ■ 한의신약	■ 바이오 신산업 ■ 푸드테크

자료원 : 경상북도(2019), 주요 추진 산업.

위와 같이 경북의 기존 산업을 새로운 기술환경에 맞게 혁신하는 가운데, 빠져있는 요소를 발굴 · 육성하여, 과거와 미래를 자연스럽게 연결하자는 것이 경북의 접근방식이다. 이러한 접근을 통해서, 경북도는 7대 핵심 산업분야를 선정하여 발표하였는데, △전기 · 자율차 △인공지능 △5G융합기기, △차세대 반도체, △미래혁신소재, △바이오 · 헬스, △라이프테크이다. 이를 위한 액션플랜으로 30대 산업혁신 프로젝트를 제시하였다. 모든 일에도 우선 순위가 있는 마련이듯이, 신기술 개발과 채용이 빠르게 전개되는 가운데, 상업화 가능성과 산업의 전략적 가치 등의 이유로 프로젝트 추진 상에도 우선 순위가 반영되어야 한다. 경상북도는 세계적 기술환경 변화, 우리나라 산업여건, 경상북도의 산업여건을 고려하여 가장 우선적으로 추진되어야 할 분야로 전기 자율차, AI 5G 반도체, 신소재 바이오 라이프를 선정하고, 이 분야 혁신을 위해서 11개 프로젝트를 [그림 8]과 같이 발표하였다.

이러한 지역 산업정책은 경북의 독립된 전략에 그치고 있는 것이 아니라 국가 단위의 큰 전략적 틀 위에서 진행되고 그 결과, 경북이 지역발전과 국가발전에 모두 기여하도록 설계되어 있다. 이어서 경북의 산업전략이 지역의 발전과 국가산업 발전에 어떻게 기여할 것인지에 대해서 살펴보겠다.

[그림 8] 산업혁신 신전략 2022 : 11대 선도 프로젝트

분야	핵심 프로젝트
전기 자율차	① 차세대 배터리 파크
	② 자율주행차 전장부품 클러스터
AI 5G 반도체	③ 인공지능 이노베이션 밸리
	④ 인공지능 홈케어 가전 특화단지
	⑤ 5G 코어부품 복합 클러스터
	⑥ 지능형반도체 응용부품 클러스터
	⑦ 스마트팩토리 제조혁신특구
	⑧ 지능형 드론 R&D 특화단지
신소재 바이오 라이프	⑨ 차세대 철강산업 클러스터
	⑩ 지능형 농기계 클러스터
	⑪ 에코섬유 비즈니스 클러스터

자료원 : 경상북도(2019), 산업혁신 신전략 2022 : 11대 선도 프로젝트.

2) 정부 산업정책의 핵심 파트너로서의 경상북도

전기자동차 및 자율주행, AI 및 Chat GPT, 소형 원자로와 수소경제 등 최근 10년 동안 기술변화 속도는 유래가 없고, 이런 변화를 미래의 산업과 일상생활을 바꿀 정도로 큰 파급효과가 크다. 18세기 석탄, 자동 방직기, 그리고 증기기관으로 대표되는 영국이 산업혁명이 초래한 변화를 보다 큰 변화가 머지않은 미래에 예견되고 있다. 그래서, 우리나라는 기존에 잘 하던 산업을 잘 유지하면서, 변화의 방향을 반영하여 산업 혁명을 도모해야 하고, 동시에 새롭게 떠오르는 신산업을 육성해야 한다. 이런 필요성에 따라서, 정부는 2023년 3월 15일에 정부는 「첨단산업 생태계 구축을 위한 15개 국가첨단산업단지 조성」 관련 보도자료를 발표하였고 [표 11]과 같이 국가첨단산업벨트 조성계획을 발표하였다(산업통상자원부 · 국토교통부. 2023). 이어서 이를 뒷받침 법적 근거로 2023년 6월 13일에 「국가첨단전략산업 특화단지 지정 등에 관한 운영지침」을 시행하였다.[7]

2024년 3월에는 산업통상자원부는 「전략산업 특화단지별 맞춤형 지원전략」을 발표하였다.[8] 이처럼 정부는 급변하는 기술환경에 우리나라 기업들이 효과적으로 대응할 수 있도록 다각도로 정책적 노력을 하고 있는데, 이를 통해서, 우리나라의 미래 먹거리를 확보하는 것이 핵심내용이다. 이를 실현하기 위해서, 정부는 2047년까지의 681조 원 민간투자 계획에 맞춰 첨단전략산업특화단지가 적기에 조성될 수 있도록 「첨단전략산업 특화단지 종합지원방안」을 마련하고 시행하겠다는 밝혔고, 관련된 기술보호 방안과 인력양성

[표 11] 국가산업단지 후보지 선정 내용

	후보지	면적	중점산업
경기	용인 시스템반도체	710만㎡	반도체
대전	나노 · 반도체	530만㎡	나노 · 반도체, 우주항공
충청	천안 미래모빌리티	417만㎡	미래모빌리티, 반도체
	오송 철도클러스터	99만㎡	철도
	홍성 내포신도시 미래신산업	236만㎡	수소 · 미래차, 2차전지 등
광주	미래자동차	338만㎡	미래차 핵심부품
전남	고흥 우주발사체	173만㎡	우주발사체
전북	익산 국가식품 클러스터 2단계	207만㎡	식품(푸드테크)
	완주 수소특화	165만㎡	수소저장 · 활용 제조업
경남	창원 방위 · 원자력 융합	339만㎡	방위, 원자력
대구	미래 스마트기술	329만㎡	미래자동차 · 로봇
경북	안동 바이오생명	132만㎡	바이오의약(백신, HEMP)
	경주 SMR(혁신원자력)	150만㎡	소형모듈원전(SMR)
	울진 원자력수소	158만㎡	원전 활용 수소
강원	강릉 천연물 바이오	93만㎡	천연물 바이오
총 15개소, 4,076만㎡			

자료원 : 산업통상자원부 · 국토교통부(2023), 국가산업단지 후보지 선정 내용.

방안도 발표하였다.

이상의 같은 정부의 산업 정책 로드맵에 경북이 여러차례 등장하고 있다. 구체적으로 언급하면, 안동 바이오생명 산업단지, 경주 SMR(혁신원자료) 산업단지, 울진원자력 수소 산업단지, 구미의 반도체 특화산업단지와 포항의 이차전지 특업화산업단지이다. 이들 산업단지들은 머지않은 미래에 우리나라 산업의 핵심 축을 이룰 산업들인데, 경북은 이들 산업을 효과적으로 육성하여 국가 경제 및 산업 발전에 공헌한다. 이들 각각에 대해서 간략히 알아보면 다음과 같다.

① 안동 바이오생명 산업단지[9]

안동 바이오생명 국가산업단지는 풍산읍 노리 일원에 조성되고, 총사업비 3천579억 원이고, 총 40만 평 규모로 2030년 준공이 목표다. 경북의 산업시설은 포항, 구미, 경산, 경주, 영천과 같이 남부에 집중되어 있어서 경북 북부는 산업의 불모지에 가까웠다. 그런데, 이와같이 바이오생명 산업단지가 조성되면, 8조 6천억 원의 생산 유발 효과와 3만여 명의 신규 고용창출이 기대된다.

이 지역의 가능성은 교통 측면에서 쉽게 확인된다. 예정부지는 국도 34호선, 중앙고속도로와 연접해 도로 연결성이 우수하다. 중앙선 및 문경~안동 철도망 구축으로 철도 연결성도 양호하다. 나아가, 향후 대구경북공항이 이전하면 공항과 불과 20분 거리에 위치하게 된다. 따라서, 바이오백신 산업의 핵심인 수송, 즉 콜드체인 구축에 유리한 입지여건을 갖추고 있어서, 성공 가능성이 높게 점쳐진다.

② 경주 SMR(혁신원자료) 산업단지[10]

경주는 고리원자력발전소 다음으로 월성원자력발전소가 지어진 곳이다. 그리고, 현재, 경주는 한국수력원자력발전 본사가 위치하고 있어서, 원자력 관련 연구소와 산업이 집중되어 있다. 이런 배경 위에 경주는 2023년 15일 SMR(소형모듈원자로) 국가산업단지로 최종 후보지로 확정됐다. 2030년까지 사업비 3,966억 원을 투입해 문무대왕면 일원에 150만㎡규모로 들어설 예정이다.

소형모듈원자로(SMR : Small Modular Reactor)는 300MW이하

의 발전용량을 가지며, 기존 대형원전 대비 안정성이 매우 높고, 모듈형 구성으로 인해 증설이 쉬워 경제성이 높다. 특히, 기존 방식 원자력 발전방식은 엄청난 냉각수가 필요해서 바닷가에 설치 가능했으나, SMR를 냉각수로 인한 입지제약이 없다. 앞에서 살펴보았던 바와 같이, 현재 그렇고 미래에는 전력에 대한 수요가 더욱 늘어날 것이다. 다시 말하면, 기업 인프라에서 가장 중요한 위치를 차지하고 가장 가능성이 높은 기술로 평가받는 SMR의 산업유발 효과를 엄청나다고 할 수 있다. 이런 이류로 대기업 등 225개 입주수요를 확보하였다.

③ 울진원자력 수소 산업단지

화석연료를 발전하는 경우, 투입하는 연료량을 제어하여 발전량을 쉽게 통제할 수 있다. 그런데, 원자력 발전은 가동을 시작하면 발전량을 쉽게 변경하지 못한다. 그래서 낮에 비해 전략 수요가 적은 야간의 남은 전기를 저장하기 위해서 물의 위치 에너지를 활용하여 발전하는 양수발전소가 함께 지어지는 것이 일반적이다.

그런데 SMR은 기존 원자력발전소에 비해서 발전규모가 적기 때문에 수력발전 방식과 같은 양수발전소 남는 전력을 저장하는 것이 비효율적이다. 대신 남는 전기를 수소 형태로 저장하여 보관하고, 필요한 경우 수소로 발전하는 방식을 대안으로 제시되고 있다.

울진 지역 언론이 전하는 울진원자력 수소 산업단지에 관한 내용은 다음과 같다.[11] 울진원자력수소국가산업단지는 2030년까지 죽변 후정리 일원에 48만 평 조성되며 조성비는 약 4,000억 원 규모이다. 지역 경제효과는 생산유발효과 7조 1천억 원, 고용유발효과 24,000여 명으로 막대한 파급효과가 예상된다.

④ 구미 반도체 첨단전략산업 특화단지[12]

구미시는 2024년을 반도체 특화단지 활성화를 위한 원년으로 삼고 본격적으로 특화단지 조성에 나서고 있다. 반도체 산업 초격차를 위해서는 국내 반도체 산업의 취약 영역인 소재·부품 공급망 내재화 및 국산화가 필수인데, 국가 반도체 소재·부품 공급 핵심 거점 역할 수행할 수 있는 지역거점을 마련하기 위해 사업을 추진할 예정이다. 이를 위해서 특화단지 내에 반도체 소재부품의 개발·생산·실증·사업화에 이르는 전주기 지원을 위한 필수 인프라 구축, 인력 양성 등을 추진 중이다.

구체적으로, '반도체 소재·부품 시험평가센터 구축사업', '국방용 반도체 설계·모듈화 지원 플랫폼 구축사업', '첨단반도체 소재·부품 Complex 구축 사업', '지역산업연계형 대학특성화학과 (반도체) 혁신지원사업' 등을 통해서, 반도체 산업 생태계를 조성하려고 하고 있다.

⑤ 포항의 이차전지 특업화산업단지[13]

포항 이차전지 특화단지에 2027년까지 12조 1,000억 원 규모의 기업 투자가 이뤄지며 광물가공에서부터 전구체, 양극재, 음극재, 리사이클리에 이르는 이차전지 전주기 생태계가 구축될 예정이다.

경북 포항 이차전지 특화단지는 블루밸리 국가산업단지와 영일만 일반산업단지를 중심으로 2030년 양극재 100만 톤(2030년 전세계 수요량 605만 톤의 16.5%를 차지)을 생산(연산)해 매출액 70조원, 고용창출 1만5000명, 특화 인력 7000여 명을 양성해 글로벌이차전지 원료 및 소재 생산기지 도약을 목표로 하고 있다.

경상북도는 이차전지 글로벌 초격차 선도를 위해 △지속가능한 인프라 구축(특화단지 기반시설 확충, 친환경 산단조성, 정주여건 개선), △초격차 기술개발 및 인력양성(원천기술개발, 연구개발(R&D) 기반 구축 및 전문인력 양성), △건실한 산업 생태계 확립(선도기업 투자유치, 전후방 밸류체인 및 대중소 협력체계 구축)의 특화단지 활성화 계획을 발표했다.

4. 경북 주력산업의 新산업화의 성과와 경북 산업의 미래

지자체마다 지역 주력 산업을 첨단산업으로 변모시켜, 지역 경제를 활성화시키고, 인구유입을 늘리려고 노력 중이다. 중앙정부 입장에서 이러한 지자체의 노력을 힘을 실어주기는 위해서 많은 정책적 노력을 투입하고 있는데, 최근 지방의 노후 산업단지를 첨단산업 혁신거점으로 바꾸려는 산업통상자원부의 정책 노력[14]이 이의 한 예라고 할 수 있다. 경상북도 역시 앞서 살펴본 바와 같이, '경북 스마트-X 산업혁신 신전략 2022'(경상북도, 2019)를 발표하고 적극 추진 중이다. 이런 가운데, 정책적 노력의 성과가 나타나고 있는 것으로 조사되었다. 이를 경상북도(2023)가 2023년 12월

28일에 발표한 '경북도, 주력산업의 신(新)산업화… 눈에 띄는 성과 거둬'라는 보도자료를 통해서 살펴보겠다.

① 미래차 산업 육성 기반 마련 및 부품산업 고도화

제조업의 근간인 자동차 산업은 전후방 산업기술이 집약된 구심체로, 경북의 자동차 부품산업은 1,800여 개의 기업이 위치해 전국 3위권의 규모를 차지하고 있다.

경주·경산·영천을 중심으로 차체/새시, 엔진·구동장치, 조향장치 등 필요한 대부분 부품을 생산하여 완성차 업계에 납품하고 있는 지역의 대표 주력산업이며, 이러한 지역 자동차 산업은 친환경화·지능화·서비스화 등 경쟁력 확보라는 과제에 직면해 있다.

이에 따라, 경북도는 지역의 자동차부품 산업생태계를 미래차로 신속하고 유연하게 전환하여 친환경·자율주행 소재부품 시장을 선점하고자 다양한 사업 유치로 성장동력을 확보하였다.

먼저, 전기차의 핵심 동력인 배터리 보호차체의 중요성이 증대되고 있음에 따라 지난 4월 친환경자동차(xEV) 보호차체 얼라이언스 기업지원 플랫폼(경산, 222억원)을 산업통상자원부 공모사업으로 유치했고, 전기차 보호차체 충돌안전 시험동 구축 및 기업지원을 통해 도내 자동차부품 업체 경쟁력 강화를 할 예정이다.

또한, 경주시 E-모빌리티 연구단지 내에 미래차 첨단소재 성형가공센터(경주, 289억원)를 준공하여 부품 설계·해석, 시제품 제작, 실증 평가·인증 등 전주기 지원이 가능한 장비 10종을 구축해 미래차 전환 시대 방향성을 찾는 데 어려움을 겪고 있는 지역기업에 실질적인 도움을 줄 수 있을 것으로 기대한다.

② 방위산업, 경북의 새로운 전략산업으로 육성

K-방산의 해외 진출이 국가적 과제로 떠오르는 상황에서 지난 4월, 방위사업청 공모사업인 '방산혁신클러스터 조성사업' 유치로 지역 방위산업의 경쟁력을 강화하고, 방위산업을 경북의 새로운 전략산업으로 육성할 기반이 마련되었다.

구미 국가산단에 조성되는 방산혁신클러스터 조성사업(구미, 499억원)은 첨단방위산업진흥센터 건립, 방산특화 연구·시험·실증 테스트베드 구축, 국방 신산업 사업화 지원, 방산 창업 및 중소기업 방산 진입을 지원하는 사업이다.

특히, 방위산업은 전자, 정보 기술(IT)은 물론 우주, 항공, 모빌리티 등 타 산업과의 연관성이 높아 방위산업 육성 시 지역산업 활성화의 촉매제가 되어 다른 산업들과의 동반성장이 가능하다.

경북에는 유도무기, 탄약 분야 최대 생산 거점인 구미시를 중심으로 LIG넥스원, 한화시스템, 한화, 풍산 등 국내 방위산업을 대표하는 체계기업과 200여 개의 방산 중소·벤처기업이 소재하고 있어 방위산업 육성을 통해 지역의 새로운 전략산업은 물론, 일자리 창출 및 지역경제 활성화에 크게 이바지할 것으로 기대된다.

또한 방산항공우주용 탄소소재부품 랩팩토리 조성사업(구미, 330억원) 유치를 통해 방산항공우주 관련 중소기업들이 대규모 시설 투자 없이 탄소 소재를 활용해 부품을 설계·제작할 수 있는 기반이 마련되었다.

랩팩토리 구축 사업으로 방산항공우주용 탄소복합재 부품의 시생산 및 성능 평가를 위한 고성능/대형 제조장비 16여 종을 구축할 예정이며, 구미 방산혁신클러스터 사업과도 연계해 방위 · 항공 산업의 국산화 및 고도화에 기여할 수 있을 것으로 기대하고 있다.

③ 고부가 소재 · 부품 산업 육성으로 신산업 선점

그 밖에 하이테크롤 첨단화 지원 기반구축사업(구미, 194억원)을 산업부 공모사업으로 유치해 이차전지, 섬유, 디스플레이 산업 등 첨단제품 제조를 위한 롤투롤(Roll to roll) 장비의 핵심부품 가공을 위한 시뮬레이션, 성능 점검을 지원하여 기업에서는 제품 신뢰성을 높이고 비용 절감 효과를 얻을 수 있도록 지원할 예정이다.

또한 첨단농기계 실증 랩팩토리 조성사업(칠곡, 236억원)으로 첨단농기계의 소재 · 부품 개발부터 기업지원까지 원스톱으로 지원하여 고부가 소재 · 부품 산업 육성의 토대를 마련하게 되었다.

5. 의의와 함의점

과거 지역균형발전은 중앙정부 주도로 시행되었고, 지자체는 지자체에 교부된 예산을 집행하는 정도의 역할을 수행하는 정도였다. 그 결과, 지역에 맞는 사업을 제대로 발굴하거나 개발하지 못하였고, 나아가, 공모형 지원사업이 주를 이루어서 지자체 간 차별성이 크게 부각되지 않는 사업들이 남발되었다.

이에 지방시대위원회 출범 이후 '지역이 선도하고 정부 지원하는 방식'의 사업 운영이 강조되고 있다. 그런데, 여기서도 주목해야 할 점은 현 시점에서는 지자체가 중앙부처에 비해서 경험과 노하우가 턱없이 부족하다는 것이다. 그리고, 정보와 노하우는 전형적으로 범위의 경제가 작용하는 분야이어서, 국가 단위 사업을 수행해 본 중앙부처가 지자체보다 더 넓고 깊이있는 정보와 노하우를 확보하고 있는 것이 당연한 일이다. 이런 이유로 지자체가 선도하다고 하더라도 지자체가 단독으로 산업 정책을 기획하고 실행한다는 것은 효과적이지 않다. 대신, 각 산업분야에서 전문성을 가진 중앙부처 및 산하기관의 도움을 받으면서, 기획하고 실행하는 것이 바람직하다.

이런 점에서 경북의 산업정책에서 접근방식은 매우 효과적인 방법이라고 할 수 있다. 국가수준의 산업전략을 고려하고, 지역의 산업 특수성을 감안하여, 지역 산업전략을 수립하고, 적절하게 중앙의 자원을 끌어들여서 지역 산업의 리뉴얼을 도모하고 있다. 이러한 예가 바로 앞에 예로 든 경주·경산·영천 지역의 자동차 부품 산업의 전환이다. 전통적인 내연기관 자동차 부품 제조업체들이 전기차 및 자율주행용 부품을 제조하도록 산업전환을 유도한 것이다. 더불어, 기존에는 거의 불모지였던 방산산업을 지역의 핵심역량(전자소재 및 부품)을 바탕으로 지역의 핵심 산업으로 발전시킨 구미 산업단지의 예로 다른 지자체가 참조하기 좋은 사례라고 하겠다.

참고문헌

- International Energy Agency. 2023. World Energy Outlook 2023. International Energy Agency.
- MIT Technology Review. 2023. MIT 테크놀로지 리뷰가 선정한 2023년 10대 미래 기술. MIT Technology Review. 1월 10일
- TIN뉴스. 2013. 한국 섬유산업의 역사. TIN뉴스. 11월 20일.
- 경상북도. 2019. 경북도, 주력산업 혁신 전략 발표 I. 보도자료. 1월 2일
- 경상북도. 2023. 경북도, 주력산업의 신(新)산업화… 눈에 띄는 성과 거둬. 보도자료. 12월 28일.
- 김쌍주. 2016. 한국무역 70년의 발자취. 선데이저널. 8월 10일.
- 빈난새. 2023. 비싼 전기료에 '발목'…獨 전기차·배터리 공장 해외로 이탈. 한국경제. 10월 18일.
- 산업통상자원부. 2024. 소형모듈원전(SMR), 미래 에너지시장의 '게임체인저'가 눈앞에. 보도자료. 2월 1일.
- 산업통상자원부·국토교통부. 2023. 첨단산업 생태계 구축을 위한 15개 국가첨단산업단지 조성. 보도참고자료. 3월 15일.
- 삼일PwC경영연구원. 2023. 2024년 주목해야 할 산업. Samil Insight. 12월.
- 유지한. 2024. '1000큐비트' 수퍼컴급 IBM 양자컴퓨터, 부산에 들어온다. 조선일보. 1월 31일.
- 이진한. 2023. "한국 전기료 너무 저렴하다"…미국 정부의 뜬금 저격 왜?. 매일경제. 10월 6일.
- 전국경제인연합회. 2023. 통계로 보는 대한민국의 국제적 위상 현주소. 보도자료. 5월 18일.
- 조장옥·김숙영. 2012. 한국 경제의 구조변화 원인과 효과 분석. 국회예산처 정책연구.
- 채인택. 2018. [남기고 싶은 이야기] 전력 92% 보유 北, 1948년 5월 갑자기 전기를 끊었다. 중앙일보. 10월 1일.

주

1 기록으로 보는 경제개발5개년계획

　https://theme.archives.go.kr/next/economicDevelopment/primary.do

2 국가기록원. 대한민국 경제성장의 원동력 산업단지개발.

　https://theme.archives.go.kr/next/industry/delegate1960B.do

3 디지털구미문화대전. https://www.grandculture.net/gumi/toc/GC01202965

4 '한국민족문화대백과사전. 전력 산업'를 토대로 작성하였음

　https://encykorea.aks.ac.kr/Article/E0068410

5 김현민. 2020. 목재부족에 시달린 영국, 석탄활용 기술 개발. 아틀라스, 9월 2일

6 김현민. 2020. 목재부족에 시달린 영국, 석탄활용 기술 개발. 아틀라스, 9월 2일

7 법제처 국가법령정보센터. 「국가첨단전략산업 특화단지 지정 등에 관한 운영지침」

8 산업통상자원부. 2024. 첨단전략산업 특화단지별 맞춤형 지원전략 마련. 보도자료, 3월 27일.

9 피재윤. 2023. 안동시 바이오생명 국가산단 후보지 선정. 사업비 3579억원 투입 2030년 준공 목표…

　8조 6천억 생산 효과…3만여 명 고용창출. 영남일보, 11월 15일.

10 이상욱. 2023. SMR 국가산단 유치 '세계 원전수출시장 선점' 발판 마련. 경주신문, 4월 5일.

11 스토리울진. 2024. 원자력수소국가산단 '울진소멸' 막는다. 4월 2일.

12 이안성. 2024. 구미시, 반도체 산업 교류 활성화 및 특화단지 연계사업 추진에 박차.

　구미일보, 5월 23일.

13 조대인. 2024. 항이차전지 특화단지에 12조1000억원 투입. 에너지신문, 1월 19일.

14 산업통산자원부. 2024. 정부, 지자체 함께 노후 산업단지를 첨단산업 혁신거점으로 확 바꾼다.

　보도자료, 4월 29일.

제4장

·

지방시대의
지역소멸 대응

양오석

강원대학교 경영회계학부 교수

인구감소와 고령화 문제는 지방소멸을 초래하는 필요조건일 뿐 충분조건은 아니다. 경북의 경우 출생률과 외국인 유치 수준이 대한민국 평균 이상을 유지하고 있어 저출생과 외국인 유치 실패가 지방소멸을 위협하는 것은 아니다. 오히려 청년들이 공감하고 참여할 수 있는 '생활정치' 시스템을 열어주는 지자체의 손길 위에 저출생 문제가 해결되고, 고급 외국인 인력을 유치함으로써 4차 산업혁명시대를 맞아 경북의 산업구조를 고도화하는 전략이 필요하다.

제1절 서론

지방소멸을 초래하는 요인에 대한 연구는 오늘날 인구 문제에서 경제 문제로 패러다임이 전환되고 있다. 지방소멸 위기를 유발하는 요인으로는 다양한 요소들이 거론되고 있다. 인구감소, 고령화, 공간분포 변화, 농촌지역 문제, 지방자치 등 다양한 요소들을 지방소멸 요인과 연계하여 인과관계를 분석하는 것이 일반적 추세이다. 일부에서는 사회통합, 사회적 자본 등 연성적 차원에서 지방소멸 요인을 고찰하는 연구집단도 존재한다.

전통적 방식과 달리 최근에는 인구감소와 고령화 문제를 대신하여 경제활동 요소에 주목하는 추세로 전환되고 있다. 인구의 '재생산력'에 관심을 두고 20세~39세 여성에 초점을 둔 마스다 히로야(2014)의 견해와 동일한 맥락에서 고용노동부, 이상화(2018), 원광희(2020) 등은 지방소멸 위험지수를 20세~39세 여성인구/65세 이상 인구 비율로 측정하였다. 인구감소와 고령화 문제를 지방소멸의 주요 요인으로 인식하던 시대를 지나 최근에는 경제활동 관련 요소들을 포함하여 지방소멸의 원인을 고찰하려는 노력들이 대두되고 있다. 국토연구원(2018)은 인구구조, 경제구조, 공간구조 등 세 가지 측면에서 지방소멸을 초래하는 원인을 연구하였고, 산업연구원 (2022)은 1인당 경상연구개발비, 전산업 다양성 지수, 지식산업 사업체 비율, 종사자 수(천 명당 종사자수, 1인당 GRDP, 인구증감률) 등 4개 부문으로 측정하였다. 이렇듯 지역재생, 메가시티, 지역사회 기반 평생교육의 기능, 지역재투자법 등 물리적 환경과 제도 변화를 통해 지방소멸 문제를 극복할 수 있다는 견해와 사회적 경제 활성화를 통해 지방소멸 문제를 극복할 수 있다는 견해 등 다양한 견해가 상존한다.

상기 다양한 관점에서 이루어지고 있는 지방소멸 요인 연구에도 불구하고 저출산과 외국인 유치가 지방소멸의 해결책으로 충분한지 그 여부는 불확실하다. 경상북도의 경우 인구 수준과 지방소멸 위험지수가 타 시도에 비해 양호한 편이다. 시도별 인구는 경북의 경우 2024년 기준 6위에 위치해 있으며, 2,606,137명이라는 수치를 기록하고 있다. 경상북도는 지방소멸 위험지수 자체가 0.857(2022년)로 전라남도(0.783)를 제외하면 다른 자치도보다 수치가 낮은 편이다.

[표 1] 지방소멸 위험지수

- 소멸위험 매우 낮음(1.5 이상)
- 소멸위험 보통(1.0~1.5 미만)
- 주의단계(0.5~1.0 미만)
- 소멸위험지역(소멸위험 진입 단계 0.2~0.5 미만)
- 소멸고위험 지역(0.2 미만)

자료원 : 균형발전 종합정보시스템(2024), 인구감소대응.

경상북도의 경우 인구감소와 지방소멸 위험지수 간 연계성이 약한 것으로 추정된다. 2023년 전국 합계출산율은 0.72로 2022년 대비 0.058만큼 감소하였고, 경북의 합계출산율은 2023년 0.86으로 전국(0.72)과 비교해 보았을 때 더 높은 수치를 기록하였지만 합계출산율은 계속하여 감소하고 있는 양상이다(2022년의 합계출산율의 경우 0.93으로 0.07만큼 감소).

[그림 1] 지역별 등록외국인 수

자료원 : 법무부 「출입국자및체류외국인통계」(2024) 자료를 사용하여 필자가 재구성

한편 경상북도의 경우 외국인 유치와 지방소멸 위험지수 간 연계성도 약한 것으로 추정된다. 2024년 3월 말 현재 경상북도 등록 외국인은 68,254명, 전년동기 대비 9,916명(16.99%) 증가, 도내 총인구의 2.61% 차지하였다. 또한 2022년 기준 타 시도에 비해 평균 수준을 소폭 상회하는 상태이며, 외국인 95.1%로 외국인 생산가능인구 비율이 높은 편이다.

이상과 같이 저출산과 외국인 유치 수준이 지방소멸 위험지수와 갖는 낮은 연계성을 고려하자면 경상북도 사례를 통해 저출산, 외국인 유치와 지방소멸 간 인과관계를 밝히고 바람직한 해결책을 제안할 필요가 있다. 이에 본 장에서는 경상북도 사례를 중심으로 저출산 현황과 외국인 유치 상황을 타시도와 그 수준을 비교하고 저출산-외국인유치-지방소멸 간 관계를 확인하는 한편 해당 부문 국내외 정책 사례를 검토하고 주요 특성과 성과를 고찰하고자 한다. 또한 일련의 비교검토를 통해 궁극적으로 도출된 주요 발견으로부터 정책제언을 제시하고자 한다.

[표 2] 출신 국가별 등록외국인 지역별 현황(2024년 3월말 기준) (단위 : 천 명)

시도	합계	조선족 중국인	베트남	중국	네팔	우즈베키스탄	캄디보아	인도네시아	필리핀
합계	1374.3	241.4	231.4	208.1	63.7	56.4	55.8	52.9	50.4
경기	435	115.5	45.4	61.8	21.4	15.9	19.5	9.5	18.2
경남	93.6	4.5	23.1	5.6	6.3	6.9	6.5	9.3	4.1
경북	68.3	2.8	21.2	6.3	4.1	4.3	3.8	5.6	2.9
광주	25.6	1	7.3	3.9	0.5	1.9	1.6	0.7	0.9
대구	33.7	1.4	9.7	4	0.9	1.4	1.1	1.8	1.7
대전	24.1	1.1	8.3	4.3	0.4	0.8	0.4	0.6	0.6
부산	50.2	1.8	13.7	8	1.8	2.1	1.4	3.7	2.3
서울	250.7	68.9	24.3	63.1	2.5	3.5	1	1.8	3.5
세종	5.8	0.6	1.1	1.1	0.3	0.2	0.3	0.2	0.2
울산	24.8	3.7	5.5	2.3	0.8	1.2	1.1	1.4	1.4
인천	83.7	19	9.3	12.4	1.8	3.7	1.3	2.2	2.8
전남	50.4	1.5	14.8	4.1	3.8	2.1	3.6	4.8	3.3
전북	0.1	0	0	0	0	0	0	0	0
제주	26.1	1.4	4	9.2	1.5	0.1	0.5	3.4	0.7
충남	86.9	10.8	17	8.3	7.4	5.3	6.5	3.6	2.9
충북	50.4	4.8	7.9	5.3	4.8	3.9	3.2	1.7	2.4
강원	24	1.2	6.2	2.9	2.4	1	1.1	1.2	1
전북	40.7	1.5	12.6	5.5	3	2	3	1.4	1.5

시도	미얀마	타이	몽골	미국	스리랑카	일본	방글라데시	카자흐스탄	러시아
합계	43.3	41.3	33.4	32.9	30.2	26.7	24.3	20.3	20.2
경기	18	17.1	9.7	10.9	7.3	6.4	12.3	6.2	5.4
경남	3.5	2.9	0.9	0.9	4.9	1.2	1.7	1.3	1.4
경북	1.8	2	1.2	1	2.3	0.7	1.1	1.2	0.6
광주	0.7	0.6	0.7	0.3	0.5	0.4	0.2	1.2	0.7
대구	0.8	0.7	1	1.7	1.1	0.7	0.6	0.3	0.5
대전	0.2	0.5	0.9	0.6	0.2	0.4	0.5	0.3	0.4
부산	2	0.7	0.6	1.4	0.9	1.4	0.8	0.3	1.3
서울	2.4	2.6	9.5	10.9	0.3	9.7	0.9	1.3	3.2
세종	0.3	0.3	0	0.1	0.1	0.1	0.1	0.2	0.1
울산	0.8	0.9	0.3	0.2	1.8	0.3	0.4	0.3	0.4
인천	4.1	2.4	2.6	1.4	0.9	1.4	1.5	2.7	2
전남	1.2	1.8	0.6	0.2	3.4	0.8	0.5	0.2	0.4
전북	0	0	0	0.1	0	0	0	0	0
제주	0.3	0.2	0.2	0.7	0.9	0.3	0.1	0	0.1
충남	3.6	3.9	1.4	1.9	1.9	1.3	1.1	3.2	1.5
충북	1.7	2.4	1.7	0.3	2.1	0.5	1.2	1.1	1
강원	0.4	1.2	0.6	0.4	0.3	0.6	0.4	0.2	0.9
전북	1.5	1.1	1.1	0.4	1.2	0.7	0.9	0.2	0.4

자료원 : 법무부, 등록외국인 지역별 현황 (2024년 3월말 기준)

제2절 현황 및 국내외 정책 동향

1. 저출생 현황 조사 : 경북 중심

1) 경상북도 인구 통계 (2024년 1분기 기준)

경상북도 인구는 총인구는 하락세를 보이는 반면 외국인 인구는 증가하는 상반된 모습을 보이고 있다. 2024년 3월 말 현재 경상북도 총인구는 2,615,214명이며 전년동기대비 총인구는 36,334명 (-1.37%) 감소하였고 전분기대비 6,135명(-0.23%) 감소하였다.

[그림 2] 경상북도 총인구 변화

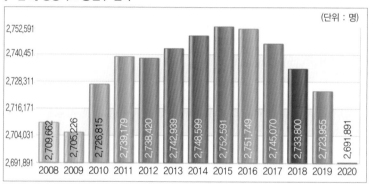

자료원 : 경상북도 통계포털(2024)
https://www.gb.go.kr/open_content/stat/page2.jsp?LARGE_CODE=870&MEDIUM_CODE=10&SMALL_CODE=10&URL=/open_content/stat/pages/sub1_s1.jsp&SMALL_CODE2=10&SMALL_CODE3=1

내국인 세대의 경우 총 1,286,272세대이며 내국인 세대당 인구 1.98명을 기록하였다. 내국인 인구는 2,546,960명으로 전년동기대비 46,250명(-1.78%) 감소하였고, 전분기대비 7,364명

(−0.29%) 감소하였다. 외국인 인구의 경우 68,254명으로, 전년 동기대비 9,916명(16.99%)이 증가하였고 전분기대비 1,229명 (1.83%) 증가하였다.

[그림 3] 경상북도 외국인 인구 변화

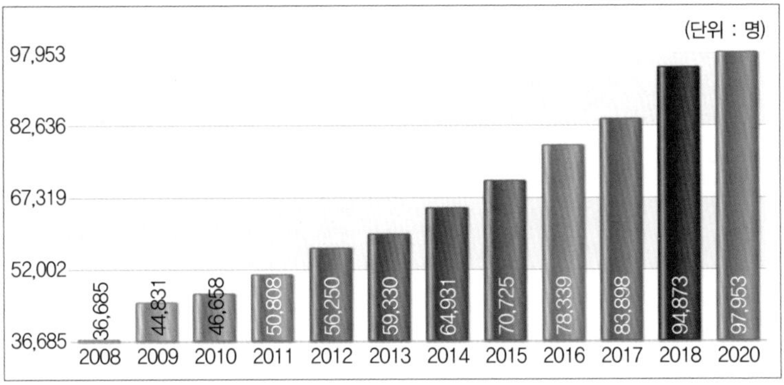

자료원 : 경상북도 통계포털 (2024)
https://www.gb.go.kr/open_content/stat/page2.jsp?LARGE_CODE=870&MEDIUM_CODE=10&SMALL_CODE=10&URL=/open_content/stat/pages/sub1_s1.jsp&SMALL_CODE2=10&SMALL_CODE3=1

2) 경상북도 연령별 인구 현황(내국인과 외국인의 비교)

경상북도 연령별 인구 구성의 특징은 내국인보다 외국인 생산가능인구 비율이 더 높다는 사실과 외국인보다 내국인 고령자 비율이 높다는 것이다. 2024년 3월 말 현재 도내 연령별 인구 중 생산가능인구 비율은 65.6%를 기록하였다. 이는 전국 생산가능인구 비율(69.8%)을 소폭 하회하는 수준이다. 또한 내국인 64.9%, 외국인 95.1%로 외국인 생산가능인구 비율이 높은 결과가 나왔다. 생산가능인구 비율이 높은 시·군은 구미시(74.3%), 칠곡군(69.8%), 경산시(69.7%) 순으로 나타났다.

[그림 4] 경북 시·군별 인구현황(2024)

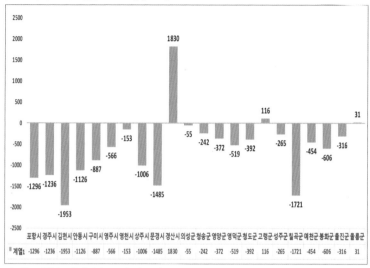

자료원 : 경상북도 홈페이지 보도자료 (2024)
https://gb.go.kr/Sub/open_contents/section/datastat/page.do?mnu_uid=7877&-
dept_code=&dept_name=&BD_CODE=kb_jumin&bdName=&cmd=2&Start=0&B_NU-
M=260357901&B_STEP=260357900&B_LEVEL=0&key=0&word=&p1=0&p2=0&V_
NUM=231&tbbscode1=kb_jumin

한편 2024년 3월 말 현재 도내 연령별 인구 중 고령자 비율은 24.4%로 전국 고령자 비율(19.2%)을 소폭 상회하는 수준을 보이고 있다. 또한 내국인 25.1%, 외국인 1.2%로 65세 이상 고령자 비율이 높다. 도내 22개 시·군 전체가 고령화사회로 분류되었다. 경북의 노인인구 비율이 높은 시·군은 의성군(46.0%), 청도군(42.6%), 청송군(42.3%) 순으로 나타났다. 초고령사회에 포함되는 시·군은 총 19개로 포항시, 경주시, 김천시, 안동시, 영주시, 영천시, 상주시, 문경시, 의성군, 청송군, 영양군, 영덕군, 청도군, 고령군, 성주군, 예천군, 봉화군, 울진군, 울릉군 등이 있다. 고령사회

에 포함되는 시·군은 총 2개로 경산시와 칠곡군이 해당되며, 고령
화사회에는 구미시가 포함된다.

[그림 5] 내국인 인구비중(연령별)

자료원 : 경북 통계청 홈페이지 보도자료(2024)

[그림 6] 외국인 인구비중(연령별)

자료원 : 경북 통계청 홈페이지 보도자료(2024)

3) 저출산과 인구감소

일반화 수준을 더 엄밀히 검토해야겠지만 흔히 말하자면 지방소
멸은 인구감소와 연관이 있어 보인다. 현재 우리나라는 수도권 집
중화에 따라 인구감소가 빠르게 진행되는 지역들이 많아지고 있다.
인구 감소 시대에 진입하면서 인구이동으로 인한 수도권 집중 현
상, 지방의 인구감소로 지방이 소멸될 위기에 처한 것이다. 인구감
소는 지역에 큰 위기를 가져올 수 있다. 일자리 감소와 청년인구 감
소, 공장의 폐쇄와 상품 수요의 감소로 경제뿐만 아니라 생활에서
도 큰 영향을 끼친다.

2023년 대한민국 생산연령인구 15세~64세의 비율은 70.2%
로 꾸준히 감소해 오고 있다. 이에 비해 고령인구는 증가하는 추세
를 보인다. 노령화지수도 유소년인구 100명당 165.4의 수치에서

181.2로 상승했음을 알 수 있다. 2072년 미래에는 노령화지수가 726.8까지 다다를 것으로 예상되며, 생산연령인구 45.8%, 고령인구 65세 이상의 비율이 47.7%까지 오를 것이라 예측되고 있다.

[그림 7] 경상북도 연도별 합계출산율

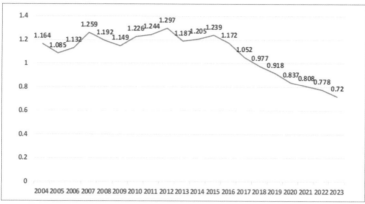

자료원 : KOSIS 국가통계포털 보도자료(2024)

[그림 8] 경상북도 연도별 합계출산율 전국 비교

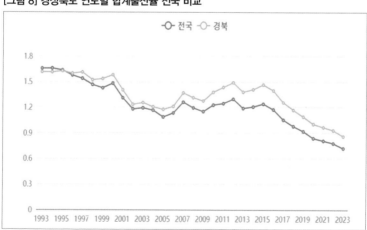

자료원 : KOSIS 국가통계포털 보도자료(2024)

지방소멸의 원인 중 하나인 저출산은 현재 심각한 문제로 나타나고 있다. 2023년의 전국의 합계출산율(명)은 0.72로 2022년 대비 0.058만큼 감소하였다. 경북의 합계출산율(명)은 2023년 0.86으로 2022년 대비 0.07만큼 감소하였고, 전국(0.72)과 비교해 보았을 때 유사한 양상을 보이지만 상회하는 수치를 기록하였다.

지난 50년 동안 진행된 대한민국 인구변화의 특성을 정리하자면 한마디로 수도권으로의 집중이다. 1970년대부터 1980년대에는 서울로의 대규모 이동이 나타났으며 1980년대부터 1990년대의 경우에는 서울에서 경기도로의 이동을 포함한 수도권으로의 이동이 크게 늘어난 것으로 나타났다. 2000년대 이후에는 이전만큼 큰 이동은 아니지만 여전히 위성도시 및 수도권으로의 인구이동이 지속되고 있다. 특히 경북을 포함한 영남권의 경우 1970년대부터 현재까지 지속적인 수도권 유출이 나타나고 있다.

[그림 9]는 2022년 경북의 연령대별 이동 현황을 보여주고 있

[그림 9] 시도별 순이동률

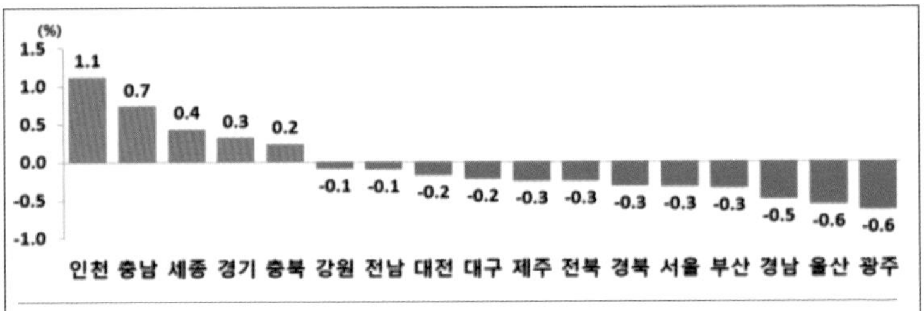

주1) 순이동 : 전입과 전출의 차이
주2) 이동률 : 주민등록인구(거주자) 100명당 이동자 수
주3) (+)는 인구의 순유입, (−)는 인구의 순유출을 의미

자료원 : 통계청 보도자료(2024)

다. 2022년의 순유출자 수치는 20대의 경우 9,903명, 10대 미만의 경우 1,915명, 30대는 1,880명 순서를 보여주었다. 과거인 2012년과 비교해 보면 20대의 순유출자가 2,761명 증가한 것으로 나타났다. 2022년의 순유입자 수는 60대의 경우 3,652명, 50대의 경우 3,517명, 70세 이상이 318명 순으로 나타났다. 2012년보다 60대의 순유입자 수는 1,988명 증가한 것이다.

2022년 경북은 20대의 순유출이 가장 크며, 여자는 5,110명,

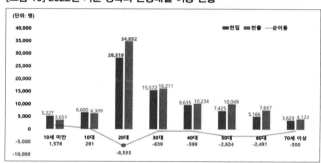

[그림 10] 2022년 기준 경북의 연령대별 이동 현황

자료원 : 동북지방통계청 보도자료(2023)

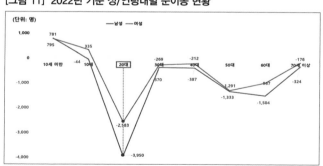

[그림 11] 2022년 기준 성/연령대별 순이동 현황

자료원 : 동북지방통계청 보도자료(2023)

남자는 2,556명으로 나타났다. 연령대별 순유출 1위인 20대는 경북의 전체 순유출보다 1.3배 많다. 특히 20~24세 여성의 순유출이 가장 많다. 동북지방통계청이 2022년 조사한 인구이동 현황 및 사유 분석에 따르면, 2022년 전입 사유는 직업이 36.4%, 가족이 26.7%, 주택이 13%, 교육이 8.2% 순서로 나타났다. 또한 전출 사유는 직업이 39.6%, 가족이 24.9%, 주택이 13.4%, 교육이 11.6% 순서로 나타났다. 2022년 기준 경북의 인구유출 요인분석 결과 2021년 경북의 인구 천 명당 사업체 수는 약 125개(총계 : 329)로 전국보다 6.0개, 수도권보다 9.9개 많다는 결과가 있다. 또한 인구 천 명당 종사자수는 471.1명으로 전국(485.7명)보다 14.6명, 수도권(504.0명)보다 32.9명 적은 수치를 보였다. 즉 경북은 인구 천 명당 사업체 수는 수도권과 비교하였을 때 많지만 인구 천 명당 종사자 수는 적은 편에 속한다. 2022년 경북의 고용률은 62.9%로 전국과 비교하였을 때 0.8% 높았으며, 수도권과 비교하면 0.4% 높은 수치를 보였다. 하지만 순유출이 가장 큰 20대의 고용률은 55.9%로 전국보다 4.5%, 수도권보다 8.4% 낮았다.

[표 3] 경상북도 연도별 합계출산율 (단위 : 천개, 천명, 개, 명, %)

구분		전체 사업체		본사	
		총계(a)	인구천명당	총계(b)	본사비중(b/a)
사업체수	전국	6,080	118.4	85	1.4
	수도권	2,978	115.5	50	1.7
	경북	329	125.4	3	0.9
종사자수	전국	24,932	485.7	3,209	12.9
	수도권	12,989	504.0	2,070	15.9
	경북	1,234	471.1	111	9.0

자료원 : 동북지방통계청 보도자료(2023)

4) 소멸위험과 출생률/사망률의 관계

단순히 수치만을 비교해 보았을 때 소멸위험이 높은 지역일수록 출생률은 낮으며 사망률은 높다는 결과가 나타났다. 조출생률의 경우 소멸고위험지역이 정상지역보다 절반이나 낮은 반면, 조사망률의 경우 소멸고위험지역이 정상지역보다 3배 이상 높다는 결과가 나왔다. 하지만 합계출산율의 경우 소멸고위험지역이 더 높게 나타났다. 조출생률은 지역 내 젊은 여성 인구의 비중에 영향을 받지만, 합계출산율은 젊은 여성인구 비중이 적더라도 지역에 정착하여 출산한 여성 비중이 높으면 증가한다. 따라서 합계출산율을 올리기 위한 저출산 정책을 시행하기보다는, 20대의 유입이 많도록 하는 청년층 중심의 저출산 정책을 시행해야 할 필요가 있다.

[그림 12] 지방소멸과 조출생률/조사망률의 관계

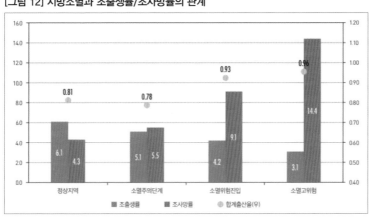

자료원 : 한국고용정보원 보도자료(2023)

5) 경북의 특징과 문제점

2022년 기준 연령대별 이동 현황과 2022년 기준 성별 및 연령대별 순이동 현황을 분석하여 보았을 때, 순유출자의 수치는 20대가 가장 높은 것으로 나타났다. 주된 순유출 사유는 직업, 교육, 주택 순이다. 이동에 대한 사유로는 직업이 가장 큰 비중을 차지하였으며, 순유출이 가장 컸던 20대의 고용률은 55.9%로 전국 및 수도권과 비교하였을 때 수치가 낮음을 알 수 있다. 해당 연도에 시행했던 직업선택 요인 통계 결과, 경북은 41.3%로 수입이 가장 높은 직업선택의 동기인 것으로 나왔으며, 이는 전국(38.7%) 및 수도권(39.0%) 수준을 상회하는 수치이다. 즉 경북은 현재 직업으로 인한 20대 청년들의 유출이 많으며 가장 큰 이유는 일자리 때문인 것으로 해석된다. 현재 경북은 고용률 감소와 더불어 20대의 고용률 수치가 점점 낮아지는 추세이다.

[표 4] 경상북도 인구이동 현황 및 사유 분석

- 경북의 인구는 '12년부터 '22년까지 11년간 총 52,125명 순유출됨
- 순유출 지역은 서울, 경기, 충남 순으로, 수도권이 전체 순유출의 88.4% 차지
- 연령대별 순유출 1위는 20대로 경북 전체 순유출보다 1.3배 많음
- 특히, 20~24세 여자의 순유출이 100명 중 7명꼴로 가장 많음
- 주된 순유출 사유는 직업, 교육, 주택 순
- 인구 유출요인은 본사 비중, 고용률, 근로소득(수도권의 66%)이 낮기 때문

자료원 : 동북지방통계청 보도자료(2023)

2. 외국인 유치 현황 조사 : 경북 중심

1) 전국 및 경북 외국인 유치 현황

전국 외국인 유치는 Covid-19 위기를 전후로 대체로 증가 추세를 보이고 있다. 전국 인구수 51,325,329명 중 현재 체류 외국인은 2,507,584명이다. 전체 인구 대비 체류 외국인 비율은 코로나의 영향으로 2019년 4.87%에서 2021년 3.79%까지 감소하였다가 2022년 4.37%, 2023년 4.89%로 증가하였다. 계속해서 증가하는 추세를 보이고 있으며 국적별로 나누어 보면 한국계 중국인을 포함한 중국이 37.6%(942,395명)로 가장 많으며, 베트남 10.8%(271,712명), 태국 8.1%(202,121명), 미국 6.5%(161,895명), 우즈베키스탄 3.5%(87,698명) 순서를 기록하였다. 현재 우리나라에 거주하고 있는 한국 국적을 가지지 않은 사람들은 총 1,752,346명이며, 그 중 외국인 근로자는 403,139로 약 23%를 차지하고 있다. 결혼이민자의 경우 175,756명으로 약 10%, 유학생의 경우 189,397명으로 약 10%, 외국 국적 동포의 경우 397,581명으로 22%, 그 외는 기타 외국인에 포함되고 있다.

경북의 경우 결혼이민자를 제외하고 모두 전년 대비 증가하는 추세를 보이고 있다. 현재 거주하고 있는 한국 국적을 가지지 않은 외국인은 총 78,148명이다. 주로 20세~29세(24,809명), 30대~39세(25,652명)가 큰 비중을 차지하고 있다. 그 중 외국인 근로자는 22,962명으로 약 29%를 차지하고 있으며, 결혼 이민자는 7,757명으로 약 9%, 유학생의 경우 11,275명으로 약 14%를 기록하였다. 외국국적동포는 7,869명(약 10%)이며 그 외는 기타 외국인에 포함되고 있다.

[그림 13] 전국 외국인 주민 현황

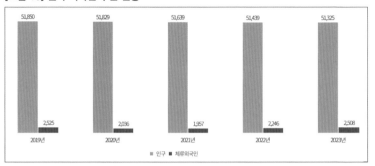

	2019년	2020년	2021년	2022년	2023년
인구	51,850	51,829	51,639	51,439	51,325
체류외국인	2,525	2,036	1,957	2,246	2,508

자료원 : 통계청 보도자료(2024)

[표 5] 외국인 체류자격별 현황(2024. 3월 말) (단위 : 명, %)

구분	합계	구성비	남	구성비	여	구성비
합계	68254	100	44458	65.14	23796	34.86
문화예술	1	0	0	0	1	0
유학	8422	12.34	4774	10.74	3648	15.33
기술연수	67	0.1	46	0.1	21	0.09
일반연수	5628	8.25	3485	7.84	2143	9.01
취재	0	0	0	0	0	0
종교	61	0.09	43	0.1	18	0.08
주재	7	0.01	7	0.02	0	0
기업투자	171	0.25	147	0.33	24	0.1
무역경영	394	0.58	381	0.86	13	0.05
구직	1236	1.81	605	1.36	631	2.65
계절근로	1283	1.88	729	1.64	554	2.33
교수	247	0.36	194	0.44	53	0.22
회화강사	433	0.63	177	0.4	256	1.08
연구	215	0.31	173	0.39	42	0.18
기술지도	3	0	3	0.01	0	0
전문직업	0	0	0	0	0	0
예술흥행	119	0.17	26	0.06	93	0.39
특정활동	1721	2.52	1631	3.67	90	0.38
비전문취업	21165	31.01	19366	43.56	1799	7.56

선원취업	3214	4.71	3214	7.523	0	0
방문동거	5516	8.08	2244	5.05	3272	13.75
거주	1377	2.02	656	1.48	721	3.03
동반	1450	2.12	443	1	1007	4.23
영주	3134	4.59	1417	3.19	1717	7.22
결혼이민	7013	10.27	1020	2.29	5993	25.18
기타	2390	3.5	1834	4.13	556	2.34
관광취업	42	0.06	13	0.03	29	0.12
방문취업	1826	2.68	1030	2.32	796	3.35
기타	1119	1.64	800	1.8	319	1.34

출처: 법무부 출입국외국인정책본부 등록외국인 지역별 현황(2024)

2) 경북의 특징과 문제점

경북은 인구감소를 해결하고 유망인재 유입을 목표로 외국인 이민 정책을 실천하고 있다. 경북의 경우 2015년 이후 인구감소가 두드러지고 있으며 특히 청년인구의 감소 및 유출이 컸던 것으로 나타났다. 이와 함께 경제활동에 있어서 많은 문제가 나타나고 있다. 주목해야 할 점은 경북의 외국인 주민이 증가하고 있다는 점이다. 외국인의 수가 전국 17개 시도 중 6번째로 많으며 전국의 양상과 마찬가지로 외국인 근로자, 결혼이민자, 유학생의 비중이 크다.

경상북도는 인구감소에 대응하기 위해 외국인 기본정책을 수립하고 입국부터 영주·귀화까지 효율적인 체계를 구축하는 등 지원정책을 적극적으로 펼치고 있다. 예를 들어, 한국어와 한국 문화 등을 배울 수 있는 가칭 글로벌 한글학교를 설립하거나 지역 기업에 취업을 돕고 비자 업무를 대행하는 비자센터를 신설하였다.

여기서 주의할 점은 경북의 외국인 유치 수준이 타시도에 비해 높음에도 불구하고 외국인 체류자격 유형별로 살펴보면 불균형 문제가 발견된다는 사실이다. 1차 산업과 같은 분야에서 필요로 하는 외국인 단순 근로자들의 유치도 필요하지만, 경북의 산업구조에 맞는 역량과 기술을 갖춘 근로자를 유치하는 것이 중요하다. 산업별로 업종별로 발생하는 인력 수요를 충족시킬 수 있도록 외국인 유치 전략에서 체류 유형별 상세한 고민이 필요하고, 이에 걸맞는 제도 개편을 서둘어야 할 것이다. 단순히 입국절차 편의성을 해결하는 제도 개편은 현재 수요를 충족시킬 수 있는 활용(exploitation) 차원에서의 효과를 가져다 줄지라도 미래 발전 전략을 위한 탐색(exploration) 전략이 동시에 추진되어야 한다.

제3절 경북 정책의 특성과 내용

1. 저출산 정책의 특성과 내용

경상북도 저출산 대응 정책은 크게 두 가지 방향에서 전개되고 있다. 먼저 저출산 극복을 위한 로드맵을 마련하였다는 점이다. 저출산 극복 기본계획 수립 및 컨트롤 타워 구축 등의 노력이 이에 해당된다. 또한 출산과 보육 부담을 완화하여 경제적 지원 및 사회환경을 조성하고 여성폭력 근절 및 보호지원 체계를 강화하였다. 두 번째 특징은 1조 2천억 원 규모의 100대 사업을 추진하는 한편 정부와 협력하여 법 제도 개선을 모색하고 있다는 점이다.

경북은 결혼부터 돌봄까지 저출생 극복 대책을 본격적으로 시행하고자 하며, 20대 핵심과제에 모든 역량을 동원해 핵심과제를 포함한 100대 사업에 1조 2천억 원 예산을 단계적으로 투입할 계획이다. 정책 시행을 위해 정부와 국회에도 협조를 요청할 예정이며, 특히 정부에는 돌봄 시설 집적화와 규제 일괄 해소, 국가사업 대행 등을 위해 국가 저출산 극복 시범도시인 '돌봄 융합 특구 조성'과 함께 돌봄 사업 권한 이양, 예산 대폭 투입 등을 요청하고자 한다. 22대 국회(2024)에는 저출산 극복 특별법과 육아기 근로자 단축근무 의무화 등 출산을 가로막는 법과 제도 개선을 건의할 계획이다.

[표 6] 경북의 저출산 부문 지방소멸 대응 현황

- **저출산 극복을 위한 로드맵을 마련하겠습니다.**
  - 혁신적 대응체계 구축
    - 경상북도 저출산 극복 기본계획 수립, 컨트롤타워 구축(상설위원회 구성)
    - 시민단체, 종교계, 기업 등과 저출산 극복 사회연대회의 구성·운영
- **출산과 보육부담을 확 줄이겠습니다.**
  - 출산·보육 서비스 지원 강화
    - 출산축하쿠폰 지원(경북 농특산물 쇼핑몰에서 사용가능한 온라인 쿠폰 10만원)
    - 첫만남이용권 지원(출생 아동에 대한 200만원의 첫만남 이용권 지급)
    - 난임부부지원, 고위원 임산부 의료비 지원 등
    - 영유아 보육료 지원(39,713명), 가정양육수당(47,812명)
  - 일·가정 양립이 가능한 사회환경 조성
    - 아이돌보미 양성 및 돌봄서비스 제공(23개소, 119억원)
    - 공동육아 나눔터 운영(6개소, 2억원)
  - 어린이집 아이행복 도우미 지원
    - 2천명 정도, 급식 등 보조 인력 지원, 월 811천원/주 4시간
- **여성폭력 근절 및 보호지원 체계를 강화하겠습니다.**
  - 여성과 아동 안심환경 조성
    - 민·관·경 이동상담소 및 안전프로그램 운영
  - 피해 대응체계 강화
    - 여성긴급전화 1366 경북센터, 해바라기센터(3개소)
    - 가정·성폭력·성매매피해자 상담소(23개소), 피해자보호시설(6개소) 등

자료원 : 경북도청(2024), 저출산 대책, 경북도청 홈페이지

2. 외국인 유치 정책의 특성

경상북도는 선도적인 이민정책 추진으로 지역경제에 활력을 불어넣고 전세계적 우수인재 유치에 노력하고 있다. 안정적 정착에 초점을 맞춘 전주기적 지원을 통해 하나가 되는 글로벌 이주 허브를 구상하고 있다. 이민자 유입부터 안정적 정착까지 전 주기에 걸쳐 지원한다. 경북인재유치센터를 설치하여 입국 전부터 한국어 및 지역기업 맞춤형 기술교육을 강화하고, K-Social 교육과정, 현장 맞춤형 교육 시스템을 구축하고자 한다. 2022년 기준 도내 외국인 주민은 총 10만 4,564명으로 같은 해 경북 전체인구(262만 373명)의 약 4% 수준이다. 2011년의 경우 5만 808명으로 2배 넘게 증가한 것이다. 2022년 기준 도내에선 경주(1만 9,280명), 경산(1만 7,964명), 포항(1만 1,919명), 구미(9,715명) 등 산업단지가 밀집한 지역을 중심으로 외국인 근로자들이 집중 거주하고 있다. 경주·경산을 포함한 8개 시·군에서 전체 주민 중 외국인이 차지하는 비율이 5%를 훌쩍 넘었다.

경상북도 외국인 유치 대책의 핵심 주제는 '아시아 이주 허브' 도약을 강조하는 글로벌 인바운드라고 볼 수 있다. 전국 지방자치단체 가운데 최초로 외국인 유입부터 정착, 사회통합까지 아우르는 경북형 이민정책 기본계획을 발표하였다(2024. 04. 02.). 캐나다의 성공한 이민 정책인 '모자이크' 정책과 미국의 '샐러드볼 정책'처럼 경북을 아시아의 이주 허브로 조성하겠다는 구상이다. 현재 10만 명인 경북 내 외국인을 2030년까지 20만 명으로 늘리는 것이 목표다.

[표 7] 경상북도 이민정책 기본계획

■ **3대 전략**
- 글로벌 인재 유입을 통한 지역경제 활력 제고
- 지역사회 안정적 정착시스템 구축
- 상호 이해를 통한 경북형 개방사회 조성

■ **외국인 유학생 유치 → 숙련근로자 유입 → 취/창업 지원을 통한 정착 도모**

자료원 : 경북도청(2024), 저출산 대책. 경북도청 홈페이지.

[표 8] 경상북도 외국인 유치 정책 현황

유입	• R비자 제도 추진 : 이민자의 유입과 관련하여 지역 참여형 비자 제도인 광역비자 추진을 위한 대안으로 출입국관리법 시행령 개정 • 우수 인재 패스트트랙 확대 적용 : 경북형 초청장학생(K–GKS) 등 우수인재 트랙으로 들어오는 외국인에게 기존보다 빠르게 영주, 귀화할 수 있도록 확대 • 경북 인재 유치센터 설치 : 한국어 및 지역기업 취업 맞춤형 기술교육 등
유학	• K-Social 교육과정, 현장 맞춤형 교육 시스템 : 졸업과 동시에 취업과 정주가 이루어질 수 있는 시스템 구축 • 산업캠퍼스 실습인턴제 • 취업 인턴 마이크로디그리(세부학위)과정 : 지역주력 산업분야 전문인력 양성 프로그램
취 · 창업	• 외국인 전용 K–드림 워크넷 시스템 구축 • 글로벌 비즈니스 부트캠프 구축을 통한 창업 지원 • 농업인력뱅크 제도 시행을 통한 모범적 근로자의 유입 확대
정착	• 외국인 근로자 기숙사 조성 • 이민친화기업 기숙사 리모델링 지원 등 행복한 주거환경 조성 • 어린이집 보육료, 의료사각지대 해소를 위해 국민건강보험 가입 기간 미도래, 외국인의 통원 진료비 지원 예정
개방	• 경북글로벌 학당 권역별 운영 및 온라인 학습 시스템 구축 • 학위 · 자격증 취득지원 • 이주민의 자녀들에 대한 맞춤형 케어 프로그램 실시 예정 • 도민 인식 개선을 위한 교육과 캠페인 • 임직원 교육 • 개방사회 선행 학습 프로그램 진행 예정 • 경북형 ODA 사업을 전개 이민자의 권리와 책임 • 이민자 인권헌장 : 선주민 이민자의 융합 노력 등 규정

자료원 : 경북도청(2024), 저출산 대책. 경북도청 홈페이지.

또한 외국인 유치 정책의 아젠다로 '이민 모범도시 경북'을 내세우고 이를 위한 이미지 홍보와 이민청 유치에 전력 질주 하고 있다. 현금 및 현물 지원 등 공적개발원조(ODA)에서 '사람 중심 원조' 개념으로 전환하였으며 유학 등 해외 우수인재를 지역에서 양성하고 국내 정착 이후 본국으로 귀국할 때는 국가 발전에 이바지하는 '순환형 이주 제도'를 도입하였다. 전국에서 보수세가 가장 강한 경북 지역에 이민청을 수용하는 역발상 전략도 돋보인다. 이민청 설립 시 3천 개가 넘는 일자리 창출 및 3조 원대 경제유발 효과를 전망하고 있다.

제4절 결론 및 정책 제언

지금까지 우리는 경상북도의 저출산 및 외국인 유치 현황과 이들 두 가지 영역에서 이루어지고 있는 정책의 특징을 살펴보았다. 고찰 결과 발견된 사실로부터 다음과 같은 몇 가지 정책적 시사점을 도출할 수 있다.

1. 출산율 제고와 인구유입 유인을 위한 '투트랙' 전략

출산율 증가를 위한 지원 정책뿐만 아니라 인구 유출을 줄이고 유입을 늘릴 수 있는 인구이동 지원 정책을 동시에 추진하는 '투트랙 전략'이 필요하다. 출산율 차원에서 경상북도는 타 시도에 비교하여 뒤진 모습을 보이고 있지 않아 지방소멸의 요인으로 보기는 어려운 상황이다. 출산율에만 집중해 보았을 때, 경북의 합계출산율(2023)은 0.86명으로 전국의 합계출산율(0.72명)과 비교하면 조금 낮은 수치를 보이지만 유사한 양상을 보이고 있다. 출생아 수도 계속 감소하는 추세를 보이고 있지만 타 시도와 비교하여 보았을 때 큰 특징을 보이고 있지 않다. 오히려 인구 이동(유출)면에서 문제해결 방안을 함께 고려해 보아야 한다는 것을 알 수 있다.

출산 문제뿐만 아니라 인구이동(유출)을 줄이고, 유입을 늘릴 인구지원 정책도 함께 이루어지는 것이 중요하다. 2022년 기준 연령대별 이동 현황과 2022년 기준 성별 및 연령대별 순이동 현황을 분석하여 보았을 때, 순유출자의 수치는 20대가 가장 높은 것으로 나타났다. 주된 순유출 사유는 직업, 교육, 주택 순이었고, 인구이동의 사유로는 직업이 가장 큰 비중을 차지하였으며, 순유출이 가장 컸던 20대의 고용률은 55.9%로 전국 및 수도권과 비교하였을 때 수치가 낮음을 알 수 있다. 즉 20대의 인구이동을 막아 청년인구가 유지될 수 있도록 지원 정책을 강화해야 하며 이와 더불어 출산까지 이루어지도록 다각도의 접근이 필요하다. 기존에 이루어지고 있던 출산과 양육에 대한 국가 차원의 지원을 강화하는 동시에 고용 안정을 제고하고 청년층의 결혼과 가정생활에 대한 부담을 줄일 수 있는 주거 안정 확보 또한 중요하다.

울산의 경우 20대의 인구이동을 막기 위해 신혼부부 주거 지원 사업을 시행하고 있으며, 강원의 경우 육아 기본수당을 지급하고 있고, 전남은 공공산후조리원을 운영하고 있다. 해외의 경우 스웨

[표 9] 스웨덴과 비교

구분	한국	스웨덴
인구증가율(2017년)	0.4%	1.4%
합계출산율(2018년)	1.0명	1.8명
여성고용률(2018년)	57.2%	76.0%

[표 10] 스웨덴 저출산 대응 정책(스웨덴 보건사회부)

- 2013년 현재 스웨덴 국민의 약 50~55%가 사회보험청으로부터 약 200billion SEK(약 30조원) 규모의 각종 급여를 수급
  - 특히 가족 관련 지원은 72.7billion SEK(약 10.9조원)으로 스웨덴 저출산 정책의 근간
- 스웨덴 저출산 관련 가족 정책의 3대 축은 아동·가족 수당 및 부모보험, 양질의 아동 돌봄 서비스, 그리고 임신부 지원, 아동지원, 의료보험, 교육 등을 포함하는 공공 서비스로 이뤄져 있음
- 스웨덴 사회보험은 자녀를 둔 가족의 재정적 안정을 위하여 가족 단위가 아닌 개인별 소득 및 특성에 근거한 지급을 원칙으로 지급되며, 개인 분담금 및 세금으로 재원 조달
- 가족 지원 정책의 목적 : △자녀 가족 경제적 지원을 통한 삶의 질 개선 △무자녀 가족과의 경제적 격차 해소 △양성평등적 부모 관계 기여
  - 가족 내 양성평등 역할 실현은 스웨덴 저출산 정책의 핵심적 특징
  - 부부 가사 분담률 개선 차원을 넘어, 여성의 경제활동 보장을 통한 유자녀 가족 경제 상황 개선 및 출산 기피 방지 등 중층적 목표 추구
- 다양한 종류의 가족 지원이 존재 : △보편적으로 자녀 수당과 입양 수당* 지급 △사회보험으로 부모보험, 긴급 부모수당(자녀가 아플 경우), 임신수당 등 △그 외에도 주택수당, 양성평등을 위한 추가 지원 등 * 자녀 양육과 관련된 수당들은 다시 연금에 반영
  - 자녀 수당 : 1인당 1,050 SEK(약 15.5만원)이 16세까지 매월 지급되며, 18세까지도 같은 금액이 다른 명목의 수당으로 지급. 2자녀 이상의 가족에는 추가 지원
  - 보편적 자녀 수당의 지급은 스웨덴의 사회보장 시스템에 대한 국민적 지지를 이끌어내는 근간으로 작용
- 비싼 주거 비용이 젊은층의 결혼 기피의 한 원인으로 지목되기도 하는데 스웨덴의 경우는?
  - 사회보장의 일부로 생활비 보조의 측면에서 주택보조금이 존재하며, 임금수준, 임대료 수준, 주택 규모, 주거비, 자녀수 등을 종합적으로 고려하여 차등적으로 지급
  - 신혼부부 대상 지원이 과거에는 존재하였으나, 현재 주택 보조금의 75%는 노인 일인 가구 지원에 투여되고 있으며, 취약 청년커플인 경우에는 40% 이상 지원 수급도 가능
  - 초산 연령이 늦어지면서 신혼부부의 소득수준은 향상되고 있으며, 신혼부부 주거부담은 그리 크지 않아 저출산의 요인으로 작용한다고 보기 어려움

자료원 : 주 스웨덴대사관(2015)

덴은 단순 보조금 지급이 아닌 보육과 노동 참여에서 양성평등 정책을 시행하고 있다. 스웨덴은 1930년대 이후 저출산 문제를 해결하고자 여성의 사회 참여를 촉진하였으며 출산과 양육에 대한 국가적 지원을 강화함으로써 출산율을 높이는 데 성공하였다. 스웨덴 정부는 양육비 지원, 보육 서비스, 육아휴직 등 포괄적이고 종합적인 지원정책을 장기간 시행해 왔으며 단순히 출산 문제뿐만 아니라 개인과 가족이 겪을 수 있는 여러 사회적 경제적 갈등을 줄이는 데에 기여하였다. 뿐만 아니라 고용 안정성을 강화하였고 일과 생활의 균형을 이루도록 청년들에게 좋은 환경을 제공하고자 한다. 즉 스웨덴은 여성의 높은 경제활동 참여율을 유지하면서도 출산율을 높일 수 있다는 것을 보여준 성공적 사례로 이야기된다(곽정수, 2019).

2. 청년 출산 지원 및 '청년 생활정치'를 위한 인프라 구축

저출산과 지방소멸 문제는 청년들에게 기회를 제공하는 지원정책으로 출발하여 사회통합 차원에서 '청년 생활정치'의 근본적 문제를 재검토할 필요가 있다. 그동안 지방소멸 위기를 유발하는 요인으로 청년 문제에 주목해 왔으나 대부분 정주여건을 주요 요인으로 인지하는 실수를 지속해왔다. 청년의 지방이탈 문제가 심각해지면서 대부분 지자체들이나 정부의 요인분석은 정주여건에 초점을 두고 이루어졌다. 정주여건 가운데 문화시설 부족과 교육시설 부족,

그리고 양질의 일자리 부족을 핵심 문제로 지적하였다.

정주여건 개선이나 양질의 일자리 문제를 거론하는 일차원적 논의 외에 사회통합 차원에서 '청년 생활정치'를 위한 인프라 구축이 필요하다. 사회통합은 종교, 문화, 인종 등 다양한 차이를 극복하고 공동체 의식을 형성하는 것을 의미하는 일차적 개념으로 다양한 사회 구성원들 간의 다양성을 포용하는 것을 뜻한다. 한편 포용의 범위를 넘어 참여 관점에서 사회통합은 다양한 개인 또는 집단이 사회 및 정치참여를 통해 공동체에 참여하고 상호작용하는 이차적 개념으로 확대된다. 이 글은 공동체 참여를 통해 개인과 집단이 사회 이슈를 함께 토론하고 문제점을 인식하며 상호작용을 통해 공유된 가치를 탐색하고 유지 및 지속, 나아가 발전시키는 사회통합의 이차적 개념에 주목한다.

생활정치는 기존의 정치와는 다른 새로운 형식의 정치로써 내 삶의 경험이나 의식과 분리되지 않은 정치구조를 만드는 것으로 삶 자체를 정치적으로 재구성한다는 의미를 담고 있다(하승우, 2011). '청년 생활정치'란 청년이 주체가 되는 생활 정치를 말하며, 현재 청년정책의 범위가 확장되고 점차 청년 주체 스스로 자신들의 문제를 해결하기 위한 움직임이 확산되고 있다(이윤주, 2019). 청년의 생활정치란 청년의 참여확대, 소통, 공감에 해당하는 정치적·경제적 관심을 위한 생활 속에서의 활동으로 정의할 수 있다. 일반적인 정주여건보다 정치 및 경제생활에서 청년들의 참여가 확대되는 제도적 마련이 필요하고, 얼마나 청년들의 삶의 밀접한 주제가 일상생활 속에서 다 함께 다루어지는 지, 얼마나 소통과 공감 채널을 통해 청년들의 주제가 이슈화되고 정책화되는 지가 더 중요하다.

청년 생활정치의 국내 사례로는 청년마을 조성사업을 들 수 있다. 현재 국내에서는 '2024년 청년마을 공유주거 조성사업'을 공모하고 있다. 2018년 시작된 청년마을 사업은 도시 청년들이 지역에 머물며 일거리를 찾거나 지역 주민과 소통 · 교류하는 것을 지원해 청년들에게는 새로운 삶의 기회를 제공하고, 지역에는 활력을 불어넣는 사업이다. 현재까지 전국에 39개의 청년 마을이 조성되어 5천105명이 프로그램에 참여했고, 이 중 638명이 지역에 정착하였다. 행안부는 청년 마을 참여자들의 주거를 지원하고자 기존 유휴시설이나 새로운 시설을 활용해 숙소 · 공유사무실 · 생활편의시설 등이

[그림 14] 전국 청년마을 현황

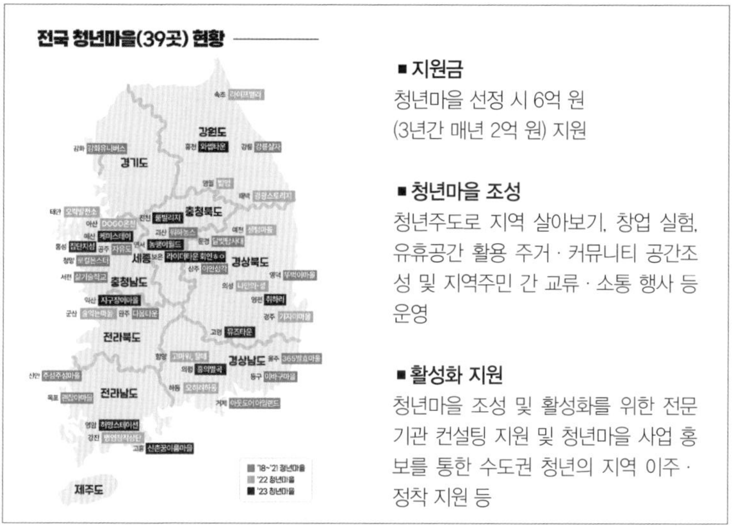
전국 청년마을(39곳) 현황
강원도
경기도
충청북도
경상북도
세종
충청남도
전라북도
경상남도
전라남도
제주도
와썹타운
DOGO은천
커미스테이
지구장이마을
취하리
유즈타운
365발효마을
신촌꿈이룸마을
'18~'21 청년마을
'22 청년마을
'23 청년마을
■ 지원금
청년마을 선정 시 6억 원
(3년간 매년 2억 원) 지원
■ 청년마을 조성
청년주도로 지역 살아보기, 창업 실험, 유휴공간 활용 주거 · 커뮤니티 공간조성 및 지역주민 간 교류 · 소통 행사 등 운영
■ 활성화 지원
청년마을 조성 및 활성화를 위한 전문기관 컨설팅 지원 및 청년마을 사업 홍보를 통한 수도권 청년의 지역 이주 · 정착 지원 등

자료원 : 행정안전부 보도자료(2024)

갖춰진 공간을 조성하는 공유주거 조성사업을 2022년부터 추진해왔다. 올해는 지역의 사회문제로 꼽히는 빈집과 빈 점포를 활용한 리모델링 사업을 함께 추진해 청년의 주거 문제와 지역문제를 동시에 해소해 나갈 계획이다.

해외 사례로는 독일의 청년이 기회를 모색할 수 있도록 하는 '도시사람 프로젝트'가 있다. 알텐부르크에 위치한 커뮤니티 기관 파브쿠쉐(Farbküche)에서는 청년에게 기회를 모색할 공간을 제공하고, 매력적인 도시를 만드는 것을 목표로 삼고 있다(희망제작소, 2021). 시민이 도시에서 적극적으로 참여하고, 다채로운 경험을 할 수 있도록 모색한다. 파브쿠쉐의 도시사람 프로젝트(Stadtmenschen Project)는 지역소멸 문제를 고민하며 개발되었다. 도시사람 프로젝트는 많은 청년이 모이고, 기회를 발굴하는 과정을 선사하고, 전시회를 열거나 청년이 자신의 작품을 파는 등 예술 분야에서 활발한 활동을 지원한다. 청년들은 전시회를 통한 수익금으로 다른 기술을 배우거나, 자발적으로 워크숍을 열어 지식과 경험을 나눌 수 있다.

또한 참여자 네트워크 확대로 도시 개선 효과와 청년 중심의 혁신이 발생한다. 시민사회 활동가도 함께 시간을 할애하고, 전문성을 기여하고, 네트워크를 넓히면서 강한 연대를 이어갈 수 있다. 활동가들은 네트워크를 형성하면서 지역의 원동력으로 거듭나며, 해당 네트워크에서는 축제도 기획한다. 이는 청년의 활동과 헌신을 가시화하고, 새로운 아이디어를 위한 플랫폼 역할을 수행하도록 한다. 축제는 타 지역의 방문객에게 알텐부르크의 시도와 경험에 대한 새로운 관점을 제공하며 이러한 활동은 네트워크 성장뿐만 아니라, 낙후된 도시를 개선할 수 있으며 정부 및 지자체 등 다양한 이해관계자의 관심을 불러일으킨다. 청년의 관심에 기반한 활동은 청년들이 경직된 제도 및 구조를 벗어나 자유롭고 새로운 혁신을 시도하는 발판을 제공할 것이다. 이 과정에서 청년층으로 구성된 집단은 지자체 내 이해관계자 집단의 중심체로서 다 함께 공통된 주제를 논의하고 자발적으로 지자체를 위한 부가가치 활동을 주관하는 '제4섹터'의 역할을 수행하게 된다.

3. 산업 고도화를 통한 외국인 고급인력 유치

외국인 유치를 위한 편리한 제도 개선이 혁신의 출발점이 된다. 외국인 유치를 방해하는 제도적 불편함을 호소하는 지자체가 많다. 따라서 편리한 입국 절차와 입국 후 보살핌 시스템을 개선하여 외국인 유치가 수월할 수 있도록 제도 마련이 시급하다. 해외 지자체와 국내 지자체 간 MOU 체결을 통해 외국인 유치를 체계화하는 것도 중요하다. 강원도 화천군의 경우 해외 지자체들과(예, 캄보디아) MOU를 체결하고 정기적으로 필요한 직무가 가능한 외국인을 유치하는데 성공하였다(2024년 5월 필자 인터뷰).

또 다른 국내 사례로는 지역특화형 비자 제도를 꼽을 수 있다. 현재 정부는 인구소멸 지역에 외국인을 정착시키기 위해 '지역특화형 비자 제도'를 시범 도입하였고 5개 시·군(영주, 영천, 의성, 고령, 성주)이 참여하였다. 지역특화형 비자란 취업, 소득, 학력 등 일정 요건을 갖춘 외국인력이 광역 지방자치단체장의 추천을 받아 인구감소 지역에 거주할 수 있는 비자를 말한다. 경북 역시 지역특화형 비자 제도 마련으로 외국인 유입이 증가하고 있다. 이 제도가 경상북도의 새로운 이민 정책으로 자리 잡고 있다는 평가를 받고 있으며 경북에는 총 438명의 새 인구가 유입된 것으로 집계되었다.

해외의 경우 싱가포르는 미래성장동력 산업 육성을 위해 해외 고급인력 유치를 확대하고자 2022년 8월 29일 새로운 비자 제도 도입 계획과 현행 제도의 일부 개편안을 발표하였다(박나연, 2022). 해당 개편안에는 △'해외 네트워크 전문지식(ONE)'비자 신규 도입 △특정 분야 전문인력의 비자 유효기간 확대 △비자 발급 소요기간 단축 등이 포함되어 있다. 인구감소에 대처하기 위해 이민자를 적극 수용하고 있는 스웨덴의 '패스트트랙' 제도도 흥미롭다. 최근 5년간 스웨덴 인구 증가의 50% 이상은 이민자가 차지했다. 스웨덴 거주자 중 10%는 타국적자이다. 스웨덴은 이민자 포용 정책이 최고 수준인 국가로 평가된다. 특히 지식과 업무능력 기반의 전문기술 보유 이민자를 적극 수용하는 '패스트트랙' 제도를 운용해, 정부와 경제계가 함께 노동력 부족 산업과 수요를 파악하고 이민자에 해당 교육을 시행한 뒤 고용하고 있다.

한편 저임금 노동력 확보 개념에서 고급인력 확보로 외국인 유치 개념을 전환할 필요가 있다. 전통적으로 외국인 유치는 저임금 노동력 확보를 주요 목적으로 겨냥하였다. 소위 '계절 노동자' 개념으로 농업 생산 활동에 필요한 저임금 외국인 노동자들을 개도국이

나 신흥국으로부터 유입되어 온 것이다. 4차 산업혁명 시대의 기술 변화와 그에 따른 산업구조 고도화에 맞춰 외국인 노동력도 고급인력 확보로 전환하는 것이 필요하다. 경북의 경우 외국인 유입이 많음에도 불구하고 지방소멸 위험지수는 낮아지지 않는다는 사실로부터 단순히 외국인 유입 수가 중요한 것이 아니라 유입되는 외국인의 노동력 수준이 더 중요함을 시사해 준다. 외국인 고급인력을 유입하여 경북의 산업구조 고도화에 필요한 인력을 확보하고, 역으로 경북의 산업구조를 고도화하여 창출되는 일자리에 맞는 고급인력을 외국으로부터 유치하는 전략이 필요하다. 이러한 정책변화는 산업고도화에 따른 지역발전을 이룰 수 있게 해주고, 기업의 경우 고급인력 확보로 인한 경쟁력 획득이 가능하며, 외국인을 위한 새로운 취업 기회를 창출할 수 있다. 또한 신기술 유입을 통한 기업 혁신도 이룰 수 있다.

참고문헌

- 강영신 · 김민수. 2023. 주택금융 리서치(2023년 제32호). 한국주택금융공사. 12월 29일.
- 경상북도. 2024. 저출산 대책. 경상북도.
- 곽정수. 2019. 저출산 · 고령화 · 인구감소 해결 위해 스웨덴을 배우자. 한겨레. 6월 10일.
- 김혜인. 2024. 2024년 1분기 주민등록인구통계. 경상북도.
- 동북지방통계청. 2023. 경상북도 인구이동 현황 및 사유 분석. 보도자료. 7월 20일.
- 박나연. 2022. 싱가포르, 해외 우수인력 유치 확대. KIEP동향세미나. 9월 14일.
- 법무부 출입국 · 외국인정책본부. 2024. 등록외국인 지역별 현황(2024년 3월말 기준). 법무부 통계월보. 4월 19일.
- 법무부. 2024. 등록외국인 지역별 현황(2023년 12월말 기준). 법무부 통계월보. 1월 11일.
- 법무부. 2024. 출입국통계. 법무부.
- 이상호 · 이나경. 2023. 지역산업과 고용. 한국고용정보원. 3월 31일.
- 이한솔. 2024. 道, 경북형 이민정책 마스터 플랜 발표. 보도자료. 4월 2일.
- 이현진. 2024. 2023년 국내인구이동통계 결과. 통계청. 1월 30일.
- 이현진. 2024. 2024년 1월 국내인구이동 결과. 통계청. 2월 28일.
- 임성수. 2024. 경북도, 1조2천억 들여 피부에 와닿는 저출생 극복 대책 시행한다. 영남일보. 5월 13일.
- 임현 · 최진욱. 2021. 저출산 대응 정책 현황 전문가 보고서. 국민참여예산.
- 주스웨덴대사관. 2015. 스웨덴 저출산 대응 정책(스웨덴 보건사회부). 주스웨덴 대한민국 대사관. 5월 29일.
- 지방시대위원회. 2024. 인구감소대응. 균형발전정보시스템.
- 차미숙 · 최예술 · 조은주. 2022. 지방소멸 대응 정책 방향과 추진전략. 국토연구원. 57호. 2월 17일.
- 행정안전부. 2021. 인구감소지역 지정. 행정안전부.
- 행정안전부. 2021. 지역 주도 저출산 위기 극복 우수사례 11건 선정. 보도자료. 11월 3일.
- 행정안전부. 2024. 시군구별 연령별 외국인 주민현황(계). 국가통계포털. 1월 26일.

제5장

·

지방시대의
교육정책

김용현
경북연구원 선임연구위원

5장에서는 위기의 지방시대 고등교육 추진체계 변화를 통한 지역 인재 양성과 지역 대학의 동반 성장 전략을 살펴본다. 정부의 고등교육 정책은 지역혁신중심 대학지원체계(RISE: Regional Innovation System & Education)로 변화되고 있다. 경상북도는 수도권 이남에서 최대 대학 밀집 지역이다. 지역 대학의 인력양성 및 연구개발 사업들이 그간 지역발전과 연계가 부족한 측면이 있었다. 경상북도에서 진행하고 있는 최근 고등교육추진체계의 내용과 성과를 확인하고, 향후 경상북도의 고등교육 발전에 대한 정책 의지와 정책추진 방향을 살펴보고자 한다.

제1절 서론 : 위기의 지방시대

우리나라 지방자치제는 1990년 초반에 시행[1]되었다. 지방자치는 지역 간 균형발전과 지방 정부의 자율성 확대를 목표로 하고 있다. 지방자치제 시행 이후 지방정부의 자율성 확대, 지역 맞춤형 정책 개발, 지역경제 활성화, 주민참여 증대 등 긍정적 요인도 있었지만, 수도권과 지역 간 발전 격차는 더욱 심해졌고, 지방정부의 재정적 어려움은 가중되었다.

최근 4차 산업혁명, AI 등장과 같은 대외적인 기술환경 변화와 저출생, 인구감소, 청년유출 등 대내적인 변화는 시·군 소멸 위기를 높이고 있다. 오늘날 수도권과 지방 간 발전 격차는 더더욱 커지고 있다.

청년인구 유출과 학령인구 감소로 지방대학은 존립이 위협받고 있다. 대학 기능의 재편을 통한 지역발전의 선순환 체계 수립이 필요한 이유이다. 교육을 통해 지역인재를 양성하고, 지역과 대학의 동반성장과 청년 정주의 선순환 생태계 구축이 필요하다. 지역 고등교육정책의 새로운 변화와 시스템 정비가 필요한 시점이다.

학령인구 감소 및 수도권으로 청년 인구 유출이 지속되면서 지방소재 대학에는 신입생 미충원이 증가하고 있다. 지방주도 균형발전 전략 수립을 위해서는 지자체가 지역대학과 동반성장을 추진할 수 있도록 하는 환경 조성이 중요하고, 고등교육에 대한 실질적 권한이 부여되어야 한다. 정부는 진정한 지방시대를 열어가고 지역주도 인재양성 추진과 지역대학 혁신을 지원하기 위해 여러 제도[2]를 정비하고 있다. 청년인구 유출 및 지역소멸을 극복하기 위한 정부의 글로컬대학 육성, 라이즈(RISE[3]) 체계 수립, 교육발전특구 지정 등 고등교육 체제 재편이 그 사례이다. 현재 관련 정책들이 진행되고 있다.

경상북도는 '인재양성–취·창업–정주의 지역발전 생태계 구축'에 지역 대학의 역할이 중요함을 인식하고, 고등교육 추진체계 변화에 준비를 서둘렀다. 대학의 지역발전 허브화를 통해 '대학이 살리는 지역'을 지향하고, 경쟁력 있는 지역대학 육성을 통해 '지역이 키우는 대학'을 브랜드화하고 있다. 정부는 대학의 역량과 성과를 바탕으로 지방자치단체가 지역균형발전에 이바지할 수 있도록 지속적인 정책적 지원 노력이 필요하다. 지역 간 격차를 해소하고, 지역의 자율성과 주민참여를 더욱 강화하기 위한 다양한 정책적 시도가 지방시대 교육정책에서 필요하다. 이는 지자체가 주도하고 지역대학이 중심이 되어 수행하는 지·산·학·연 상생 협력을 통해 가능하다.

본 장에서는 지방소멸시대 경상북도가 고민하여 추진하고 있는 대학과 지자체 상생 협력방안을 살펴본다. 경북의 고등교육 현황과 문제점 및 정책 내용을 확인하고, 현재 진행 중인 경상북도의 고등교육체제 혁신 방향과 준비 및 지역발전 방안을 구체적으로 확인해 본다. 지방시대 '경북의 힘으로 새로운 대한민국'을 위한 경북의 대학지원체계 및 지방시대 미래 교육정책의 성과와 방향성을 제시한다.

제2절 현황 및 정책 동향

1. 지역대학 현황

경상북도에는 총 37개[4] 대학이 있다. 라이즈(RISE) 체계에 포함되는 대학은 33개(일반대 18개, 전문대 15개)이다. 전국 324개 대학의 10.2%를 차지하며, 수도권(서울(47개), 경기(61개), 인천(6개))을 제외한 지방대(210개) 기준으로는 15.7%를 차지한다. 이처럼 경상북도는 수도권 이남의 최대 대학 밀집 지역으로, 사립 30개, 국립 2개, 공립 1개 대학이 있으며, 22개 경북 기초지자체 시군 중 11곳(50%)에 대학이 분포해 있다. 경산시에는 무려 10개 대학이 밀집해 있다[5]. 재학생 규모별로 보면 1천~5천 미만 대학이 17개로 가장 많으며, 1만 명 이상 3개, 5천~1만 미만 대학은 6개, 1천 명 미만의 소규모 대학은 7개이며, 소규모 대학들은 주로 전문대학들이다.

대학이 많은 지역이 혁신역량이 높고 발전성이 높다고 가정한다면, 경북은 전국 17개 지자체 중 발전 역량이나 성과가 서울과 경기도에 이어 전국 3위에 해당하여야 하지만 현실은 그렇지 않다. 경상북도는 대학의 역량과 성과가 지역발전에 영향력이 크지 않다. 공간적으로 넓고 권역별 다양한 특성 때문인데 대학의 성과지표와 각종 통계에서도 확인되고 있다.

최근 지역대학은 학령인구 감소로 인력 충원에 어려움을 겪고 있다. 대학이 단순히 고급 인력을 양성하는 교육 기관만의 역할을 넘어, 이제는 지역사회 발전을 위해 인적·물적·문화적 자산으로서 지역사회와 경제에 중요한 역할을 하는 핵심주체가 되어야 하지만 그렇지 못한 실정이다.

2. 인구 및 지역 산업과 대학의 경쟁력

경북의 인구는 2000년 초에 급격히 줄기 시작했다. 인구감소 속도는 잠시 느려졌지만, 2016년 이후 다시 빨라져 인구가 크게 감소하였다. 2023년에는 경북 인구가 260만 명 아래로 떨어졌고, 2024년 3월 현재 인구는 2,546,960명이다. 인구가 감소하는 이유는 저출생과 천재지변이나 다른 자연적 원인도 있지만, 다른 지역으로 이주하는 순유출이 큰 영향을 미치고 있다. 특히 청년들의 순유출이 많아지고 있다. 매년 6,000명~12,000명의 청년이 수도권이나 다른 지역으로 이동하고 있다. 지난 5년 동안(2018~2022) 경북에서는 65,487명의 청년들이 일자리, 교육, 주거 문제로 다른 곳으로 떠났다. 가족이나 자연환경 요인으로 인해서는 일부 유입된 사람들도

[표 1] 경북청년(19~39세)인구 유출입 사유('18~'22)

[표 1] 경북청년(19~39세)인구 유출입 사유('18~'22)　　　　　　　　(단위 : 명)

구분	사유	전입(A)	전출(B)	순전출(=B-A)
	5년제 전체	634,671	700,158	-65,487
1	직업	204,711	255,100	-50,389
2	가족	170,382	164,202	6,180
3	주택	151,429	158,503	-7,074
4	교육	36,123	52,024	-15,901
5	주거환경	22,137	26,551	-4,414
6	자연환경	6,885	3,754	3,131
9	기타	43,004	40,024	2,980

주 : 전출입 사유는 직업(취업, 사업, 직장 이전 등), 가족(가족과 함께 거주, 결혼, 분간 등),
　　주택(주택구입, 계약 만료, 집세, 재개발 등), 교육(전학, 학원, 자녀, 교육 등),
　　주거환경(교통, 문화 · 편의시설 등), 자연환경(건강, 공해, 전원생활 등), 기타(그 밖의 사유).

자료원 : 통계청, 국내인구이동통계(MDIS) 및 지역소득(실질, 2015년 기준), 각년도.

[그림 1] 경북 성장률 추이　　　　　　　　(단위 : %)

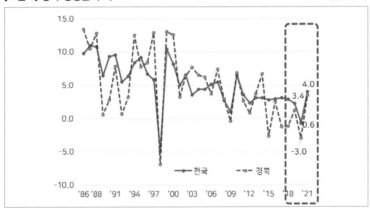

자료원 : 경상북도 지역혁신중심 대학지원체계 기존계획수립 연구용역 최종보고서, 2023. 09.

있지만, 청년들의 순 유출은 전체인구 유출의 거의 두 배에 달한다.

　　경북의 경제성장률도 낮아지고 있다. 글로벌금융 위기 이후인
2010년 중반 이후 경북의 성장률은 전국 성장률 보다 현격히 낮
은 수준을 유지하고 있다([그림 1] 참고). 2021년에는 전국 평균보

다 낮은 3.4%의 성장률을 보였다. 경북의 2021년 지역내총생산액(GRDP, 112.8조)은 전국 생산액의 5.4%를 차지하여, 2010년에 비해 약 1.2% 포인트 낮아졌다. 같은 기간 제조업의 생산 비중도 51.0%에서 41.4%로 감소하여 주요 제조업의 생산 능력이 저하되고 있다.

한 연구에 따르면, 또한 우리나라 대학 385곳(2년제와 4년제 포함) 중에서 2042년~2046년 사이 190개 대학만이 생존할 것으로 추정된다. 이는 전체의 절반이 조금 못 되는 49.3%에 해당된다. 서울, 세종, 인천 등 수도권에 있는 대학들의 생존율은 70% 이상으로 비교적 높지만, 수도권에서 멀어질수록 대학의 생존율은 낮아지고 있다. 경상북도의 대학 생존율은 2022년부터 2026년 사이 45.7%였고, 2042년부터 2046년 사이에는 37.1%로 더 낮아진다([그림 2] 참고).

[그림 2] 생존 대학 비율

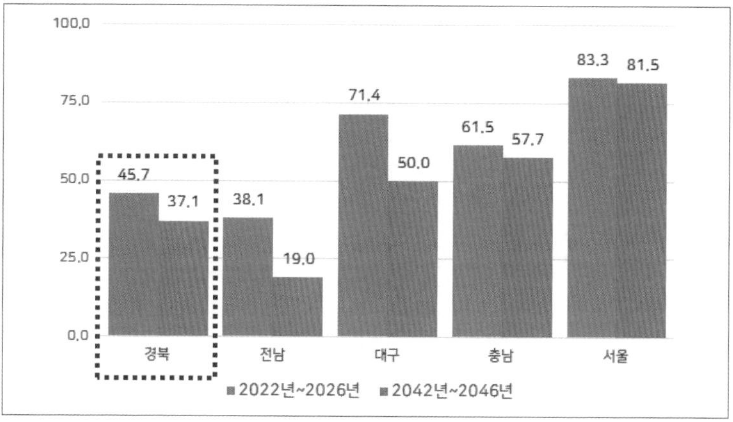

자료원 : 이동규. "인구 변동과 미래 전망 : 지방대학분야" 보고서.

2021년 기준 경상북도의 전문대학 취업률은 74.4%로 전국 평균 (71.0%)보다 높지만, 4년제 일반 대학의 취업률은 59.8%로 전국 평균 64.1%보다 낮다. 경남과 제주를 제외하고 경북이 가장 낮은 수치이다. 지역 내 대학교육이 지역사회나 산업과 잘 연결되지 않고 있다는 것을 보여준다. 만약 경북지역 대학 졸업생들이 지역 내 기업에 취업한 비율을 따로 계산한다면, 취업률은 보다 낮을 것으로 예상된다.

[표 3] 지역별 고등교육 취업률 및 진학률

구분	고등교육 전체		전문대학		일반	
	취업률	진학률	취업률	진학률	취업률	진학률
전국	67.7	6.8	71.0	7.0	64.1	7.0
대구	65.8	7.7	70.9	7.2	56.6	8.3
경기	69.2	6.7	70.4	7.4	66.4	6.1
강원	66.6	6.0	69.7	7.6	64.7	5.5
충북	66.2	4.9	71.1	7.4	63	4.3
충남	68.3	4.4	73	7	66.2	4.1
전북	65.8	4.9	71.6	5.6	60.9	5.3
전남	68.2	4.2	71.5	5.1	64.2	3.1
경북	65.3	6.0	74.4	5.9	59.8	6.0
경남	65.9	4.9	73	4.3	59.5	5.4
제주	64.5	4.6	70.6	4.7	57.7	4.2

자료원 : 교육통계서비스(https://kess.kedi.re.kr/index, 조사기준일 2021. 12. 31.)

2021년 경북의 일반대학(4년제) 졸업자 수는 23,552명으로 전국에서 차지하는 비율이 7.2%이며, 전국에서 5번째로 많다. 그러나 이들의 취업률은 앞서 살펴보았듯이 2021년 기준 59.8%로, 전국 평균 64.1%보다 낮아 중하위권에 머물고 있으며, 매년 취업율이 하락하는 추세를 보이고 있다. 전국 수준 취업률과의 갭도 커지고 있다.

반면 경북의 2021년 전문대학 졸업자는 10,788명으로, 전국 전문대학 졸업자의 6.6%를 차지하며, 전국 17개 지역 중에서 4번째로 많다. 지역 전문대학 졸업자들은 전국에서 상위권에 속하는 취업률을 보이며, 성과가 높은 것으로 나타난다. 이는 전문대 졸업자의 취업률이 전국 평균보다 높은 것으로 일반대와 대조적이다. 이러한 통계는 경북지역 대학의 학교유형별 교육 성과와 취업 연계성에 대한 구체적인 차이를 보이고 있다.

경북은 인적자원 평가와 관련한 몇 가지 중요 지표들에서도 낮은 수치를 보인다. 경북과학기술진흥 5개년 계획에 따르면, 지역의 연구개발 인력 수, 첨단 기술 제조업 및 지식기반 서비스업 종사자의 비중은 전국 평균보다 낮다. 지식재산권 평가에서도 경북은 전국 평균보다 낮은 수준으로 17개 지자체 중 11위를 기록하고 있다.

경북의 혁신성장과 관련된 지표 역시 부진한 편이다. 경북의 혁신성장역량지수는 미래 산업 의존형과 혁신성장 취약형으로 분류되어 전국 17개 광역지자체 중 14위에 머무르고 있다. 대학과 지역 산업의 연계가 취약함을 보여주는 결과이다.

또한, 국가 혹은 지방 산업단지에서 대학의 역할이 거의 없고, 연구개발특구나 규제자유특구 같은 특별구역에서도 대학의 역할이 명확히 드러나지 않고 있다. 경북에서 진행 중인 여러 대학혁신 사업들도 지역의 장기발전계획과 연계가 뚜렷하지 않다. 정부 고등교육의 행·재정 지원체계가 지역으로 이관될 경우 대학과 지역의 상

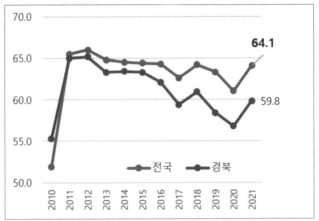

[그림 3] 일반대 취업률 (단위 : %)

자료원 : 교육통계서비스(https://kess.kedi.re.kr/index, 조사기준일 2021. 12. 31.)

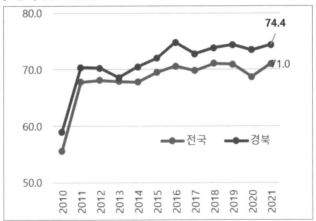

[그림 4] 전문대 취업률 (단위 : %)

자료원 : 교육통계서비스(https://kess.kedi.re.kr/index, 조사기준일 2021. 12. 31.)

생발전을 위해 상당한 준비가 필요하며, 재정[6]도 확보하여야 한다.

향후 경상북도의 고등교육 정책은 개별 사업성과보다는 대학 전체의 혁신 의지와 발전 방향에 중점을 둘 필요가 있다. 또한, 대학별 특성을 고려한 전략적 대응과 청년의 지역정착률과 순 유입률을 증가시키는 정책 방향으로 설정될 것이다. 폐쇄적 대학 운영방식에서 벗어나 지역과 함께하는 열린 대학 운영으로 전환할 예정인데. 이러한 변화는 대학과 지역 산업 간의 연계를 강화하고 지역발전을 촉진하는 데 중요한 역할을 할 것이다. 이러한 상황에서 경상북도는 지역발전과 연계한 고등교육의 혁신을 착실히 준비하고 있다.

.

제3절 대학교육 정책 추진과 내용 및 성과

1. 경북형 대학정책 추진

경상북도와 경북 라이즈센터는 경상북도청에서 지역 대학과 유관기관 32곳의 총장 및 책임자와 함께 지방시대 대학 비전을 선포하였다. 이 자리에서 '경북형 지역혁신중심 대학지원체계(RISE) 기본계획'이 공유되고 발표(2023년 11월)되었다. '이제는 지방대학 시대'라는 국정 과제에 따라 새 정부의 대학 권한을 지방으로 이양하는 계획에 대응하는 차원에서 진행되었다. 경상북도는 '아이디어 산업주도 K-대학 대전환'을 비전으로 하였다. 아이디어 산업은 지식과 창의성을 바탕으로 한 사회적 · 경제적 가치 창출에 집중하는 산업으로,

'교육혁신, 인재혁신, 기술혁신 등 소프트파워 강화를 통한 새로운 부가가치나 생산성을 창출하는 산업'으로 정의 한다.

AI 솔루션을 활용한 창업, 교육, 인력양성, 기업지원 등이 핵심이 될 수 있다. AI 에듀테크센터, AI 교육서비스 플랫폼 구축, AI 결합 교육 해결책 사업화 등이 중요 사례이다.

정부(교육부)의 RISE 시범지역 공모에 경북이 선정된 후 경북형 고등교육 추진체계를 마련하였다(2023. 11. 9.). 계획의 핵심은 교육 혁신을 통해 지역인재를 양성하고 지역에 정주하게 하는 것이다. 이를 위해 경북도, 교육청, 대학, 지역기업 등이 서로 협력하여 다양한 프로그램과 전략을 개발하고 실행할 예정이다. 이러한 협력은 대학이 지역사회와 산업에 더 크게 융화되어 기여 할 수 있도록 도울 것이다.

[그림 5] 지방시대 대학 비전 선포

자료원 : 경상북도 내부자료.

[그림 6] 고등교육혁신체계(RISE센터) 개소식

자료원 : 경상북도 내부자료.

2. 경북형 대학정책 비전 및 기본구상

경상북도는 'K-대학 대전환'을 비전으로 하여, 지역과 대학이 서로 협력하고 함께 성장할 수 있는 대학 중심의 지역혁신 생태계를 조성하는 것이다. 이 계획은 경상북도 지방시대 종합계획과 연계되어 있으며, 4차 산업혁명 시대에 새로운 미래혁신 아이디어 산업을 주도하기 위해 지역혁신, 대학혁신, 산업혁신, 인재혁신의 네 가지 주요 목표를 제시하였다.

지역혁신은 대학의 지역사회 공헌과 역할을 통해 지역발전을 촉진하는 것을 목표로 하였다. 일반대 졸업생의 지역기업 취업률을 향상하고, 졸업생들이 지역에 정착하여 지역발전에 이바지하도록 유도하는 것이 중요하다. 이를 통해 대학과 지역사회가 상호 이익을 얻을 수 있는 혁신을 추구하도록 하였다.

대학혁신은 대학 운영의 변화를 통한 대학 내부의 혁신을 이끌도록 하였다. 그간 지역 대학의 지역발전 역할에 대한 반성과 함께, 학과나 교수단 등 내부 경계를 없애고, 더욱 유연하고 협력적인 운영 구조를 만드는 것을 포함한다. 또한, 일반대학과 전문대학, 그리고 사업에 참여하는 대학과 참여하지 않는 대학 간 협업과 교류를 촉진하여, 대학 간의 경계를 허물고 더 큰 협력을 이끌어내는 것이 목표이다. 혁신 계획은 경북지역의 지속 가능한 발전을 위해 중요하며, 교육과 산업, 지역사회 간의 긴밀한 협력을 통해 구체적인 결과를 낼 수 있도록 설계하였다.

[그림 7] 경북형 라이즈 사업의 비전과 전략(안)

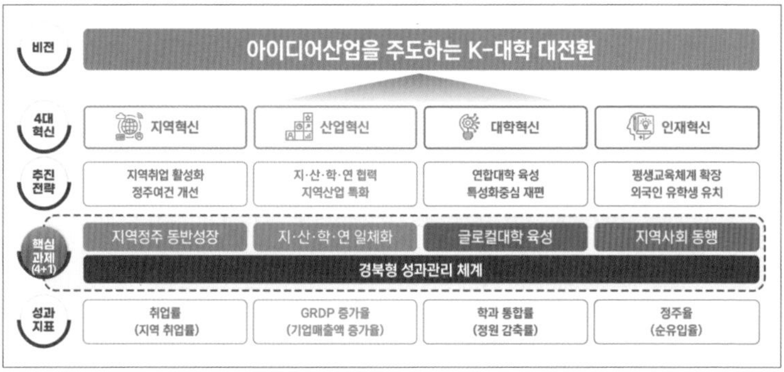

자료원 : 경상북도, 경상북도 지역혁신중심 대학지원체계(RISE) 계획서, 2024.1.

산업혁신은 산업계, 학계, 연구기관, 정부기관이 연합하여 협력하는 모델을 구축하는 것을 목표로 하였다. 이를 통해 지역 산업의 수요 맞춤형 교육을 강화하고, 지역 산업체가 필요로 하는 기술 개발과 인력양성을 지원하도록 하였다. 또한, 지역 산업단지와 연구개발 특구 등에서 대학의 역할을 강화하여, 지역의 산업 발전에 직접적으로 기여할 수 있도록 하였다.

제도혁신은 지역대학과 유관 기관이 협력하여 발전할 수 있는 제도적 기반을 마련하는 것이다. 현재 진행 중인 다양한 고등교육 관련 사업들, 예를 들어 지자체-대학 협력기반 지역혁신사업(RIS), 산학협력 선도대학 육성사업(LINC), 전문직업교육사업(HiVE), 평생교육체제지원 사업(LiFE) 등과 기존의 과학기술부 등의 지방대 활성화 사업들을 효과적으로 이어받고, 경북형 대학지원체제로의 통합적, 안정적으로 정착시키는 것을 포함한다.

네 가지 혁신을 통해 경북은 지역 대학과 산업체, 연구기관 및 정부기관이 서로 긴밀히 협력하면서 지역 경제와 사회의 지속 가능한 발전을 이루어 나가는 강력한 생태계를 구축할 수 있을 것이다.

이러한 통합적 접근은 경북지역의 특성을 반영한 혁신적인 교육과 산업 발전 전략을 촉진하며, 지역인재 유출을 방지하고 지역에 기여할 수 있는 인재를 양성하는 데 중요한 역할을 할 것이다.

3. 추진과제 및 사업 내용

1) 경북형 4+1의 핵심과제(프로젝트)

경상북도 발전을 위한 고등교육의 핵심 사업은 '4+1의 핵심과제(프로젝트)'로 요약된다. 각 핵심 프로젝트는 경북 RISE 계획과 연계되어 각각 특정 목표를 달성할 수 있도록 하였다. 각 프로젝트는 경상북도의 내부역량과 외부환경을 고려하여 도출하였으며, 주요 내용과 추진 방향은 다음과 같다.

K-U City 프로젝트는 지역 정주와 동반성장을 목표로 한다. '1시군-1대학-1전략산업 프로젝트'로 시·군과 대학이 협력하여 지역 내 청년 정주 환경을 만들고, 기업하기 좋은 도시, 정주하기 좋은 도시 조성을 통해 지역이 성장할 수 있도록 기반을 조성하는 사업이다. 특히, 청년의 유입과 정주를 실현하는 사업이다.

아이디어밸리(K-IDEA Valley)프로젝트는 산업혁신을 위해 지·산·학·연(지역, 산업, 학교, 연구기관) 일체화를 추진한다. 지역 산업 수요 맞춤형 혁신을 이루기 위해 대학과 연구소, 기업이 함께 협력하는 모델을 구축하는 것이다. 각종 창업, 특구, 산업 및 특화단지 사업에 대학의 아이디어와 인력양성 기능이 추가되어 강화될 수 있도록 하는 사업이다.

아이브(K-IVY) 프로젝트는 지역 특성과 대학의 전문성을 기반으로 경북 권역별 혹은 신기술 업종별 대학 간 연합 혹은 통합할 수 있는 거대대학 특성화 프로젝트이다. 대학이 자신의 강점을 살려 특화된 교육과 연구를 진행하여 지역발전에 기여할 수 있도록 공동 연계 협력하는 프로젝트이다.

러닝(K-LEARNing) 프로젝트는 혁신적인 평생직업교육 프로그램과 해외 인재유치를 목표로 한다. 러닝 프로젝트는 지역사회 성인들의 학습 기회를 확대하고 글로벌 인재를 끌어들여 지역의 다양성과 경쟁력을 증진하는 데 중점을 둔다. 이러한 핵심 추진과제는 경북의 시·군 지역발전과 교육 혁신을 위한 다양한 공모유형

단위 사업으로 구체화되며, 각각의 사업이 지역 특성에 맞게 상향식(Bottom-up)으로 실행될 수 있도록 설계되었다. 이 프로젝트들은 경북의 미래 지향적 발전을 선도하고, 지역 내 현안 문제를 해소하거나 지역사회의 교육, 산업, 사회적 협력을 강화하는 데 중요한 역할을 할 것이다. 경북형 성과관리 체계는 4개 프로젝트의 효과를 측정하고 관리하는 사업이다. 성과관리 체계는 위 4개 프로젝트 성과를 평가하고, 계획대로 진행되고 있는지 확인하여 지속 가능한 개선을 도모한다.

[그림 8] 경북형 라이즈 추진과제(안)

자료원 : 경상북도, 경상북도 지역혁신중심 대학지원체계(RISE) 계획서, 2024.1.

2) K-U시티(1시군-1대학-1전략산업) 프로젝트

'K-U City' 프로젝트는 대전환의 시대 지역과 대학 간의 새로운 동맹을 통해 경상북도가 주도하는 지방경제 성장 모델을 창출하는 것을 목표로 한다. 이 모델은 지방의 위기, 특히 지역 대학의 위기, 인구감소, 저출생 문제, 기업 및 신산업 육성을 포괄하며, 산 · 학 ·

관 협력을 통한 지역 생존 및 발전 정책을 아우른다.

'K-U'는 경상북도-대학(University), 특화분야(Unique), 청년(Youth), 청년을 위한 도시(City for You)의 약자로, 지역 내 각 시·군과 대학, 그리고 특성화된 기업 간 협력을 기반으로 하는 발전 프로젝트이다. 이 프로젝트는 지역인재를 양성하고 취업 및 정착을 지원하여, 청년들이 지역으로 유입되게함으로써 새로운 지역 발전 모델을 구축하는 것이다. 또한 대학이 지역사회와 긴밀히 연계하여 지방소멸 위기를 극복하고, 지방 경제 성장을 선도하는 모범사례로 발전시키려는 계획이다. K-U 프로젝트의 시·군 지역 단위 지속 확장을 통해 지역경제에 활력을 불어넣고, 지역 내 청년들이 안정적으로 정착할 수 있는 기반을 마련한다. 경상북도가 지역발전의 선두 주자로 나아가는데 중요한 역할을 할 수 있다. 경상북도가 추진하고 실행하면 국가의 표준이 될 수 있다.

K-U 시티 정책은 저출산, 고령화, 지방소멸 문제를 해결하기 위해 경상북도가 추진하는 청년 정주 도시 조성 계획이다. 각 시군은 한 개의 전략산업에 대학이 함께 협력하여, 젊은 청년들이 살기 좋은 지역을 만드는 것을 목표로 한다. 시·군 지역에서 미래 산업을 키우고 젊은 인재를 양성해, 그 지역에서 일하고 살 수 있도록 하는 대표적인 경북의 브랜드 사업이다. 현재 포항, 구미, 의성에서 이러한 사업이 시범적으로 진행 중에 있다.

K-U 프로젝트는 크게 4가지 유형으로 나눈다. 구미와 포항 같은 큰 도시에서는 각각 반도체와 이차전지 산업을 중심으로 도시형 프로젝트가 진행된다.

[그림 9] K-U 시티 개념과 사업모델(안)

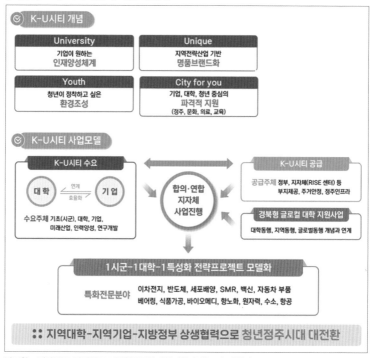

자료원 : 경상북도, 경상북도 지역혁신중심 대학지원체계(RISE) 계획서, 2024.1.

의성에는 대학과 연계해 세포배양산업 같은 특화산업을 유치하는 발전 유치형 프로젝트가 있다. 대학이 없는 지역인 봉화, 영양, 청송에서는 각각 바이오메디, 식품가공, 항노화 산업을 중심으로 대학 특화 캠퍼스를 조성하는 공동기획형(BYC형 : 봉화, 영양, 청송) 프로젝트가 논의 및 진행되고 있다. 울릉도에는 해양미생물, 광물자원, 에너지 분야 글로벌 협력 인재 양성을 추구하는 글로벌 그린형 프로젝트가 있다. 경북 22개 시 · 군의 K-U 사업은 [표4]와 같다.

[표 4] 경북 22개 시군의 K-U사업

시군명	주력산업	기업	대학	고교
포항시 (2023.02.15.)	이차전지 (양극재)	포스코퓨처엠, 에코프로 머티리얼즈, 에너지머티리얼즈, 우전지앤에프, 미래세라텍, 해동엔지니어링	포스텍, 한동대, 포항대, 한국폴리텍대학 포항캠퍼스, 선린대	포항제철고, 흥해공고
구미시 (2023.01.31.)	반도체	SK실트론, 엘씨텍, KAS, LIG넥스원, 원익큐엔씨, 케이씨, 한화시스템	금오공과대, 경운대, 구미대, 한국폴리텍대학 구미캠퍼스	구미전자공고, 금오공고
의성군 (2023.03.28.)	세포배양	티라보스, 오크레마, 비전과학, 엘엠케이	영남대	경북소프트웨어고, 의성유니텍고
봉화군 (2023.06.07.)	바이오 메디	국립백두대간수목원, 태산, 엔에스비, 팜다원, 에이비솔루션, D&W그룹	대구가톨릭대	한국산림과학고, 한국펫고, 봉화고
울릉군 (2023.06.12.)	글로벌 그린	난양공대 교차경제연구소, Hydra Energy, Just Business, 만두카	한동대	울릉고
청송군 (2023.07.12.)	항노화	교촌, 제핏, 바이나리, 네오루틴, 레벨체인지, 와이에스종합상사	대구가톨릭대	청송고, 청송여고, 진보고, 현서고
경주시 (2023.12.21.)	차세대 에너지	한국표준분석(주), 한국수력원자력(주), 한국원자력환경공단, 한국원자력연구원, 서원이앤지	동국대 WISE캠퍼스, 위덕대	
김천시 (2023.12.21.)	스마트 물류	쿠팡풀필먼트서비스, 리턴박스, 모토벨로, 에코브, 피엘지, 청우물류(주)	김천대, 경북보건대	경북과학기술고, 김천생명과학고
안동시 (2023.12.21.)	바이오 백신	SK바이오사이언스, SK플라즈마, 넨시스, ㈜유한건강생활	안동대, 가톨릭상지대, 안동과학대	
영주시 (2023.12.21.)	베어링	베어링아트, 서궁, 삼호엔지니어링	동양대, 경북전문대	
영천시 (2023.12.21.)	미래 자동차	화신, 영진, 세원물산, 신영, 한중엔시에스, 금창, 에스엠화진(주)	대구대, 한국폴리텍 로봇캠퍼스	경북휴먼테크고, 영천전자고

시군명	주력산업	기업	대학	고교
상주시 (2023.12.21.)	이차전지 (음극재)	SK머티리얼즈그룹포틴(주), ㈜아바코, ㈜새빛켐	경북대 상주캠퍼스, 한국폴리텍대학 영주캠퍼스	상주공고, 상산전자공고
영덕군 (2023.12.21.)	해양 웰니스	알에스미디어, 세웅수산, 대호수산	대구한의대	
청도군 (2023.12.21.)	라이프 케어	아이쿱, 생생초, 네이처팜, JDB엔터테인먼트	대구한의대	청도고, 모계고, 이서고, 경북드론고
칠곡군 (2023.12.21.)	첨단 농산업	㈜대원GSI, 태광종합기계, 성부산업, ㈜태광공업, 이화산업사, ㈜샘초롱, 농부플러스(주), ㈜대영프린팩, ㈜아이오케이	경북과학대, 대구가톨릭대	경북기계명장고
예천군 (2023.12.21.)	스마트& 푸드	㈜KT, ㈜피플데이타, ㈜샘터정보기술, ㈜MSC, 우일음료, 뚜또, ㈜아람농장, (사)경북약용작물생산자협회	안동대, 경북도립대	대창고, 예천여고, 경북일고
울진군 (2023.12.21.)	원자력 수소	GS건설, 롯데케미칼, 비에이치아이, GS에너지, DL이앤시	경일대	한국원자력 마이스터고, 평해정보고
문경시	IT레포츠 재활	협의중	문경대	
경산시	ICT벤처	협의중	영남대	
영양군	식품가공	협의중(발효공방, 시아스, SPC삼립 등)	안동대	
고령군	대가야 청년창업	협의중	대구대	
성주군	자동차 부품	협의중(카펙발레오, 모토닉 등)	대구대	

자료원 : 경상북도 내부자료.

청송군의 K-U 모델에 대한 수요 공급 모형과 거버넌스 구조를 그림으로 나타내면, 각 기관 및 조직의 역할과 상호작용을 명확히 할 수 있다. 이 모델에서는 대구가톨릭대학교, 청송군, 고등학교, 그리고 지역 기업이 중요한 역할을 맡고 있다. 각자의 역할은 다음과 같다. 대구가톨릭대학교는 항노화 산업에 특화된 교육과 연구를 제공하며, 항노화 캠퍼스 운영 사업단을 통해 관련 프로그램과 프로젝트를 진행한다. 청송군은 지역 내에서 K-U 사업을 지원하고, 대학과 기업 간의 협력을 촉진하는 행정적 지원을 제공한다. 참여 고등학교는 지역 청년들에게 해당 산업 분야에 관심을 가질 수 있는 교육 기회를 제공하고, 대학과의 연계 프로그램에 참여한다. 참여기업은 실제 산업현장에서 필요로 하는 기술 개발과 인재채용을 담당하며, 대학과 연구 협력을 통해 산업혁신을 추진한다. 이러한 역할분담은 아래와 같이 그림으로 표현될 수 있다.

대구가톨릭대학교의 항노화 캠퍼스 운영 사업단(혹은 팀)을 통해 교육과 연구를 주도한다. 청송군은 항노화 캠퍼스에 대해 행정적 재정적 지원과 정책적 기반을 제공한다. 고등학교와 기업은 대학과 교육적 연계와 산업적 연계를 통해 프로젝트에 기여 한다. 모든 주체가 서로 연결된 네트워크를 형성하여, 각자의 역할에 따라 상호작용하며, 프로젝트의 성공을 도모한다. 거버넌스 모델은 지역 내에서 협력과 발전을 촉진하고, 청년들의 지역 정착을 지원하며, 지역 산업의 경쟁력을 강화하는 데 중요한 역할을 한다. 경북 22개 시군 전반에 걸쳐 K-U 공간 발전 구상은 대통령직속 지방시대위원회의 제1차 지방시대 종합계획에도 반영되어 적용될 예정이다.

[그림 10] 청송시 K-U(1시군1대학1전략) 수요 공급모형 사례

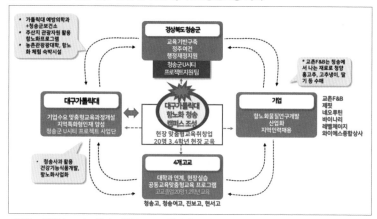

자료원 : 경상북도 RISE 센터, 경상북도 RISE 찾아가는 설명회, 2024. 4.

[그림 11] 경북 22개 시군 공간발전 구상

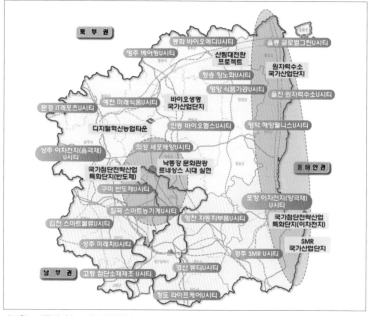

자료원 : 대통령직속 지방시대위원회, 제1차 지방시대 종합계획(2023~2027), 2023

3) K-아이디어 밸리 프로젝트(K-IDEA Valley)

아이디어 밸리(K-IDEA Valley) 프로젝트는 대학, 기업, 연구소가 함께 협력하는 지속 가능한 플랫폼을 만드는 것을 목표로 한다. 이 플랫폼을 통해 인력 교류, DX교육, 공동연구, 장비 공동활용 등 다양한 활동을 진행하며, 특히 인공지능(AI)을 활용한 새로운 협력 모델을 제안할 수 있다. 이는 지역 산업 맞춤형 AI 교육 프로그램을 개발하고, 지역 문제해결을 위한 AI 연구소 설립 등을 포함한다. K-IDEA Valley 프로젝트는 창업, 특구 및 산업단지 등과 관련한 다양한 유형의 사업을 가능하게 한다.

창업 밸리는 창업과 신산업 발전을 지원하는 특구를 만들어, 혁신적인 벤처기업과 스타트업이 성장할 수 있는 환경을 제공한다. 산업 특구 유형은 특화 산업 분야 맞춤형 개발 지역을 설정하여, 해당 신산업의 발전을 촉진한다. 인재 양성은 지역 내 고교-대학-기업과 연계하여 현장 맞춤형 교과 운영이나 인력양성을 포함하고, 신산업 맞춤형 재직자 학사학위 과정 개설도 가능하다. 미래산업 현장중심 전문인력과 기업맞춤형 R&D 전문인력 양성이 모두 가능하다.

지역 전략산업과 연계된 혁신 창업 생태계는 각 지역별로 다음과 같은 사업을 포함한다. 경북 동부권은 포항체인지업 그라운드를 확대하여 스케일업 그라운드로 발전시키고, 새로운 기업들이 성장할 수 있는 토대를 마련한다. 경북 남부권은 민간 주도의 창업 네트워크와 개방형 창업 거점을 구축하기 위해 경산지역 산업센터 및 스타트업 파크를 조성한다. 경북 북부권은 바이오 백신의 원천기술

연구와 창업, 기업유치를 위한 센터를 구축하여 바이오 창업 허브를 조성한다. 각 지역 및 권역의 특성과 산업 요구에 맞추어 다양한 방식의 지역 경제 성장과 지속 가능한 발전을 목표로 한다.

[그림 12] 창업밸리 유형

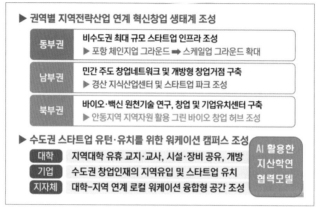

자료원 : 경상북도 RISE 센터, 경상북도 RISE 찾아가는 설명회, 2024. 4.

산업특구 유형은 국가산단, 특화단지, 규제자유특구 등과 연계하여 대학, 기업, 연구소 간의 연합 및 교류를 촉진하는 구조이다. 경상북도는 이러한 산업특구 유형의 발전을 위해 다양한 시·군 지역에서 특구를 지정하고 관련 사업을 진행하고 있다. 예를 들어, 영주의 첨단베어링 국가산업단지, 안동의 바이오 생명국가산업단지, 울진의 원자력 수소 국가산업단지가 최근 조성되었다. 또한, 경산의 전기차 차세대 무선충전 규제 자유 특구, 김천의 스마트 그린물류특구, 그리고 향후 예정된 교육발전특구나 기회발전특구 등도 포함된다.

[그림 13] 산업특구 유형(예시)

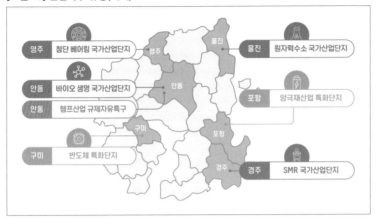

자료원 : 경상북도 RISE 센터, 경상북도 RISE 찾아가는 설명회, 2024. 4.

경북은 전국에서 가장 많은 8개 시·군이 교육발전특구 시범지역으로 1차 지정[7]되었으며, 이러한 시범지역 특구들은 돌봄이 필요한 초·중등학교와 지역내 삶의 터전과 매우 밀접하게 연결되어 있다. 고등학교, 대학, 기업 간의 연계를 통해 현장 맞춤형 교육과정 운영과 신산업 맞춤형 재직자 학사학위 과정 개설을 가능하게 한다. 이러한 사업들은 지역 산업의 요구에 부응하고, 지역 경제 발전에 기여하며, 지역 내에서 지속 가능한 인력 공급을 보장하는 중요한 역할을 한다. K-아이디어 밸리 프로젝트에서도 대학 자율 공모형 사업을 통한 상향식(Bottom-up)의 혁신과제 발굴이 가능하다.

4) K-아이브 프로젝트(K-IVY)

아이브(K-IVY) 프로젝트는 미국 동부의 명문 아이비리그 대학군에 영감을 받아 명명되었으며, 경상북도의 대학들이 국제적으로 경쟁력을 갖추고 지역적 특성을 살릴 수 있도록 다양한 유형의 대학 현황 모델을 제안하였다. 이 프로젝트는 크게 세 가지 유형으로 구분된다.

경북형 글로컬대학 유형은 국제적인 기준에 맞춰 글로벌과 로컬을 결합한 교육 프로그램을 제공한다. 정부가 추진하는 글로컬대학 지원 계획과 연동해 경북형 글로컬대학 2개를 선정할 예정이다. 현재 경상북도에서는 안동대-경북도립대 공동, 포항공대가 정부의 글로컬대학으로 지정되었으며, 2024년에는 영남대-금오공대, 한동대, 대구한의대학이 예비 지정되어 2024년 하반기에 최종선정 여부가 결정될 예정이다.

연합대학(MEGAversity) 유형은 경북의 여러 대학이 연합하여 교육과 연구에서 시너지를 창출하는 모델을 구축하는 유형이다. 구조개혁, 학사개편, 지역산업 연계, 현장성 강화 등 다양한 전략을 통해 대학 간 협력을 강화하고, 지역 내 주요 산업과 연계를 통해 특화된 교육과 연구 프로그램을 개발하는 거대 대학 모델이 될 수 있다.

특성화 중심 대학 육성 유형은 각 대학의 전문성과 지역 특성을 기반으로 권역별 특성화를 추진한다. 경북의 미래 산업인 반도체, 이차전지, 미래차 등 8대 메가테크[9]를 중심으로 각 대학이 특성화와 연계할 수 있다. 이를 통해 대학 간 경쟁이 아닌 역할 배분과 협력을 강조하여 고등교육 체계의 전문화를 도모한다.

다양한 유형의 대학 발전 모델은 경북의 고등교육을 국제적 수준으로 끌어올리고, 지역 경제와 산업 발전에 기여하는 인재를 양성하는 데 중요한 역할을 할 것이다. 이 프로젝트는 경북 소재 대학들이 글로벌 경쟁력을 갖추면서도 지역사회에 긍정적인 영향을 미칠 수 있는 방향으로 고등교육을 혁신하려는 노력의 일환이라 할 수 있다.

[그림 14] 경북 권역별 대학 특성화

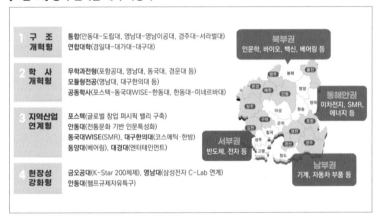

자료원 : 경상북도 RISE 센터, 경상북도 RISE 찾아가는 설명회, 2024. 4.

경북형 연합대학 모델 유형은 [그림 15]와 같이 대학 동맹, 지역 동맹, 글로벌 동맹 범주의 연합대학 형태를 생각할 수 있다. 경북 권역별 EU 대학 모델 구체화 사례도 가능하다.

[그림 15] 경북형 연합대학 모델(유형안)

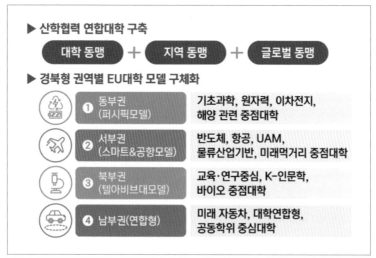

▶ 산학협력 연합대학 구축

대학 동맹 + 지역 동맹 + 글로벌 동맹

▶ 경북형 권역별 EU대학 모델 구체화

①	동부권 (퍼시픽모델)	기초과학, 원자력, 이차전지, 해양 관련 중점대학
②	서부권 (스마트&공항모델)	반도체, 항공, UAM, 물류산업기반, 미래먹거리 중점대학
③	북부권 (텔아비브대모델)	교육·연구중심, K-인문학, 바이오 중점대학
④	남부권(연합형)	미래 자동차, 대학연합형, 공동학위 중심대학

자료원 : 경상북도 RISE 센터, 경상북도 RISE 찾아가는 설명회, 2024. 4.

아이브(K-IVY) 프로젝트는 각 대학의 강점을 살려 특성화를 진행함으로써, 대학 간 출혈경쟁의 제로섬 게임(Zero-Sum Game)을 벗어나 각 대학이 서로 협력하고 상호보완적인 관계를 구축하는 것을 목표로 한다. 이 접근법은 지역 내 대학들이 중복되는 경쟁 대신, 각기 다른 특색을 발전시켜 전체 지역 교육의 질을 향상하는 데 중점을 둔다. 대학 자원의 물리적 공유, 화학적 연합으로 경북형 거대 대학을 구현하는 것이다.

특성화 중심 대학 육성 유형은 다음과 같은 전략을 포함한다. 대학 기능 중심의 특성화이다. 각 대학은 자신의 강점과 지역 산업의 요구에 맞추어 특정 기능(연구, 인력 양성, 평생 직업 교육 등)을 강화한다. 예를 들어, 한 대학이 바이오기술 연구에 집중하면 다른 대학은 첨단 제조나 정보기술 교육에 특화할 수 있다. 각 대학은 서로 다른 분야에서 전문성을 발휘하며, 지역 산업의 다양한 요구를 충족시킬 수 있다.

특성화 중심 학과 개편과 융합 인재 양성은 전통적인 학과 구조를 넘어서, 무학과 및 무전공 시스템을 도입하거나 융합 교육 프로그램을 개발함으로써, 학생들이 여러 분야의 지식을 통합하고 창의적인 문제해결 능력을 기를 수 있도록 한다. 학생들에게 더 넓은 시야를 제공하고, 실제 산업현장에서 필요로 하는 다기능, 다분야 인재를 양성하는 데 도움이 된다. 이와 같은 전략은 대학 간의 경쟁을 줄이고 협력을 증진시키며, 지역 내 고등교육의 전반적인 품질과 효율성을 높이는 데 기여한다. 경북의 각 대학은 서로 다른 임무를 수행하면서도 상호보완적인 관계를 유지할 수 있으며, 경북 지역 전체의 교육 및 산업 발전에 중추적인 역할을 할 수 있다.

5) K-러닝 프로젝트(K-LEARNing)

K-러닝 프로젝트(K-LEARNing)는 Lifelong Education(평생교육), Empowerment(능력향상), Accessible Education(접근 가능한 교육), Relevant Skills(필요한 기술), Networking(네트워킹)의 개념을 통합하여 설계된 경북의 평생교육 혁신 프로젝트이다. 이 사업은 지역 산업 수요와 주민의 요구를 반영하여 대학의 직업 및 평생교육 기능을 확장하는 목표를 가지고 있다. 프로젝트는 다음과 같이 세 가지 유형으로 구분 된다.

첫째, 대학 평생직업교육체제 유형은 성인 학습자를 중심으로

한 평생직업교육 전환을 목표로 하며, 성인 재취업 지원, 성인 맞춤형 학위 프로그램 개발, 신규 직종 및 필요 기술습득을 위한 나노 디그리 프로그램 등을 포함한다. 이를 통해 디지털 평생교육 체계를 구축하여 학령기 인구 감소에 대응하고, 지역 주민에게 새로운 기회를 제공한다. 경북 미래 라이프 대학 활성화를 통한 경북 미래 라이프 대학 경북 권역별(서부, 동부, 북부권)확산과 고학력 성인 학습자들의 새로운 교육수요를 발굴하고, 대학을 평생교육의 허브로 설정하는 사업이다.

둘째, 해외인재유치형은 정부의 외국인 유학생 30만 명 프로젝트와 연계하여, 우수한 해외 인재를 경북에 유치하고, 이들에게 유학에서 정착까지 Non-Stop 서비스를 제공함으로써 모범적 개방사회를 지향한다. 이 유형은 K-GKS, K-드림 프로그램 등을 포함하며, 경북 지역의 특성에 맞춘 교육 국제화를 추진한다. 광역 지자체, 대학, 기업이 함께 노력하여 국제화 특구를 조성하고, 지역발전과 연계한 해외 인재 유치 전략을 실행한다. 최근에 수립한 경상북도 이민정책 기본계획의 사업 내용도 포괄한다.

[그림 16] 경북의 해외 우수인재유치 사업

자료원 : 경상북도 RISE 센터, 경상북도 RISE 찾아가는 설명회, 2024. 4.

셋째, 사회적가치 실현 유형은 사회적 가치를 실현하는 교육 프로그램을 개발하고 실행하는 것을 목표로 한다. 장애인, 취약계층, 다문화 등에 대한 정책 제시를 통해 지역사회에 기여하고 사회적 문제해결에 집중하는 교육 커리큘럼을 통해 학생들과 지역 주민들이 사회 변화의 주체가 될 수 있도록 지원한다.

K-LEARNing 프로젝트는 평생교육과 직업 훈련의 통합, 접근성 향상, 국제화를 통한 경쟁력 강화를 목표로 하며, 경상북도 평생교육 체계를 혁신하고 지역발전에 이바지하도록 설계되었다. 지역 내 대학이 새로운 사회적, 경제적 임무를 수행하고, 지역 내외로부터 인재가 유입되는 생태계를 조성하는 것이 포함되어 있다.

사회적 가치실현 유형은 지역사회와 대학 간 연계를 통해 다양한 교육적 사회적 목표를 달성하는 데 목적이 있다. 이 프로그램은 경상북도 내 주민들의 학습 능력을 신장시키고, 사회적으로 소외된 계층의 교육복지를 확대하는 것을 포함한다.

사회적 가치실현 유형을 다양하게 살펴볼 수 있다. 첫째, 경북미래라이프대학은 지역-대학이 평생직업교육 연계를 통해 개발되는 유형으로, 경상북도 전역으로 확산할 예정이다. 경북미래라이프대학은 도민들에게 평생학습 기회를 제공하는 유형이다. 직업 및 개인적 발전을 지원하여 지역 사회의 삶의 질을 향상하는 데 중점을 두고 있다.

둘째, 도민행복대학 교육과정은 지역 내 다양한 계층, 특히 농어촌 지역의 주민들에게 맞춤형 교육 프로그램을 제공한다. 이는 학습자들이 시대에 맞는 필요한 기술을 습득하고, 개인적 및 전문적 성장을 도모하도록 설계되었다.

셋째, 지역정주형 보건의료 사회서비스 복지교육 프로그램제공 유형이다. 농어촌 지역에서 보건의료 분야의 서비스 제공을 강화하기 위해 설계되었다. 지역 주민들이 필요로 하는 보건의료 서비스와 사회복지 서비스를 통합하여 제공함으로써, 지역 내 주민의 건강과 복지를 촉진한다.

이와같이 경상북도 전체 대학과 지역사회가 협력하여, 교육 접근성을 향상시키고, 사회적 소외감을 줄이며, 지역 주민의 삶의 질을 개선하는데 중점을 두고 있다. 경북의 각 대학은 자체적인 특성과 자원을 활용하여 지역사회의 다양한 필요에 부응하고, 지역발전에 기여할 수 있는 특화된 프로그램을 개발하여 실행하여야 할 것이다.

4. 고등교육 추진성과

'경북 라이즈 사업계획'을 통해 경북의 고등교육 정책 방향성을 살펴보았다. 경북의 고등교육 추진내용과 체계는 전국에서 우수하게 평가받고 있다. 4개 프로젝트 내 구체적인 단위과제 수행을 통해 대학교육의 성과를 높일 수 있다. 라이즈 사업계획이 2024년 12월에 확정된 이후 정부 라이즈 사업 예산액은 시도별 차등적으로 지원액이 결정된다. 2025년 3월쯤에는 시도별 RISE 사업이 각 대학별로 시작될 것이다.

시도별 라이즈 사업은 계획, 실행, 평가, 피드백, 확산의 다섯 단계로 진행되며, 각 단계에서 역할이 구체적으로 정해진다. 이를 통해 사업성과는 체계적으로 관리되고 지역별 내·외부 전문가들이 평가하는 성과관리시스템을 운영할 수 있다.

지역혁신의 중심대학 지원사업은 지역 대학들이 지역발전에 기여하도록 계획되었다. 이는 대학과 지역 사회, 기업이 함께 협력하여 교육 프로그램을 개발하고 지역 문제를 해결하며, 인력을 양성하여 산업을 육성하는 것을 목표로 하는 것이다. 지방정부와 대학이 지속적으로 소통하고 협력하여 지역 고등교육정책을 성공적으로 추진해야 한다. 지역 산업과 대학이 맞춤형 교육 프로그램을 개발하여 지역발전을 도모할 때 살기 좋은 지역이 되어 인구의 유입이 될 것이다. 기관 간 협력을 통해 지역 인재를 양성하고, 취업과 창업을 촉진하여 지역에 더 많은 사람(청년)이 정주할 수 있도록 하여야 한다.

제4절 결론 및 정책제언

경북의 교육정책 성과는 고등교육의 성과관리를 통해 구체화 된다. 앞서 제시된 핵심 및 단위과제 수행 및 운영을 통해 고등교육 성과를 창출하고 적절한 절차에 따라 관리한다[10]. 시도 예산확정 이후 기본계획에 따라 라이즈센터에서는 구체적 실행 계획을 바탕으로 과제별 예산이 배정되어 사업이 진행될 것이다.

라이즈사업의 성과관리는 계획, 수행, 평가, 환류, 확산의 5단계로 구분하여 각 단계별 조직체계, 역할, 성과관리, 기능을 부여하여 전체 성과관리체계가 유기적인 연결을 가질 수 있도록 운영할 수 있다. 사업선정위원회를 두어 사업 선정에 공정성을 기하고, 라이즈센터 자체 성과 평가나 모니터링과 센터 내·외부 전문가로 구성된 성과관리위원회를 두어 사업 선정 평가단을 운영한다. 세부 과제 운영을 위해서는 별도의 자율 평가지표를 통해 과제 공모에 응모하는 주체가 평가지표를 제안할 수 있도록 하는 방안도 있다.

지역혁신중심 대학지원체계(RISE)에서는 지역발전과 대학 간의 협력을 강화하여 지역사회 및 지역기업과 학생들에게 더 큰 가치를 제공하는 데 초점을 맞추고 있다. 지역 산업과 연계한 교육 프로그램 개발, 지역 문제해결을 위한 프로젝트 수행, 지역 창업 지원 및 산업 육성, 지역 사회와의 문화·예술 협력, 지역 주민 교육 프로그램 개발, 자원 공유와 시설 공동 이용 등과 관련한 구체적 사업이 무엇보다 고려되어야 할 것이다. 라이즈 사업을 통한 청년인구 지역 정주율 향상은 광역시도 행정통합[11]이 지향하는 정책목표에도 부합한다.

여전히 지방행정과 교육행정 간에는 간극이 있지만, 대학자원이 지역발전에 중심이 되어야 하는 중요한 시점이다. 경상북도 교육정책의 실질적 성공을 위해서는 광역 및 기초지자체(경북도 및 시군)와 대학이 지역 발전에 대해 한 몸으로 지속적으로 대화하고 소통해야 한다. 대학과 지역, 기업의 구체적이고 실천적인 협력 거버넌스를 바탕으로, 지역산업과 대학 간의 지·산·학·연 협력을 강화하여, 실질적인 지역발전 수요에 부응하는 교육 프로그램을 개발하고 운영할 필요가 있다.

지방시대 경상북도가 주도하고 대학이 중심이 되는 지·산·학·연 협력 강화와 이를 통한 산학협력 기반의 교육 모델 발전, 디지털 교육 강화, 맞춤형 직업교육 확대는 실질적 '지역인재양성-취·창업-정주 지역발전 생태계 구축'을 가능하게 한다. 경북의 힘으로 새로운 대한민국이 더 가까워질 것이다. 경북이 앞서서 시작하면 대한민국의 표준이 될 수 있다.

경북 라이즈 계획은 현장적합성과 과제 간 정합성을 높일 방안을 보다 고민하여야 할 것이다. 또한, 타 부처 대학재정지원사업, 교육발전특구 및 글로컬대학30 프로젝트, 지역 필수 의료체계 구축 등과 효과적으로 연계할 수 있는 전략도 모색할 필요가 있다.

참고문헌

- 경북연구원. 2023. 경북 지역혁신중심 대학지원체계(RISE) 센터 운영계획(안).
- 경상북도. 2023. 제5차 경북과학기술진흥 5개년 계획.
- 경상북도. 2023. 지역혁신중심 대학지원체계 시범지역 신청서.
- 경상북도. 2023. 경상북도 지역혁신중심 대학지원체계 계획수립 연구용역 최종보고서.
- 경상북도. 2024. 경상북도 지역혁신중심 대학지원체계(RISE) 계획서.
- 경상북도. 2022. 제5차 경상북도 과학기술진흥 5개년 계획.
- 경상북도. 2023. 지역혁신중심 대학지원체계 기본계획 수립 (컨설팅회의자료).
- 교육부. 2022. 디지털 신기술 인재양성 혁신공유대학 사업 기본계획. 대한민국 정책브리핑, 2월 2일.
- 교육부. 2022. 3단계 산학연협력 선도(전문)대학 육성사업(링크 3.0) 기본계획 발표.
  대한민국 정책브리핑, 1월 13일.
- 교육부. 2023. 2023년 지자체–대학 협력기반 지역혁신사업 기본계획. 보도자료, 3월 5일.
- 교육부. 2023. 2주기 대학의 평생교육체제 지원사업(LiFE2.0) 선정결과 발표.
  대한민국 정책브리핑, 6월 21일.
- 교육부. 2023. 지역혁신중심 대학지원체계(RISE)협의회 회의자료.
- 교육부. 2023. First mover, K–대학을 향한 담대한 혁신 「글로컬대학 30」 추진방안.
  교육부 지역인재정책과.
- 김병태 2023. 경북 지산학협력모델과 추진과제. 경북연구원.
- 김용현. 2020. 대전환의 시대, 지역고용구조변화와 정책방향–대구경북을 중심으로.
  2022 대구경북 지역경제세미나(한국은행), 6월.
- 김용현. 2024. 경북 K–U시티 지역발전전략 구조와 실증분석 연구, 경북연구원.
- 대구경북지역혁신플랫폼. 2022. 2022년 지자체–대학 협력기반 지역혁신 사업 수정사업계획서.
- 산업부. 각 연도. 산업기술인력 수급실태조사보고서.
- 산업통상자원부. 2019. 제4차 국가균형발전 5개년계획(2018~2022).
  대한민국 정책브리핑, 1월 31일.
- 안동대학교. 2023. 경북도립대학교 혁신기획서.
- 이동규. 2021. 인구 변동과 미래 전망 : 지방대학분야. 보건사회연구원(서울대학교), 12월.
- 지역산업종합정보 시스템. 2021. 대구광역시 및 경상북도지역산업진흥계획.

주

1. 경북연구원 김용현 선임연구위원
2. 지방시대위원회 출범이 그 예이다. 지방대학 및 지역균형인재 육성에 관한 법률 전부개정법률안이 21대 국회에 제안되었으며, 경상북도도 이에 맞는 경상북도인재평생교육진흥원 설립 및 운영 지원에 관한 조례개정안을 추진 중이다.
3. 지역혁신중심 대학지원체계 Regional Innovation System. &Education
4. 2021년 한국교육개발원 교육통계 기준이며 일반대학 18개, 전문대학 15개, 사이버대학 2개, 원격대학 1개, 사내대학 1개이다. 폴리텍대학(고용부 산하)을 포함하면 경북에는 약 40여 개의 대학이 있다.
5. 구미 3, 포항 4, 칠곡 2, 예천 1, 안동 3, 영주 2, 경주 4, 김천 2, 문경 1, 영천 1개의 대학이 분포
6. 대학 등 고등교육기관에 대한 행·재정 지원체계가 정부(교육부)에서 경상북도로 이관될 경우 경상북도와 각 시·군에서는 10% 정도의 예산 매칭이 필요하다.
7. 기초유형 6개 지자체 모델과 광역형 2개 지자체 모델이 있다. 포항–첨단과학과 신산업을 견인할 창의융합형 인재양성 모델, 구미–사람과 기업이 함께 성장하는 교육도시 모델, 상주–지역산업과 함께 성장하는 미래교육도시 모델, K–상상주도 특구, 칠곡–미래세대를 위한 지역 맞춤형 공존·공감 교육 실현 모델, 봉화–이주사회를 대비한 교육발전특구 모델, 울진–원자력수소 국가산업단지와 연계한 모델이다. 광역형 모델은 K–인문교육과 지역산업 연계형 안동·예천 모델로 인문교육을 통한 안동·예천형 공교육 혁신모델 정립 전략을 바탕으로 한 인성교육 완전책임제 제시 등이다.
8. 2023년부터 2026년까지 총 30개 대학이 글로컬 대학으로 지정될 예정이며 각 대학은 약 1,000억 원의 예산을 지원받아 글로컬화를 추진한다.
9. 경상북도 제5차 경상북도 과학기술진흥 5개년 계획(2022)에 경북 8대 메가테크는 반도체, 이차전지, 미래차, 소형모듈원자로(SMR), 바이오백신, 로봇, 메타버스, 도심항공(UAM)으로 규정하고 있음
10. 교육부에서 기재부로 라이즈 예산서 제출(2024. 5.), 정부 국회에 2025년 예산안 제출(2024. 9.), 라이즈예산안 확정(2024. 12.) 과정을 거쳐 2025년 1월 이후 본격적인 사업이 진행될 예정이다.
11. 최근(2024. 5. 20.) 대한민국 제 2도시 조성(인구 500만 명의 메가시티)을 목표로 하는 대구와 경북의 행정통합 논의가 다시 부상되고 있다.

제6장
·
지방시대의 문화관광 혁명

박 철

고려대학교 융합경영학부 교수

경상북도는 지방시대를 선도하기 위해 디지털 관광문화, 듀얼라이프 생활문화, 천년건축 공간문화로 설정하고, 문화관광분야를 혁신하고 있다. 본 장에서는 문화관광과 관련된 국내외 정책동향과 경북이 보유하고 있는 문화관광 자원을 정리한 뒤, 경상북도의 문화관광 정책내용과 사례를 설명하였다. 그리고 마지막에는 이를 실현하기 위한 정책제언을 제시하였다.

제1절 서론

　지방은 그 고유의 문화와 자연을 보유하고 있다. 그래서 문화관광은 아이디어를 잘 개발하고, 효과적으로 운영한다면 그 지역의 경쟁력 있는 산업이 될 수 있다. 예를 들어 최근에 이슈가 된 경북 칠곡군의 '할매글꼴과 할매래퍼'는 성인문해교육을 통해 뒤늦게 한글을 배운 할머니들이 관광자원이다. 할매글꼴은 대통령 연하장에도 사용되었고, 평균연령이 85세인 할머니로 구성된 8인조 팀 '수니와 칠공주'는 래퍼 그룹이 되어 유명세를 타고 있다. 그들을 다룬 다큐멘터리가 폴란드에서 제작될 정도이다[1].

　세계적인 관광지가 다 지방에 있으며, 문화관광 분야는 지방시대의 핵심적 역할을 한다. 경상북도는 2023년에 대한민국 지방시대를 주도하기 위한 8대 과제를 발표하였다. 이 중 문화부문 정책과제로는 정책선도형의 '지방시대 문화관광 혁명'으로 제시하였다. 이를 실천하기 위한 방향으로 문화관광 분야 디지털 콘텐츠산업 육성, 생활인구 기반 듀얼라이프 확산, 천년주택, 주거문화 혁신 등을 제시했다. 경북이 문화관광 혁명을 통해 지방시대를 선도하기 위해서는 지역으로 외지인이 찾아오도록 하는 것이 중요하다. 경북에만 있고 이색적인 문화콘텐츠 개발을 통해 수도권 등 다른 지역의 인구를 지역으로 방문 및 유인할 수 있어야 한다.

전국에서 방문자 수가 3번째로 많은 경북은 짧은 체류시간과 저조한 관광 부가가치가 문제로 제기되고 있다. 이를 타개하기 위해 최근 경북도는 콘텐츠 창작의 원천이 되는 역사·전통·관광·스토리 등 풍부한 문화자원·콘텐츠IP를 활용하여, 디지털 기술과 결합한 메타버스 콘텐츠 기술연구를 통해 경북 관광문화를 혁신하고자 노력하고 있다.

경북의 생활문화는 지역민이 느끼는 삶과 생활만족도는 전국 평균 이하이며, 문화 관련 인프라 및 향유 기회 또한 수도권에 비해 격차가 큰 편이다. 그러나 경북은 매력적이고 정체성이 담긴 유네스코 세계유산, 웰니스관광지, 유니크베뉴 등 문화자원과 워케이션, 한달살기 등 장기체류 여행 관련 인프라를 보유하고 있다.

경북은 전국 8곳인 국가민속문화재(민속마을) 중 5곳, 국가지정문화재로 지정된 전통가옥의 44.2%가 소재하고 있다. 국내 최대 한옥자원을 보유한 전통주택의 고장인 만큼, 문화적 가치가 있는 천년건축의 삶터 조성이 가능하다. 이에 경북은 장수명 주택 시범사업을 추진하고 있으며, 도청신도시의 공공건축물에는 천년건축 개념을 적용하여 우수한 자재 사용과 디자인 특화를 도모하고 있다.

본 장에서는 경상북도가 지방시대에 문화관광을 어떻게 혁명적으로 전개하고 있는지를 살펴보고자 한다. 먼저 경북의 문화관광 자원과 인프라 등 지역현황과 국내외 정책동향을 살펴보고 경북의 문화관광 정책 특성과 사례를 살펴보고자 한다. 그리고 정책의 비전과 목표, 그리고 사례를 K-컬처 집적 프로젝트, 디지털 한류거점 조성, 문화관광 융합콘텐츠 개발, 생활인구 기반 듀얼라이프 확산 등으로 나누어 주요특성과 기대효과를 분석해 본다. 마지막으로 결론과 정책제언을 제시한다.

제2절 현황 및 국내외 정책 동향

1. 지역현황

1) 문화관광자원

경북은 자연생태, 역사문화, 인문 측면의 우수 관광자원의 보고이다. 그래서 다양한 자원을 바탕으로 현대사회가 필요로 하는 융합형 관광을 육성할 수 있다. 최근 1년간 방문자 수로는 경기, 서울특별시에 이어 경북이 3번째로 많다. 그러나 관광지출액으로는 서울, 경기, 부산, 인천, 대구, 대전, 경남, 강원에 이어 9번째이다. 경북 방문자는 체류시간은 길지만, 평균 숙박 일수가 적은 유형으로 관광 부가가치가 적은 곳이다. 그런데 경북은 한류콘텐츠 문화자원과 콘텐츠 혁신기관 보유하고 있다. 글로벌 경쟁력을 지닌 유네스코 세계유산과 4대 한류콘텐츠 문화자원이 있다. 또한 유교·가야·신라 3대 문화와 해양문화를 보유한 역사·문화자원의 집적지이다. 백두대간·낙동강·동해안으로 이어지는 자연생태자원 역시 풍부하다.

[표 1] 전국 국가민속문화재(민속마을) 지정 현황

한글	한복	한식	한옥
• 훈민정음 해례본 • 간경도감 분소 • 한글 기록유산	• 한국한복진흥원 • 고부가가치 • 한복산업 육성	• 종가음식조리서 • 음식디미장 • 수운잡방	• 세계유산 등재 • 안동 하회마을 • 경주 양동마을

세계유산	세계기록유산	인류무형유산
석굴암 · 불국사(경주), 경주역사유적지구, 한국의 역사마을(안동 하회, 경주 양동), 한국의 산사(영주 부석사, 안동 봉정사), 한국의 서원(영주 소수, 안동 도산 · 병산서원)	유교책판(안동), 한국의 편액(아태기록유산, 안동), 만인소(아태록유산, 안동), 국채보상운동기록물(대구 · 안동)	한국의 탈춤 (하회별신굿탈놀이)

자료원 : 임성호 외. 지방시대 선도 경북 문화브랜드 강화. 2023.

콘텐츠 창작의 원천이 되는 역사 · 전통 · 관광 · 스토리 등 문화자원 · 콘텐츠가 풍부하다. 그래서 디지털 기술과 결합한 새로운 메타버스 콘텐츠 기술(VR · AR, 실감형 콘텐츠, 홀로그램 등)을 전개할 수 있다. 콘텐츠, 전통문화, IT · 제조 · 6차산업 등 관련 기관 집적 및 산업융합을 통한 시너지 창출이 가능하다. 디지털 콘텐츠는 문화관광과 타 분야 간 융합 촉진을 통해 시너지를 창출할 수 있다.

한편 경북은 생활인구를 늘릴 수 있는 정체성이 담긴 매력적인 지역자원이 풍부하다. 경북지역의 역사문화 · 자연생태 자원의 우수성을 보여주는 유네스코 세계유산, 웰니스관광지2, 유니크베뉴(Unique Venue)3 등 매력적인 자원과 인프라가 풍부하다. 예를 들어, 한국관광공사에서 선정한 웰니스관광지로, 국립산림치유원(영주), 국립백두대간수목원(봉화), 인문힐링센터 여명(영덕), 금강송에코리움(울진), 장계향문화체험교육원(영양)등이 있다. 한국관광공사 선정 유니크베뉴로는 국립경주박물관과 황룡원이 있다.

또한 경북은 국내 최대 한옥자원을 보유한 전통주택의 고장이다. 2022년 기준 경북의 한옥 수는 5,800채이며, 시군별로는 경주 12,000채, 안동 7,000채, 영주 4,000채 순으로 분포되어 있다. 읍면동별로는 경주 외동읍이 1,200채, 안동 태화동이 800채, 영주 하망동이 700채로 가장 많이 분포되어 있다. 전국의 전통가옥 중 국가지정문화재로 지정된 181채 중 44.2%인 80채가 경북에 소재하고 있다. 경북 내 1,955점의 지정문화재 중 약 43%가 건축문화재에 해당된다. 경북에는 전역에 걸쳐 국가지정 민속마을과 비지정 전통한옥마을이 분포되어 있다. 국가민속문화재(민속마을)은 전국 8개소 중 경북에는 안동 하회마을, 경주 양동마을, 성주 한개마을, 영주 무섬마을, 영덕 괴시마을 등 5개소를 차지한다.

[표 1] 전국 국가민속문화재(민속마을) 지정 현황

지정번호	현 문화재명	지정일	소재시도	시군구	관리단체
제122호	안동 하회마을	1984-01-10	경상북도	안동시	(사)안동하회마을보존회
제188호	제주 성읍마을	1984-06-07	제주특별자치도	서귀포시	제주특별자치도
제189호	경주 양동마을	1984-12-24	경상북도	경주시	양동마을 운영위원회
제235호	고성 왕곡마을	2000-01-07	강원도	고성군	고성군
제255호	성주 한개마을	2007-12-31	경상북도	성주군	성주군
제236호	아산 외암마을	2000-01-07	충청남도	아산시	아산시
제278호	영주 무섬마을	2013-08-23	경상북도	영주시	영주시
제301호	영덕 괴시마을	2021-06-21	경상북도	영덕군	영덕군

자료 : 문화재청(https://www.cha.go.kr)

2) 문화관광 인프라

수도권에 인구가 집중되고 지방은 인구가 감소되는 현상이 심화되고 있다. 2023년 전국 인구 약 5,155만 명 중 서울과 경기 인구는 약 2,313명으로 전체 인구의 44.8% 차지한다. 전국 229개 지자체 중 89개 지자체가 인구감소지역으로 지정되어 있다. 경북 23개 지자체 중 인구감소지역 16개, 인구감소 관심지역 2개로 경북지역은 인구감소 위기가 심각하다. 이에 따라 경북을 포함한 지방은 문화 인프라·향유 기회의 불균등이 지속되고 있다.

경북도민의 삶과 지역생활 만족도는 전국 평균 이하이다. 2020년도 기준, 경북 균형발전 지표(주관지표)에서 경북도민의 개인의 삶과 지역생활 만족도는 전국 평균보다 낮다. 문화·여가 부문의 모든 항목에서 균형발전 지표는 전국 평균보다 낮지만, 시민참여·공동체 부문에서 주민참여는 전국 평균보다 높다. 공연문화시설, 도서관, 공공체육시설 서비스권역 내 인구비율은 모두 전국 평균보다 낮다. 경북 문화기반시설은 전국의 약 7%로, 약 221개이다. 지역별로는 포항, 경주, 안동, 경산에 집중되어 있으며, 시설유형별로는 박물관과 도서관에 치우친다.

도내 인구유입과 도민의 문화접근성 향상을 위해 다양한 정책을 추진하고 있다. 시군 유휴공간을 문화복합공간으로 조성하여 지역과 연계한 주민 중심의 운영체계를 구축하고 있다. 그 중의 하나가 경북형 듀얼라이프 기본계획이다. 이를 위해 경북 '두 지역 살기 기반 조성' 공모사업이 봉화와 상주에 추진되고 있다. 농촌체험휴양마을과 기업을 연계한 지역-기업 상생 워케이션 프로그램인 농촌 힐링워크를 운영하고 있다. 의성군 만경촌-라온피플(인공지능 플랫폼), 문경시 궁터마을-푸드나무(간편 건강식), 상주시 승곡마을-에쓰푸드(종합식품) 등 귀농귀촌인을 위한 인프라와 창업농업인 대상으로 맞춤형 교육을 제공하고 있다.

문화여행은 장기체류를 위한 관련 인프라 구비하고 있다. 2023년 국내 여행 트렌드인 로컬관광, 취미여행, 농촌체험여행, 아웃도어/레저여행, 장기체류에 부합하는 자원이 풍부하다. 경북농촌체험관광 웹사이트인 오이소(www.gboiso.kr), (사)경상북도농어촌체험휴양마을협의회 웹사이트(gbvill.cafe24.com) 등에서 경북 농어촌체험마을 125개소의 숙박과 체험프로그램에 대한 정보 제공하고 있다. 다음 [표 2]는 경북 워케이션 관련 인프라현황이다.

한편 경북에는 청년인구 유입을 위해 다양한 지역맞춤형 사업 경험이 축적되어 있다. 경북의 문화자원과 유휴시설을 활용한 행정안전부의 로컬 크리에이터 육성사업, 청년정착지원사업, 청년마을지원사업 등이 추진되었다.([표 3] 참고) 예를 들면, 문경 '달맞이스페이스', 영주 'STAXX', 영주 '148아트스퀘어' 등이 있다. 경북살이 청년실험실 등 청년 주도 정착 프로그램 운영 및 마을 활성화 사업에 대한 경험이 축적되어 있다. 의성 '이웃사촌마을', 영덕 '뚜벅이마을', 경주 '마카모디', 문경 '달빛탐사대', 칠곡 '아트랜스파머' 등이 그 예이다. 경북문화관광공사에서도 청년창업가와 수시로 간담회를 통해 '경주 황리단길'등의 관광콘텐츠를 성공적으로 발굴하였다.

[표 2] 경북 워케이션 관련 인프라 현황

구분	주요 내용
경주 가자미마을	• 2022년 행정안전부 선정 청년마을 • 약 100년 전 지어진 목욕탕을 개조한 지역복합문화공간 '1925 감포' 오픈 및 공간 활용, 공유오피스, 네트워킹 프로그램 • 주변 관광지 : 황리단길, 대릉원, 첨성대
의성 논밭에	• 워라밸이 가능한 워케이션 공간(객실 6실, 수용인원 최대 16명) • 오픈 데스크, 복합기를 갖춘 대형 공간, 회의실 • 자전거, 캠핑 테이블, 바비큐 장비 무료 대여 • 주변 관광지 : 의성펫월드
영덕 덕스	• 뚜벅이 여행자를 위한 워케이션 공간(객실 2실, 수용인원 최대 10명) • 공유오피스, 서핑, 트레킹 • 주변 관광지 : 대진해수욕장

자료 : 경북나드리(https://tour.gb.go.kr)

[표 3] 경북의 로컬크리에이터 마을활성화 사업

구분	주요 내용
경주 마카모디	• 청년단체인 마카모디는 2021년 경주 감포읍 정착한 후 주민과 협업하여 '1925 감포', 행정안전부 청년마을만들기 지원사업인 '가자미 마을 조성 사업' 등 추진 • '1925 감포'는 유휴시설인 옛날 목욕탕, 오래된 돌창고를 리모델링한 복합문화공간(카페, 문화행사, 이벤트, 교육, 아트레지던시 예술수업 등) • '가자미 마을 조성 사업'은 감포읍에 단기·장기간 체류하면서 새로운 시도를 해보고자 하는 청년들을 모집하고, 숙박 및 사무실 공간과 활동비를 제공 • 청년 참가자들은 지역특산물인 가자미로 레시피를 개발하고, '가자미 식탁', '가자미 식당' 프로그램 운영 • '가자미 원정대 프로그램'과 '가자미 워케이션 프로그램'을 통해 감포읍 맛집 지도 및 감포읍 소개 팜플렛 제작
문경 달빛 탐사대	• 청년들이 동네 구석구석을 직접 찾아다니는 로컬탐사를 통해 지역을 이해하고 유휴공간을 찾아 활용 방법을 모색 • 유휴공간을 리모델링하여 청년들을 위한 활동 공간 조성 • 달맞이 스페이스(커뮤니티센터), 보름달오피스(적산가옥 야외공연장)
칠곡 아트랜스 파머	• 청년 활동가들이 지역의 문화, 예술, 인문 자원을 발굴 및 홍보 • 마을주민과의 유기적인 연대, 마을의 가치와 자원을 공유·확산 • 마을공동체와 주민역량 강화를 위한 컨설팅 수행

자료
한국농촌경제연구원, 2022,
「다함께 만드는 행복농촌 이야기」

2. 국내외 정책동향

1) 디지털 관광문화 콘텐츠

경상북도는 메타버스 수도 경북 기본계획을 2022년 10월에 수립하였다. '다시 대한민국 중심으로! 메타버스 수도 경북'이라는 비전 아래 2026년 목표를 메타버스 육성거점 5곳 구축, 150건의 R&D 및 콘텐츠 개발, 1,615개사의 마케팅·인증·실증 등 기업지원, 6,260명의 크리에이터 인력 양성 및 1,000만 명의 메타인구 가상도민으로 설정하였다. 구체적으로 경제, 사람, 공간의 세 개 분야로 구분하였다. 경제 분야의 새로운 기회를 위한 '돈 되는 메타버스', 사람 분야의 새로운 관계를 위한 '사람이 몰리는 메타버스', 공간 분야의 새로운 영토를 위한 '디지털로 통합하는 메타버스'의 3개 추진 방향을 설정하였다. 이를 위한 4대 전략으로 기반 조성, 인력 양성, 기업 육성 및 생태계 활성으로 결정하였다.

경북은 청년인구 유출 등 구조적 문제를 해결하기 위해 '콘텐츠 창작자 원스톱 지원센터'를 설립하였다. 디지털 대전환 시대가 요구하는 창의적 인재 양성을 지원하는 허브기관이 필요하기 때문이다. 지역의 문화유산, 정신문화 등을 기반으로 창의적 콘텐츠 창작 환경을 전방위적으로 구축하여 메타버스 K-콘텐츠 생태계 허브역할 수행한다. 경북콘텐츠기업지원센터와 인근 빈집 등 유휴공간을 활용하여, 입주공간 및 거주공간을 지원한다. 나아가 메타버스 콘텐츠 연구기관 등과 연계하여 메타버스 콘텐츠 창작클러스터로 확장할 계획이다.

[표 4] 메타버스 콘텐츠 창작 혁신센터의 시설 구성

구분	역할	지원 내용
경북콘텐츠기업 지원센터	IP기업 지원 컨트롤타워	IP 사업화 지원, IP 창제작지원, 지역사회 협력 연계
콘플렉스 (콘텐츠 콤플렉스)	메타버스 콘텐츠 원스톱센터	입주공간 및 거주공간 지원, 메타버스 콘텐츠 제작, 코워킹프로그램, 메타버스 기업성장 협업
어뮤지엄 (어뮤즈먼트뮤지엄)	메타버스 콘텐츠 전시체험관	콘텐츠 뮤지엄, 어뮤즈먼트스페이스, 메타버스 행사
Sea & Steel 광장	특화 콘텐츠 활용 시민참여공간	지역 정체성 강화, 지역민 향유의 장

자료 : 경상북도, 2022, 「메타버스 수도 경북 기본계획」

이를 통해 문화유산 콘텐츠, 정신문화 콘텐츠 등과 관련된 콘텐츠 거점기관 및 연구기관과 연계하여 메타버스 K-콘텐츠 생태계를 구축하였다. 안동의 정신문화 콘텐츠와 경북콘텐츠진흥원, 포항의 경북콘텐츠기업지원센터, 포스텍, 포항테크노파크, 경주의 문화유산 콘텐츠와 경북웹툰캠퍼스, 경주스마트미디어센터, 경북음악창작소 등 지역의 다양한 콘텐츠자원과 콘텐츠 거점기관 및 연구기관을 연계하였다.

문화기술융합콘텐츠 연구개발, 인력양성, 스타트업-앵커기업을 발굴·지원할 메타버스 콘텐츠 연구거점기관 유치·설립하였다. 문화기술컨벤션센터, 테크콜라보센터, 융합인재육성센터, 샌즈박스센터, 앵커기업육성센터 등의 시설을 만들었다. 문화기술융합 연구개발 및 사업화 지원, 문화기술융합 인력양성사업, 문화기술융합 창업 아카데미 운영 등을 추진한다.

2) 관광객 유입정책

행정안전부는 [표 5]와 같이 '고향올래(GO鄕ALL來)' 사업을 하고 있다. 행정안전부가 비수도권 지역에 체류형 인구를 유입시키고 지역경제에 활력을 불어넣기 위해 2023년에 추진하는 사업이다. '고향올래(GO鄕ALL來)'는 지자체에서 추진 중인 사업 중, 지역경제 활력 제고에 효과가 있는 사업을 선정하여 전국 단위로 확산하기 위한 프로젝트이다. 주요 사업으로 두 지역 살아보기, 로컬유학 생활인프라 조성, 은퇴자 공동체마을 조성, 청년 복합공간 조성, 워케이션 등이 있다.

[표 5] 행정안전부, 고향올래(GO鄕 ALL來)' 사업 주요 내용

구분	주요 내용
두 지역 살아보기	• 도시 거주자가 정기적, 반복적으로 지역에 체류하여 해당 지역과 관계를 갖고 추가적인 생활거점을 갖는 것 • 여가, 휴양, 체험 등의 목적으로 지역에 체류하고자 하는 참여자를 대상으로 거주 공간, 체험 프로그램, 주민 교류 등 지원
로컬유학 생활인프라 조성	• 서울거주 초·중학생이 지역 농촌학교에 일정기간(6개월 이상) 전학, 도시생활에서 경험하기 어려운 생태학습 등의 교육 체험 • 유학기간 동안 거주할 시설 조성비(유학마을 조성 등) 지원
은퇴자 공동체마을 조성	• 은퇴자를 위한 전원생활(2~3개월) 체험 기회 제공을 통해 공동체 생활방식의 상호교류 지원 및 지역 내 생활인구 유입 유도 • 빈집이나 농어촌체험관 등의 유휴공간을 개조한 주거환경 조성
청년 복합공간 조성	• 청년층 지역정착에 가장 큰 애로사항인 일자리와 주거시설을 동시에 지원하여 청년층 생활인구 확대 추진 • 청년층의 거주 공간과 창업 인큐베이팅, 구직 상담, 편의공간을 동일 장소에 조성하여 사용
워케이션	• 근로자가 휴가지에서 일상적인 업무를 수행하면서 휴양을 동시에 즐기는 방식 • 기업 워케이션 참가자가 근무할 오피스 시설을 조성하고, 여유시간에 참가 가능한 지역 특화체험 프로그램 마련 및 제공

자료 : 행정안전부 보도자료(2023.3.29.), 고향올래(GO鄕 ALL來)'로 지역경제 활력 높인다

또한 행정안전부는 지역특성 살리기 사업을 하고 있다. 지역의 체류인구 확대를 위해 전국의 마을, 시장, 골목에 각 지역의 고유한 특색을 살린 디자인과 환경조성으로 지역공동체 기능을 회복하기 위함이다. 소규모 마을 경제 활력제고, 지역특성활용 로컬디자인, 일자리지원센터 활성화, 전통시장 주변 편의시설 조성, 맞춤형 골목경제 활성화 등 5개 과제로 지역특성살리기 공모사업을 추진하고 있다.

문화체육관광부와 한국관광공사는 인구소멸 위기를 겪고 있는 지역의 관광 활성화를 위해 '디지털 관광주민증' 사업 추진하고 있다. 2022년 시범사업으로 강원 평창과 충북 옥천을, 2023년에 부산 영도구, 인천 강화, 강원 정선, 충북 단양, 충남 태안, 전북 고창, 전남 신안, 경북 고령, 경남 거창 등 9개 지역을 확대·운영하고 있다. 디지털 관광주민증은 한국관광공사의 대한민국 구석구석 사이트에서 발급 가능하며, 여행지 할인(입장료·숙박·체험·식음료·쇼핑) 등 지역별로 다양한 혜택을 제공하고 있다. 이는 디지털 관광주민증 발급자의 지역을 방문하고 관광소비를 유도하는 효과가 있다.

한국관광공사는 [표 6]과 같이 '지자체용 워케이션 활성화 사업'을 하고 있다. 워케이션 유형은 개인주도 관광지 연계형, 기업주도 관광지 연계형, 개인주도 지역 연계형, 기업주도 지역 연계형 등으로 분류된다.

[표 6] 국내 추진주체별 워케이션 추진 현황

구분	역할	지원 내용
공공 기관 주도형	강원도 관광재단	• 영월, 양양, 태백, 삼척 등 워케이션 상품 판매
	서울산업진흥원	• 영월 · 양양, 삼척 · 태백, 제주도, 어촌체험 휴양마을 워케이션 프로그램 운영
	한국관광공사	• 티몬, 휴넷 등 14개 기업 대상 워케이션 시범사업 실시
지자체 주도형	제주특별자치도	• 워케이션 워크 랩스(Island Work Labs) 프로그램
	경남 하동군	• 경남형 한달살이 사업의 일환 • 직장인 체류형 워케이션 관광프로그램 운영
	제주도 질그랭이센터	• 세화마을 협동조합 설립, 주민주도 프로그램 운영
	충남 한산디지털 노마드센터	• 행정안전부 사업으로 충청남도 · 서천군과 '삶 기술학교' 한산캠퍼스 조성 • 지역호텔과 공유오피스 공간 구축 • 지역유입 청년들과 지역공동체가 함께 사업 기획 • 주민주도 프로그램 운영
민간 주도형	대기업	• 네이버, 카카오, 배달의 민족, 티몬, 롯데멤버스, CJ ENM, 한화생명 등 자체 재원을 활용한 프로그램
	특급호텔	• 롯데호텔 리조트, 하얏트호텔 리조트, Glad Hotel, 제주신화월드, 제주 글래드호텔, 신라스테이, 켄싱턴호텔 등 자체 상품 기획 및 판매

자료 : 한국문화관광연구원, 2022, 「워케이션 활성화 방안 연구」

경상북도는 전국 17개 시 · 도 최초로 지방시대정책국 신설 (2023. 1. 1.)하였다. 인구소멸을 넘어, 지방정주시대로 대전환을 위해 7대 생애 리사이클링(4대 정주혁명+3대 돌봄혁명) 정책 수립 및 'K-로컬 7대 프로젝트'를 발표하였다. K-로컬 7대 프로젝트는 4대 정주혁명과 3대 완전돌봄혁명을 더한 7대 생애 리사이클링 정책이다. 4대 정주혁명은 교육지원, 취업지원, 주거지원, 결혼지원이며, 3대 완전돌봄은 출산지원, 보육지원, 돌봄지원이다.

‘2023 인구대반전 프로젝트’는 경북 로컬 체인지업 사업, 경북 스테이 프로젝트, 경북형 소규모마을 활성화 사업, 이웃사촌마을 확산 사업으로 구성되었다. 경북 로컬 체인지업 사업은 지역대학과 연계한 로컬 스쿨 운영, 지역별 거점을 활용한 로컬 기획 전문인력 양성, 체인지업 사업화 자금 지원, 성장지원을 하는 것이다. 경북 스테이 프로젝트는 경북형 작은 정원(클라인가르텐) 조성, 두 지역 살기 기반 조성, 유휴자원 활용 지역 활력 사업, 1시군-1생활인구 특화 프로젝트이다. 경북형 소규모 마을 활성화 사업은 삶터-일터-쉼터로서의 마을 기능을 회복하기 위해 마을주민이 필요한 것을 스스로 채워나가도록 지원한다. 이웃사촌마을 확산 사업은 의성군 이웃사촌마을 시범사업을 보완해 영천과 영덕에서 추진하는 청년이 돌아오는 지역을 만드는 청년·지역 주도 마을 조성사업이다.

　한편 경상북도는 천년건축 정책을 펴고 있다. 그 목적은 주거문화 혁신으로 지역 균형발전 도모 및 새로운 지방시대 실현하고, 대도시 주민 지방이주 대비 지역특성에 맞는 지속가능한 주거단지 마련하는 것이다. 그래서 양동·하회마을처럼 후손에게 물려줄 문화적 가치가 있는 삶터를 조성하고자 한다. 천년건축의 의미는 수도권이 아닌 지역에서만 구현할 수 있는 미래지향적 삶의 공간으로 생활공간 재창조를 통해 지방소멸 극복의 대안을 제시하고, 후손들에게 문화유산으로서의 가치를 만드는 것이다. 천년 주택이 스마트홈 시스템을 갖춰 휴식과 건강 문화를 조성하는 것은 물론 교육과 비즈니스 등을 자유롭게 할 수 있어 도시의 인재들이 찾아오는 지방시대 전환의 상징적인 공간이다.

경북은 지역특성을 고려한 신개념(천년건축)의 주거공간을 2023년부터 시범 조성하였다. 규모는 10만㎡(약 3만 평), 100세대~200세대 정도이며, 복합은퇴촌, 생산공동체형, 산업연계형 등의 유형이 있다. 추진방법은 공공 및 민간분야로 구분하여 시행한다.

3. 외국의 사례

독일과 중국은 대도시 인구 과밀화 방지와 지방 분산정책을 쓰고 있다. 인구의 도시집중 현상으로 대도시 인구 과밀화, 지방의 인구감소 위기, 지역 간ㆍ공간적 격차, 경제적ㆍ문화적 격차 등의 문제가 발생한다. 독일은 인구 밀집 도시의 문제를 해결하고 지역 간 균형발전을 위해 도시개발 및 분산정책을 추진하고 있다. 중소도시와 주변 지역의 경제 인프라 강화, 일자리 창출, 주택시장을 활성화하고 있다. 중국은 상하이, 광동성의 인구 과밀화 문제를 해결하고, 경제 다각화와 인구 분산을 촉진하기 위해 신도시(푸동, 광저우)를 개발하고 있다.

EU와 일본 등은 인구 감소 및 지방소멸 위기 대응 정책을 펴고 있다. 유럽연합(EU)의 스마트빌리지 정책 도입과 스마트빌리지를 조성하였다. 스마트 빌리지는 농촌이나 소도시에 디지털 기술과 연결된 지능형 인프라를 구축하여 주민들에게 스마트 에너지, 스마트 농업, 스마트 운송, 스마트 서비스 등 다양한 혜택을 제공한다. 네덜란드 남부에 위치한 작은 도시인 헬몬드(Helmond)는 지방정부, 기업, 주민들이 협력하여 스마트 빌리지를 구축하였다. 스마트 빌리지(Smart Village)는 혁신적인 정보통신기술(ICT)을 활용하여 지방의 지속 가능한 발전을 촉진하는 개념이다.

일본은 '마을 · 사람 · 일 창생법' 제정(2014년)과 지방창생전략을 마련하였다. 지방창생 전략은 일자리가 사람을 부르고, 사람이 일자리를 부르는 선순환 구조를 확립하여 그 선순환을 지탱하는 지역에 활력을 되찾게 해주는 것을 의미한다. 이탈리아, 스웨덴, 오스트리아 등 지역 인구감소 대응 프로젝트를 추진하고 있다. 예를 들면 이탈리아 고급인력 유입 프로젝트(Youth Guarantee), 스웨덴 스마트 지역돌봄 프로젝트(The IMPROVE), 오스트리아 Web-based Education for Farmer 프로젝트, 일본 촌락기능재생사업, 촌락지원요원 파견 프로그램 등이 있다.

제3절 경북 정책의 특성과 내용 및 성과[5]

1. 정책의 특성

1) 기본방향과 목적

경상북도 문화관광의 기본방향은 다음과 같다.

첫째는 외지인에게 특색있는 경북문화의 향유기회를 확대하는 것이다. 수도권과 비수도권 간 격차의 심화로 인한 경북 인구감소에 대한 대책이 시급하다. 문화와 관광의 산업 및 수요 역시 수도권

편중 현상이 심각하며, 수도권 중심의 인재·기업 집중으로 지역발전 격차가 더욱 커지고 있는 상황이다. 그러므로 경북에만 있고 이색적인 문화콘텐츠 개발을 통해 수도권 등 타 지역의 인구를 방문 및 유인할 수 있는 동기를 마련해야 한다.

둘째는 외지인 유입을 통한 경북 문화혁신으로 지역 내 소비의 활성화이다. 외지인 유입을 통한 경북의 문화 혁신은 지역 내에서의 소비를 활성화하여, 지역인구 감소로 인한 소비감소 현상을 상쇄하는 가장 효과적 수단이다. 경북 인구 1인 감소는 국내여행객 100명(숙박여행 16명, 당일여행 84명) 유치로 상쇄 가능(한국관광공사, 2022)하다. 2021년 기준, 경북도민 1인당 지역 내 소비액은 7,212천 원이며, 경북의 1인당 인구감소로 줄어든 지역 내 소비액을 관광객 유치로 대체하려면 연간 숙박 여행객 16명(150천 원, 33.38%), 당일 여행객 84명(57천 원, 66.62%)이 필요하다.

경북도와 22개 시·군은 인구감소에 따른 경기 침체를 상쇄하기 위해서는 먼저 외지인이 지역을 방문토록 하는 것이 중요하다. 이를 위해서는 지역특색에 맞는 문화(관광문화, 생활문화, 공간문화) 정책을 추진해야 한다. 도시가 아닌 경북에서만 누릴 수 있는 생활과 차별화된 문화환경 구축을 통하여 외지인에게 지역을 방문하는 동안 충분한 삶의 질이 향상되어야 한다. 외지인이 경북에 언제든지 찾아와 다양한 콘텐츠로 지속가능한 삶을 경험해 볼 수 있고 힐링할 수 있게 해야 한다. 지인들이 빈집 등 유휴공간을 쉽게 찾을 수 있도록 정보의 접근성을 강화하고, 다양한 소비자 요구를 지원할 수 있도록 복합문화 공간이 필요하다.

경북도와 22개 시·군이 인구감소에 따른 경기 침체를 상쇄하기 위해서는 먼저 외지인이 지역을 방문토록 하는 것이 중요하다. 이를 위해서는 지역특색에 맞는 문화(관광문화, 생활문화, 공간문화) 정책을 추진해야 한다. 도시가 아닌 경북에서만 누릴 수 있는 생활과 차별화된 문화환경 구축을 통하여 외지인에게 지역을 방문하는 동안 충분한 삶의 질이 향상되어야 한다. 외지인이 경북에 언제든지 찾아와 다양한 콘텐츠로 지속가능한 삶을 경험해 볼 수 있고 힐링할 수 있게 해야 한다. 지인들이 빈집 등 유휴공간을 쉽게 찾을 수 있도록 정보의 접근성을 강화하고, 다양한 소비자 요구를 지원할 수 있도록 복합문화 공간이 필요하다.

셋째는 천년건축과 국제문화 이벤트 공간을 지역 브랜드화하는 것이다. 천년을 지향하고 지역의 독특한 개성을 더한 새로운 주거공간을 창조하고, 건축문화자산 기반 공간을 재창조해야 한다. 쇠퇴하고 있는 도시공간을 혁신적으로 재생하고 지역 도시 이미지를 국내외로 알리기 위해 국제적 메가 이벤트 유치 및 이벤트 공간을 도시 브랜드화 해야 한다.

이를 위한 경북의 문화관광 목표는 첫째, 관광문화 체인지업(Change Up)-문화관광 콘텐츠 디지털화, 둘째, 생활문화 스케일업(Scale Up)-관계인구를 정주인구화, 셋째, 공간문화 밸류업(Value Up)-정체성과 혼이 깃든 건축문화유산 창달로 수립하였다.

2) 추진전략

첫째, 문화를 기반으로 경북관광을 새롭게 변화시킨다. 디지털 전환시대에 대응하여 '경북 속의 한국'을 세계와 공유하면서 한류문화를 새롭게 인식할 기회의 장을 제공한다. 경북도가 우리나라에서 정책적으로 선도하고 있는 디지털콘텐츠 기술(메타버스)에 기반한 문화관광 혁신을 추진한다. 메타버스 등을 활용하여 디지털 문화콘텐츠를 적극 제작·보급하여 경북을 디지털 한류 콘텐츠의 수도로 자리매김한다.

둘째, 경북의 보유자원과 잠재력을 융복합한 신융합관광을 활성화한다. 경북의 상징성에 기반하여 강점을 보다 강화하고 새로움을 가미하여 경북관광을 새롭게 변화시켜 세계 속의 관광 경북으로 대전환시킨다. 경북의 문화자원과 자연자원을 융복합하여 새로운 관광콘텐츠를 지속적으로 개발하여 경북관광의 새로운 시장을 개척한다.

셋째, 교류인구, 관계인구의 정주인구화를 위한 경북형 협업체계를 마련한다. 다양한 니즈의 신규 인구 유치와 지역민과 유입인구가 상생하면서 지역에 체류하거나 정착할 수 있는 협력 비즈니스 모델을 개발한다. 즉, 한달살기, 워케이션, 두 지역 살기 등 장기체류 여행을 통해 지역의 문화와 생활을 경험하고 향후 귀농·귀촌이나 듀얼라이프(Dual Life)를 희망하는 수요자를 위한 인프라를 확대한다. 또한 일자리, 교육, 관광 등 다양한 채널을 통해 국내외 교류인구와 관계인구를 정주인구로 유인할 수 있는 경북만의 차별화된 사업을 추진한다.

[표 7] 전략별 주요 사업 및 내용

키워드	추진전략	주요 사업	지원 내용

문화
+
관광
	문화를
	기반으로
	경북관광을
	새롭게
	변화
		디지털 한류
		르네상스
		프로젝트
			• 경북 5대 한류 글로벌 선도
			  – 국립종가문화진흥원, 일상한복 세계화,
			    한글AI 본당, 국립한지진흥원 등

			• 디지털 한류 거점 조성
			  – 한류 통합 커뮤니티센터, 국립 세계문화
			    (유산)원 등

		AI · 메타버스 기반 디지털콘텐츠산업 브랜드화	• 한류메타버스 문화 콘텐츠 세계화 기반 구축
			• 신라왕경 디지털 복원, 메타버스 데이터센터, 한류 메타버스 월드, 영상산업 클러스터 등
		경북 K–컬처, 신융합 관광 확대	• 문화시설 연계 융합콘텐츠 개발

			• 육해(陸海) 연계 융합콘텐츠 개발
			  – 임해 치유관광 거점, 육해중 지질관광지구,
			    테마 융합 동해안 해양관광 등

문화
+
생활
	문화를
	기반으로
	경북민의
	삶의 질을
	향상
		경북형
		Co–Society
		프로젝트
			• 문화와 생활이 어우러진 커뮤니티 조성
			  – 코리아 워킹홀리데이 빌리지
			    (K–Working Holiday Village) 조성
			  – 코리아 워킹홀리데이 지역 커뮤니티 조성

		생활인구 기반 듀얼라이프 확산	• 경유니크베뉴 스테이–인–경북 워케이션사업 • 경북 두 지역 살아보기 사업 확대 • 경북관광예술촌 조성 • 1시군 10이색호텔 시범사업

		족집계형
		생활문화 기반
		확충
			• 경북 생활문화 인프라 개선
			  – 경북 생활체육 & 문화 포털 구축
			  – 유휴공간(빈집)을 찾아서, 문화공간
			    커뮤니티 맵핑사업
			  – '마카다 모디자' 생활체육, 문화 동호회 축제 개최
			  – 스포츠 버스킹 프로그램 운영

문화 + 공간	문화를 기반으로 경북의 공간을 재창조	주거문화 혁신, 천년 지향 주택단지 조성	• (천년건축 모델 적용) 하회 과학자마을 조성
			• (시범사업) 천년건축 시범마을 조성
		지역 개성 업(UP), 공공건축 천년 유산화	• 공공건축 명소화 프로젝트
			• 미래유산 공공건축물 아카이브 구축
		국제적 문화 이벤트 유치 및 공간 혁신	• 경주 APEC 정상회의 • 국제 메가 스포츠대회 : U20 육상경기선수권 등

자료원 : 임성호 외, 지방시대 선도 경북 문화브랜드 강화, 2023

넷째, 천년을 지향하는 주거문화의 개선 및 공공건축의 문화유산화이다. 천년을 지향할 수 있도록 내구성과 안전성을 갖추고, 시간·기술·거주자 선호 변화에 따라 공간 가변성을 갖춘 장수명주택 단지를 조성한다. 천년건축 개념이 반영되고 미래 문화유산으로 가치를 가질 수 있는 공공건축물을 건립한다. 그래서 미래문화자산으로서 새천년을 이어갈 건축물과 공간을 브랜딩한다. 경북의 새로운 건축정책 방향[6]에 부합하고 경북의 정체성과 가치를 더해줄 수 있도록 주거건축 및 공공건축물을 리노베이션하여 지역자원화한다.

3. 주요내용 및 기대효과

1) 경북 K-컬처 집적 프로젝트

한류 문화의 전 세계적 확산으로 한국의 문화적 영향력이 확대되고 있다. K-pop, 드라마, 영화, 한식, 한국어 등 대중문화 중심의 한류는 이제 한국 문화 전반으로 확산되고 있다. 문화강국 위상을 공고화하기 위한 신한류(라이프스타일) 보존·확산 전략이 필요하다. 경북은 보유한 전통문화, 5대 한류(한글, 한복, 한옥, 한식, 전통주)에 세계적 트렌드 및 디지털 기술을 융합하여 신한류 문화를 선도하고자 한다. 이를 위해 안동시 등 경북 일원에 있는 국립종가문화진흥원, 한글AI본당, 국립한지진흥원, 전통한옥 등을 관광자원화한다. 먼저, 국립종가문화진흥원은 종가음식체험관, 종가문화R&D센터, 종가문화교육관 등의 기능을 수행하고자 한다.

[그림 2] 국립종가문화진흥원의 목표 및 사업

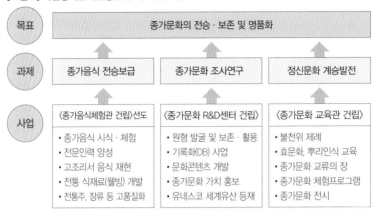

목표	종가문화의 전승 · 보존 및 명품화		
과제	종가음식 전승보급	종가문화 조사연구	정신문화 계승발전
사업	〈종가음식체험관 건립〉선도	〈종가문화 R&D센터 건립〉	〈종가문화 교육관 건립〉
	• 종가음식 시식 · 체험 • 전문인력 양성 • 고조리서 음식 재현 • 전통 식재료(웰빙) 개발 • 전통주, 장류 등 고품질화	• 원형 발굴 및 보존 · 활용 • 기록화(DB) 사업 • 문화콘텐츠 개발 • 종가문화 가치 홍보 • 유네스코 세계유산 등재	• 불천위 제례 • 효문화, 뿌리인식 교육 • 종가문화 교류의 장 • 종가문화 체험프로그램 • 종가문화 전시

임성호 외, 지망시대 선도 경북 문화브랜드 강화, 2023

　또한 일상 한복 세계화 선도하기 위해 한복 창작 지원 및 전시체험을 지원한다. 한국한복진흥원을 메타버스에서 구현하여 실시간 가상 체험과 한복제작 게임을 통한 체험 및 미니어처 제작 · 배송 서비스를 제공한다. K팝, K드라마 등 대중문화 콘텐츠와 대중문화 · 관광객을 대상으로 선제적으로 한복 의상을 협찬 및 지원한다.

　국립한지진흥원은 한지의 생산 유통 및 소비, 국내외 홍보를 지원한다. 닥나무 재배 및 1차 가공에 따른 전문인력 양성, 전통한지 제조 · 기술 보존에 따른 후계자 양성과 한지공예 기획전시, 제조과정 체험 등을 하고자 한다. 전통한옥 관광자원화하기 위해 전통한옥 체험숙박시설 개보수하여 전통한옥 체험프로그램을 운영하고 통합 마케팅을 실시한다. 이를 위해 한옥집단마을 관광자원 개발 및 고택매니저를 육성한다.

한류 르네상스 프로젝트를 통해 경북이 보유한 한국 고유의 전통문화 보존 및 현대적으로 활용하고, 라이프스타일 중심의 신한류 확산 및 한류의 지속가능성을 제고한다.

2) 디지털 한류 거점 조성
① 한류통합 커뮤니티 센터 건립

경상북도는 한류통합 커뮤니티 센터를 건립한다. 경북이 보유한 한국 고유의 전통문화 보존 및 현대적 활용, K-컬처 초격차 산업화를 통해 한류 문화 확산에 대응이 필요하기 때문이다. 그래서 문화관광산업 구조 혁신 및 4차산업 기술을 활용한 문화관광산업을 선도하고자 한다. 구미시, 안동시, 포항시 등 일원에 2026년까지 경상북도, 경북문화재단, 경북콘텐츠진흥원 등을 완공할 계획이다.

한류 통합 커뮤니케이션 센터에는 오프쇼어링으로 텅빈 레거시 공간을 전 세계 한류 유튜버, 세종학당, 공공기업 해외지사 등을 연결하는 K-컬처 워룸을 조성한다. 여기에 차세대 디스플레이를 연결해 초거대 시현 환경 구축 및 전 세계로 송출하는 글로벌 한류 이벤트 24시간 중계하는 한류문화 메타버스 공연장을 건립한다. 또한 K-스토리 문화산업단지 조성한다. 수도권에 집중된 K-스토리 산업의 데이터 기업, 콘텐츠 기업의 기획자, 크라우드 워커, 창작자 인력 수요를 흡수하여 메타버스로 출근하여 지역 명소로 퇴근하는 문화산업단지를 조성한다. 그래서 메타버스 첨단콘텐츠 창작클러스터 조성사업과 연계하고자 한다.

이를 통해 글로벌 한류 네트워크를 이용한 경북 관광 개발과 문화를 확산하고 경북이 보유한 우리 문화유산의 가치 재조명으로 한 국 속의 한국을 조성하는 효과가 있다.

② 국립 세계(문화)유산원

경북은 국내 세계문화유산 13건 중 5건을 보유하고 있고, 세계유 산 미래자원도 풍부한 지역이다. 디지털기술을 전면 도입하여 지역 에 산재해 있는 세계유산의 통합관리가 필요하며, 무엇보다도 세계 유산의 특성에 적합한 통합관리가 필수적이다. 현재 자연유산, 무형 유산에 대한 통합관리 컨트롤타워는 제주(2012년 세계자연유산센 터)와 전북(2013년 국립무형유산원)에 있으나, 세계유산에 대한 것 은 전무한 실정이다. 따라서 세계유산의 체계적 통합관리 및 지역균 형발전 차원에서 국립 세계(문화)유산원 건립이 필요하다. 국립세계 (문화)유산원은 경북도 내 세계유산 소재 지역(안동, 경주, 영주)에 문화재청과 공동으로 2026년까지 개발할 예정이다. 세계유산원에 는 체험·콘텐츠존, 창업·연구개발존, 방재 실험·훈련체험존, 국 제협력기구, 사무실 등을 두어 디지털 보존·관리·활용 시스템을 구축한다.

이곳을 통해 세계유산의 연속유산 등재 추세에 부합하는 통합관 리 효율성 도모하고, 다양한 디지털 기술과 융합한 안전한 유산관 리 및 콘텐츠 활용을 활성화한다. 또한 타 분야 산업과 연계한 새로 운 가치 창출로 관련 산업 발전을 견인하고, 세계유산의 가치 제고 및 문화강국으로서의 국제적 위상을 강화할 것이다.

③ 디지털 문화콘텐츠 세계화 기반 구축

지역의 융합콘텐츠 및 특색있는 관광콘텐츠 개발과 실연을 통해 한류 세계화 기반을 구축한다. 이를 메타버스를 활용해 전 세계로 확산시키고자 한다. 융합 문화콘텐츠의 다양한 개발을 지원·시연 하기 위한 안정적 환경을 구축하고, 문화예술·혁신기술 특화 프로 그램을 운영하여 융합 콘텐츠 산업 활성화 도모할 수 있다.

한국콘텐츠진흥원은 서울 동대문구 조성하여 운영하는 '콘텐츠 문화광장'을 벤치마킹하여, 콘텐츠문화광장 시설 운영(대관, 홍보 등), 융복합콘텐츠 제작 인프라 고도화, 융복합콘텐츠 시연 지원, 첨단 융복합 공연기술 교육 지원 등을 하고자 한다. 즉, 제품 시연, 예술공연, 작품 전시 등 다양한 융합 경북 문화콘텐츠 실연공간을 경북문화콘텐츠진흥원과 함께 구축하고자 한다. 이렇게 하면 신한 류 연계 연관 산업 동반성장 지원을 위해 케이팝 팬이 즐길 수 있 는 관광콘텐츠를 확충할 수 있다. 또한 케이팝 콘서트 관광상품화 를 비롯하여 한류스타와 연관성 있는 지역 관광지를 매력 있는 관 광콘텐츠로 탈바꿈시켜 스타 팬클럽을 관광객으로 유치한다. 경북 도 전 지역 및 경북문화콘텐츠진흥원에서 접근하기 용이한 구미시 에 2030까지 건립할 예정이다.

콘텐츠문화광장을 조성하여 다양한 융합콘텐츠 시연이 가능하 도록, 고정형이 아닌 가변형 공간으로 조성한다. 그래서 기술시 연·무대실험·쇼케이스·첨단공연을 가능하게 한다. 융합 공연전 시, AR·MR 퍼포먼스, 미디어아트, 미디어파사드, 레이저·드론 퍼포먼스 등 제작 및 시연 지원하고 한류 연계 지역관광콘텐츠 개발 및 홍보를 지원한다. 예를 들어, 구미는 케이팝 스타 '황치열'7의 출생지로, '황치열'과 관련된 다양한 자원을 보유하고 있으므로, 이를 활용한 오프라인 투어 및 대중음악 체험관광콘텐츠로 개발가능하다.

이렇게 함으로써 온라인(메타버스)뿐만 아니라 오프라인을 통한 사람 및 콘텐츠의 유인력을 높이고, 지역의 융합콘텐츠산업 활성화 및 한류관광 활성화가 기대된다.

[표 8] 한류 연계 지역관광콘텐츠 개발 예시

사업명	사업내용
'치열한 음악공장' (음악창작소) 조성	• 문화체육관광부의 '음악창작소 조성 지원 사업'을 통해 지역 음악 인프라 확충 • 음악창작소를 중심으로 '치열한 음악여행' 체험프로그램 개발 · 운영
'치열한 사랑 투어' 투어코스 개발 및 사이트 정비	• 황치열 관련 사이트와 사랑 관련 스토리를 발굴하여 사이트에 사랑 스토리 입히기 • 치열한 사랑 투어 지도 제작 및 투어 프로그램 개발
'치열한 사랑 투어' 기념품 개발 및 홍보마케팅	• 경상도남자 치열이의 커플아이템 개발 : 커플티, 커플운동화, 커플링 등 황치열의 노래 '경상도남자'에 나오는 커플아이템 개발
스마트 기기 기반 '치열한 관광서비스' 발굴	• 투어코스 걷기 활동에 황치열의 노래 감상을 결합한 '노래 따라서 치열히 걷기'

자료원 : 임성호 외. 지방시대 선도 경북 문화브랜드 강화. 2023.

3) 육해 연계 문화관광 융합콘텐츠 개발

지역에서 기 추진 중이거나 추진 예정인 문화관광사업을 해양과 연결한다. 이렇게 하여 지역자원의 매력을 복합화하고 지역의 관광 매력을 다양화하고자 한다. 즉, 해양레저 · 해중지질 · 해양문화 등

동해안의 해양자원과 산림온천 · 지질공원 · 역사문화 등 내륙의 다양한 관광자원을 융복합하여 내륙의 관광을 바다로 이어서 새로운 관광시장을 창출한다. 예를 들어, 경북 영주 · 예천에는 국립산림치유원이 소재하며, 경북 동해안은 산림자원, 온천자원 등 해양치유자원과 융합할 수 있는 풍부한 자원을 보유하고 있다.

경상북도가 추진 중인 국가해양생태공원 및 국립산지생태원 등의 사업을 연계하여 새로운 융합콘텐츠 개발 필요하다. 육상과 해상의 지질자원을 모두 포함하는 경북의 특징을 살려 육상과 해상 지질자원을 융합한 경북 동해안 해양지질관광으로 특화한다. 지역의 교육, 호국, 문화유산 등의 자원과 기반을 토대로 해양과 관광산업과의 융복합을 통해 지역 해양테마관광을 활성화함으로써 지역 활력을 창출하고자 한다.

울진군, 포항시, 경주시, 영덕군, 울릉군 등 경북 전역에 해양수산부와 문화체육관광부와 협력하여 융합치유관광단지로 2030년까지 추진하고자 한다. 먼저 임해(林海) 치유관광 거점 조성하고자 한다. 울진에 치유관광 복합단지를 조성하여 건축과 자연공간이 조화된 해양경관 조망형 해양치유 복합단지로 만든다. 여기는 파도소리, 해양기후(청정 공기질), 해양경관(해송림) 등을 활용하여 현대인의 대표적 질병(아토피, 우울)에 특화한다. 또한 금강송 에코리움 및 국립산지생태원 연계 해양산림 치유 클러스터를 조성하여, 산림치유와 해양치유 연계형 프로그램을 개발 · 운영한다. 이를 위해 금강송 에코리움, 국립산지생태원, 백암온천 관광특구, 해양치유 복합단지를 연계하는 교통수단을 운영한다.

육해중(陸·海中) 지질관광지구를 조성하고자 한다. 경북 동해안 국가지질공원, 울릉도·독도 국가지질공원 일대를 중심으로 해상, 해중, 육상 지질자원을 융합한 관광지구 조성한다. 지질 소재 콘텐츠인 지질 게스트하우스나 지질푸드 등을 개발하고, 해양레저 종합지원센터 조성 및 초보자 대상 해양레저체험 교육·체험프로그램을 운영한다.

또한 테마 융합 동해안 해양관광을 개발한다. 교육 테마 해양관광으로 해양교육 관련 박물관, 전시관, 자료관, 체험관 등의 시설 및 기관을 중심으로 환동해 해양교육 협력체계를 구축한다. 이를 위해 경북해양교육지원센터 및 시군별 해양교육지원센터를 설립할 예정이다. 또한 환동해 해양교육 프로그램 개발·운영 및 '해양교육포털(ilovesea.or.kr)' 연계 홍보·마케팅, 경북도교육청 및 5개 시군 교육지원청 연계, 동해안 특화 해양교육 교재를 개발한다. 예를 들어 환동해 호국관광 투어 상품 개발·운영하여, 시대별 대표 시군 및 호국관광거점 설정, 호국 테마의 문화기반시설 연계 가상·증강현실 콘텐츠를 제작한다. 또한 동해청염/화산섬밭농사/경북동해안 국가지질공원/울릉도·독도 국가지질공원 등 환동해권의 인문·자연유산 탐방프로그램을 개발하여 환동해 우리유산 지키기 투어 상품을 운영한다.

이를 통해 경북이 보유한 자원 간 융복합 및 소비방식 전환으로 자원의 가치와 매력을 높일 수 있다. 해양자원과 산림자원의 융복합을 통해 새로운 관광시장이 창출될 수 있다. 또한 지역 기반을 활용한 해양교육 활성화로 해양과의 친밀도를 제고할 수 있다. 해양의 가치에 대한 재인식과 해양문화의 향유가 확대되고, 우리바다 '동해' 및 우리 문화유산에 대한 가치를 재인식한다는 효과가 기대된다. 또한 호국정신 함양으로 현재 및 미래의 잠재적 국난을 극복할 수 있는 역량을 높이는 효과가 있다.

4) 생활인구 기반 듀얼라이프 확산

대도시 인구집중 현상과 지방 인구감소 문제를 해결하기 위해 생활인구 기반 듀얼라이프 확산 방안을 모색해야 한다. 듀얼라이프 실태조사 등을 통해 잠재수요의 특성을 충분히 파악하고 경쟁력을 갖춘 지자체를 중심으로 집중 육성할 필요가 있다. 전국적으로 유사한 정책 및 프로그램 운영은 지양하고 청년인구 유입 관련 정책에만 초점을 두기보다 다양한 인구 유입 방안이 필요하다.

① 유니크베뉴 스테이-인-경북 워케이션 사업

유니크베뉴 스테이-인-경북 워케이션 사업은 숙박시설을 갖춘 경북의 이색적인 인프라에 일과 휴가를 병행하는 워케이션 개념을 적용한다. 경북의 문화를 담고 있는 건축물, 이색 숙박시설, 농어촌 체험휴양마을 자원 등을 경북형 워케이션 공간으로 활용한다.

경북에는 유네스코 세계유산인 한국의 역사마을(안동 하회, 경주 양동), 한국의 서원(안동 도산서원, 안동 병산서원, 영주 소수서원, 경주 옥산서원), 산사 한국의 산지승원(안동 봉정사, 영주 부석사), 경주역사유적지구, 석굴암·불국사 등이 있다. 한국관광공사 선정 웰니스관광지로는 국립산림치유원(영주), 금강송에코리움(울진), 인문힐링센터 여명(영덕), 국립백두대간수목원(봉화), 장계향 문화체험교육원(영양), 동의한방촌(경산)이 있다. 또한 경북 선정 웰니스관광지로는 국립청도숲체원, 문경세계명상마을, 성주 가야 산생태탐방원, 경산동의한방촌, 영주 소백산생태탐방원이 있고, 한 옥스테이 마을로는 양동마을(경주), 선성현문화단지 한옥체험관(안 동), 신화랑풍류마을(청도), 개실마을(고령), 송림한옥마을(경산) 등이 있다.

로컬여행, 취미여행, 친환경여행, 농촌체험여행, 아웃도어레저 여행, 장기체류여행(워케이션, 한달살기), 다양해지는 동반자(혼 행, 반려동물 동반 여행) 등 최근 트렌드와 연계가능한 워케이션 인 프라를 발굴한다. 워케이션 자원은 휴식 · 여가형, 마을체험 · 지역 탐방형, 일자리창출형 등으로 분류할 수 있다. 휴식 · 여가형은 경 북도민, 관광객 대상으로 취미여행, 아웃도어레저여행이 가능하고, 마을체험 · 지역탐방형은 프리랜서, 예비 귀농귀촌인, 농촌체험희 망 가족 · 단체를 대상으로 농어촌체험여행과 장기체류여행이 가능 하다. 또한 일자리창출형은 로컬 크리에이터(청년), 워킹홀리데이 (외국인)를 대상으로 일자리 창출을 통한 지역문제를 해결할 수 있 다.

이를 위해 유니크베뉴 스테이-인-경북 워케이션 아카이브(통 합플랫폼)를 구축하였다. 경상북도 홈페이지(https://www.gb.go. kr), 경북관광 웹사이트인 경북나드리(https://tour.gb.go.kr)에 유니크베뉴 스테인-인-경북 사이트 구축하여 유니크베뉴 스테 이-인-경북 워케이션 정보 및 예약 서비스를 제공하고 있다.

[그림 3] 경북 유네스코 세계유산(역사마을) 및 농촌체험휴양마을 예시

1. 안동 하회마을 / 2. 경주 양동마을 / 3. 안동 예끼마을 / 4. 청도 섶마리마을

② 각양각색, 경북 두 지역 살아보기 사업 확대

경북 지자체의 각양각색 매력을 보여줄 수 있는 두 지역 살아보기 자원 발굴 및 프로그램을 운영한다. 예를 들면, 마을체험·지역탐방형, 휴식·여가형, 일자리 창출형 등이다. 경북의 듀얼라이프 실태조사 결과, 경북 두 지역 살기 선호지역은 안동, 문경, 의성, 경주, 청송, 영덕 등의 순으로 나타났다. 마을체험·지역탐방형으로는 안동과 경주가 선호되었다. 안동과 경주는 한국의 전통문화와 자원을 가장 잘 보존하고 있으며, 경북 관광거점 도시로 내국인뿐만 아니라 외국인에게도 듀얼라이프 지역으로 적합하다. 유네스코 세계유산인 하회마을과 양동마을에서는 한 달 살기 프로그램 운영하고 있다. 안동은 대구, 경기, 서울 거주자, 경주는 울산, 부산, 대구 거주자를 유치하고 있다.

휴식·여가형은 문경과 영덕이다. 문경은 골프, 패러글라이딩, 사격, 철로자전거, 모노레일, 짚라인 등 레저스포츠 인프라가 풍부하며, 수도권과 대구에서 레저스포츠 목적의 방문자가 많다. 영덕은 휴식·여가에 적합한 해양자원이 있으며, 뚜벅이마을은 최근 청년들의 블루로드 트레킹 집결장소로 이슈가 되고 있다. 일자리창출형으로는 의성과 청도가 있다. 의성은 스마트 농업, 항공, 물류, 유통 관련 업계 종사자 대상 한 달 살기 프로그램을 개발하고 운영한다. 청도는 청도군 귀농귀촌종합지원센터 프로그램(귀농귀촌 빈집 알아보기, 귀농귀촌 목적 한달 미리 살아보기, 귀농귀촌 작물재배 지도 등), 지역활력타운 조성사업(은퇴자형 전원주택단지, 대도시 인구유입을 위한 신주거 베드타운과 취업·창업지원센터 생활문화센터 등을 연계한다.

③ 예술인 창작 1번지, 경북관광예술촌 조성

베이비부머 은퇴자(900만 명)와 MZ세대 예술인이 듀얼 라이프를 누릴 수 있는 주거, 창작, 유통, 소비가 가능한 One Spot 복합빌리지를 조성한다. 예술인 주택단지는 지역 숙박시설과 연계한 레지던시 레지던시를 제공하고 창작 스튜디오인 공방 혹은 작업실 제공하여 체험콘텐츠를 개발한다. 전시관에서는 정기적인 예술작품 전시, 작품 판매 혹은 경매를 하고, 공연장에서는 정기적인 버스킹 개최, 버스킹 인프라 및 혜택 지원, 다양한 공연을 개최한다. 여기에 주거 지원비, 세제 혜택, 창작지원금 등 예술복지 혜택을 제공한다.

④ 1시군 1이색호텔 시범사업

지역체류형 관광객 유치 및 지역 활력 제고를 위해 공공의 영역에서 숙박시설(호텔)을 조성하여 특화된 '숙박체험'을 제공한다. 먹고, 놀고, 자고, 함께 머무는 장기체류형 여행모델 개발로 더 오래더 풍요로운 경북관광시대를 구현하기 위한 게임 체인저 관광아이템이다. 경북도 내 22개 시군 모두 이색적인 지역특화 호텔을 갖도록 하고, 관광콘텐츠 연계로 생활인구를 증가시킨다. 지역의 유휴시설 및 부지를 활용한 이색 호텔 및 지역특화 숙박시설 구비, 인근관광자원과 연계하여 관광명소화한다.

이를 통해서 지역문화, 자연환경, 지역특산물, 관광지 등 경북의 매력을 홍보하고 지역에 대한 외부 인구의 관심 유발과 정착을 유도한다. 또한 타 지역민, 외국인의 지역사회 참여 확대 및 지역사회의 결속력을 강화하고, 국내외 관광객의 지역 장기체류를 유도하여 방문자 경제를 실현한다. 경북도가 향후 2030년 관광객 목표 1억명, 외국인 관광객 300만 명 유치를 위한 기틀을 마련한다.

⑤ 유휴공간(빈집)을 찾아서, 문화공간 커뮤니팅매핑 사업

전국적으로 유휴공간인 빈집을 문화공간으로 활용하는 사례가 증가하고 있다. 경북은 경주, 고령, 김천, 영주 4개 시군을 제외하고 빈집 실태조사가 이루어지지 않고 있으며, 유휴공간(빈집) 활용도 저조하다. 생활체육, 문화체험 인프라가 취약한 경북 도내 시군을 대상으로 유휴시설과 노후공간 정보를 수집하는 주민참여 커뮤니티매핑 사업을 시행하고자 한다. 생활체육이나 문화공간으로 활

용이 가능한 자원을 지역을 가장 잘 아는 주민이 찾아서 위치 정보, 관련 이미지 등을 직접 올리는 커뮤니티매핑 서비스를 적용한다.

시민발굴단, 청년탐사대 등과 같이 소수의 인원을 선발하여 우리 동네 유휴시설이나 노후공간 정보를 수집한 후 지도를 제작한다. 지자체, 지역주민, 전문가가 참여하여 아이디어를 공유하고, 지역민이 편리하게 사용할 수 있는 문화공간으로 조성한다. 지역문화기반 시설현황, 인구유형 등 지역적 특성을 반영한 지역맞춤형 시설 도입하여 노인 · 청소년 · 어린이 · 장애인 맞춤형 생활체육시설 혹은 문화공간을 조성한다.

이를 통해 지역주민 간 교류 · 소통 · 협력의 장 및 지역민 건강 증진과 문화향유 기회 확대하고 경북도민의 개인의 삶과 지역생활 만족도를 높일 수 있다.

⑥ 주거문화 혁신, 천년 지향 주택단지 조성

지방시대에 맞추어 인구분산을 위해 획일화된 수도권 중심 주거문화의 개선이 필요하다. 대도시 주민의 지방 이주에 대비하여 지역특성에 부합하는 지속가능한 주거단지 조성한다. 경주 양동 및 안동 하회마을 등과 같이 후손에게 물려줄 문화적 가치가 있는 창의적인 주거단지 및 삶터, 생활터를 조성한다. 시대관통, 혼이 깃든 천년 건축으로 정체성, 문화적 가치가 있는 삶터를 조성하여, 우리나라 주거문화 혁신을 경북이 주도하고 새로운 지방시대를 선도한다.

천년을 지향하는 건축의 정의 및 목표는 대한민국 경상북도만이 가질 수 있는 고유한 건축이다. 지역(Local)에서만 구현할 수 있는 합리적이고, 공정하며, 환경친화적인 건축이며, 우리에서부터 이어지는 세대들을 위해, 또한 경북지역에 살고 있으며 살게 될 이들을 위한 건축이다.

천년건축 마을 추진방향은 경북 지역별 특성을 고려한 신개념 주거단지로 장수명주택단지(내구성과 안전성 보유, 필요에 따라 공간가변성이 용이한 주택)를 만드는 것이다. 즉, 삶과 일자리, 문화와 교육이 결합된 로컬 주거단지이다. 단지규모는 10만㎡ 정도, 100~200세대 정도로, 단지유형은 복합은퇴촌, 생산공동체형, 산업연계형이다.

천년건축 시범모델로는 하회 과학자마을 조성을 들 수 있다. 이는 은퇴과학자의 정주환경 제공 및 新주거문화공간 창출과 관광자원화를 위해 우수한 건축가가 참여하여 차별화된 고품격 명품 주거단지를 조성한다. 공유할 수 있는 가치를 만드는 장소, 사람들이 모이는 랜드마크이며 골든사이언스파크와 연계를 고려하여 공유가능한 시설을 도입한다. 경상북도 안동시 풍천면 갈전리 특화주거단지 H-3,H-4에 조성하며, 커뮤니티 영역과 거주영역을 적절하게 분리·연계한다. 커뮤니티 공간을 거주민만을 위한 시설과 외부인과 함께 이용하는 시설을 분리 설치한다. 주거영역은 사생활 보호 및 이웃과의 연계, 조망 확보 및 녹지공간과의 연결성을 중시한다. 주거영역에는 단독주택 47세대, 커뮤니티영역에는 쉐어오피스, 라운지, 컨퍼런스홀, 피트니스, 카페, 도서실 등, 관리영역에는 관리사무소, 안내센터, 창고 등으로 구성한다.

한편 경북도는 천년건축 시범마을 공모를 통해 8곳의 사업대상지 선정(2023. 3. 27.)하였다. 복합은퇴촌으로 포항시 동해면의 청년보금자리 및 복합은퇴촌, 경주시 천군동의 복합 휴양형 은퇴촌, 김천시 농소면의 혁신도시 공공기관과 연계한 복합은퇴촌이 선정되었다. 산업연계형 주거단지로 구미시 양호동의 금오공대캠퍼스 혁신파크 연계사업, 고령군 다산면의 인근 산업단지와 연계한 상생마을, 성주군 선남면의 인근 대도시와 연계한 생활 사회기반시설(SOC) 조성 등이다. 생산공동체형 주거단지로는 문경시 마성면의 촬영지 인근 예술인 마을, 경산시 백천동의 도심지 인근 예술촌이 선정되었다.

8곳의 천년건축 시범마을에 대해서는 경북도에서 마스터플랜을 수립하고, 경북도에서 직접 건축기획 용역을 수행하고, 선정된 시·군과는 협업할 예정이다. 기대효과로는 미래세대에 물려 줄 천년건축 시범마을 조성을 통해 지방시대 선도모델 구축한다는 것이다. 또한 역사와 함께 숨쉴 수 있는 경북형 천년주택이 차별화된 지역의 건축문화를 선도하며, 이 시대와 후손에게 건축의 원형으로 부각시킬 수 있다. 그리고 대도시 주민 인구 유입을 통한 소득 및 일자리 창출을 선도할 수 있다.

제4절 결론 및 정책 제언

1. 결론

경상북도는 잠재력과 경쟁력이 있어 지방시대를 선도할 수 있는 문화분야를 디지털 관광문화, 듀얼라이프 생활문화, 천년건축 공간문화로 설정하였다. 관광문화의 키워드는 '디지털'이다. 디지털콘텐트 기술을 접목하여 '메타버스'를 관광문화에 활용한다. 생활문화의 키워드는 '듀얼라이프'이다. 외부인구 유입을 통한 생활인구를 늘인다. 공간문화의 키워드는 '천년건축'이다. 주거문화 혁신을 위해 천년건축을 전략적으로 실현한다.

경북이 지방시대를 선도할 수 있는 문화분야를 관광문화, 생활문화, 공간문화로 구분하였으며, 경북이 앞서가고 경쟁력 있는 세부분야로는 관광문화의 경우 경북도가 우리나라에서 정책적으로 '메타버스 수도'를 표방하고 있는 분야인 '디지털콘텐츠 기술', 생활문화는 우리나라 모든 지자체가 사활을 걸고 있는 '듀얼라이프, 생활인구 늘리기', 공간문화는 경북도가 주거문화 혁신을 위해 추진하고 있는 '천년건축'이라 할 수 있다.

첫째, 문화를 기반으로 경북관광을 새롭게 변화할 핵심프로젝트로 한글, 한복, 한옥, 한식, 전통주의 경북 5대 한류 글로벌 선도, 한류 통합 커뮤니티센터 등 디지털 한류 거점 조성, 한류메타버스 문화콘텐츠 세계화 기반 구축 등의 '디지털 한류 르네상스 프로젝트', 메타버스 데이터센터, 한류 메타버스 월드, 영상산업 클러스터 등의 'AI · 메타버스 기반 디지털콘텐츠산업 브랜드화', 문화시설 연계 융합콘텐츠와 육해 연계 융합콘텐츠 개발인 '경북 K-컬처, 신 융합 관광 확대'를 제안하였다.

둘째, 문화를 기반으로 경북민의 삶의 질 향상을 위한 핵심프로 젝트로 유니크베뉴 스테이-인-경북 워케이션, 경북에서 두 지역 살아보기 사업 확대, 경북관광예술촌 조성, 1시군 1이색호텔 시범 사업 등의 '생활인구 기반 듀얼라이프 확산', 유휴공간(빈집) 문화공 간 커뮤니티매핑 사업, 생활문화 기반 확충을 제시하였다.

셋째, 문화를 기반으로 경북공간 재창조를 위해 제시한 핵심프 로젝트는 천년건축 모델을 적용한 최초 사업인 하회 과학자 마을 과 도내 6개 지역을 대상으로 천년건축 시범마을을 조성하는 '천년 지향 주택단지 조성', 시군별로 1개씩 명작 공공건축물을 선정하여 관광자원화하는 공공건축 명소화 등으로 구성되어 있다.

2. 정책제언

첫째, 지속적인 문화관광 콘텐츠 개발과 팬더스트리 확산 가속 화를 위한 지원을 강화해야 한다. 디지털콘텐츠 기술, 특히 메타버 스에 기반한 문화관광 혁신을 지속시키기 위해서는 무엇보다 디지 털콘텐츠 기술을 통해 전달코자 하는 콘텐츠의 지속적인 개발이 필 요하다. 메타버스나 오프라인을 통해 경북의 문화상품 소비를 가속 화하여 팬더스트리 확산을 위해서도 문화상품의 지속적 혁신 창출 필요하다. 따라서 경북도는 한류, 신융합 등 문화관광 콘텐츠 개발에 대해 지속적으로 지원해야 한다.

둘째, 신융합관광 관련 제도적 혁신 지원으로 신융합관광의 혁신기반을 구축해야 한다. 문화시설과 육·해지역의 다양한 자원 간 융합을 통해 신융합관광을 활성화하기 위해서는 관련 기관 및 주체들과의 연계협력이 필수적으로 이루어져야 한다. 이를 우해서는 관련 기관 및 주체 간의 연계협력을 제도화함으로써 연계협력 기반을 구축할 필요가 있다.

셋째, 데이터를 기반으로 지역 현실에 적합한 생활밀착형 서비스를 제공해야 한다. 타 지역으로 경북도민 유출을 막기 위해서는 지역의 인구 특성, 생활체육 문화 관련 인프라 및 프로그램 등을 충분히 파악하고, 지역민이 가장 필요로 하는 맞춤형 문화생활 서비스를 제공해야 한다. 따라서 경북도는 지역 인구와 관련된 다양한 유형의 데이터를 활용, 이를 기반으로 객관적이고 과학적인 정책 및 사업을 추진할 필요가 있다.

넷째, 경북 고유의 자원을 활용하여 타 지역과 차별화된 생활인구 늘리기 사업을 추진해야 한다. 전국적으로 유사한 한 달 살기 프로그램 운영, 청년 등 특정 집단의 인구 유입 정책과 사업이 추진되고 있다. 이로 인해 지자체 간 경쟁이 심화되고 있을 뿐만 아니라, 방대한 예산이 낭비되고 있다. 따라서 경북도는 타 지역과는 차별화가 되어야 하며, 고유한 자원을 활용한 이색콘텐츠 개발이 필요하다. 생활인구를 관광객에 국한하지 않고 은퇴자, 예비 귀농귀촌인, 예술인 등 다양한 집단의 인구유입을 유도하고, 궁극적으로는 이들을 경북지역에 정착시킬 수 있도록 다각적인 접근방법을 시도해야 한다.

다섯째, 민·관·산·학이 협력하여 외국인 유입 신규 모델을 개발하고 확산해야 한다. 우리나라 인구의 총량이 감소하고 있는 상황에서 지역의 인구감소는 불가피하다. 외국인 노동인구을 유입하여 지역인구 감소, 지역 노동인력 부족 등 지역 인구문제를 해결해야 한다. 따라서 경북도는 신규 유입가능한 외국인 유치를 위해 민·관·산·학이 협력하는 비즈니스 모델을 개발하고 확대해야 한다. 단순히 외국인 인구 유입 차원에서 접근이 아니라 경북의 관광, 교육, 문화를 아우르는 거시적인 접근으로 지역 브랜딩이 필요하다.

마지막으로 이 모든 것에서 유념할 점은 집중과 선택이다. 확실히 실현가능하고 가시적 성과가 날 수 있는 관광자원을 우선적으로 개발해야 한다. 철저한 수요조사와 데이터 분석을 통해 과학적 접근을 해야 하며, 확실한 매력도가 있는 문화관광 상품이 되겠는지를 체계적으로 검토해야 한다. 산발적으로 여기저기 찔끔찔끔 개발하지 말고 될 곳을 집중적으로 활성화시키고, 그 효과가 확산될 수 있도록 해야 한다.[8]

참고문헌

• 경상북도, 2022, 경상북도 한옥조사 결과보고서.

• 경상북도, 2022, 메타버스 수도 경북 기본계획.

• 김다빈, 2024, '92억' 쏟아부은 경기도 관광테마골목 가보니, 한국경제, 5월 14일.

• 박재영, 2024, 칠곡 할매래퍼' 폴란드에서 다큐 제작, 매일경제, 4월 7일.

• 임성호·최정수·이수안, 2023, 지방시대 선도 경북 문화브랜드 강화, 경북연구원

• 조인호, 2024, 경북문화관광공사, 경북 청년 창업가와 간담회 개최, NSP통신, 6월 4일.

• 한국농촌경제연구원, 2022, 다함께 만드는 행복농촌 이야기, 한국농촌경제연구원

• 한국문화관광연구원, 2022, 워케이션 활성화 방안 연구, 한국문화관광연구원

• 행정안전부, 2023, 고향올래(GO鄕 ALL來)'로 지역경제 활력 높인다, 보도자료, 3월 29일.

주

1 매일경제, 2024. 4. 7. https://m.mk.co.kr/news/society/10984573

2 웰니스관광(Wellness Tourism)은 웰니스와 관광 개념이 결합된 형태이며, 문화체육관광부와 한국관광공사는 한국형 웰니스관광을 육성하기 위해 2017년 '웰니스 관광 25선 선정'을 시작으로 '추천! 웰니스 관광지' 및 '웰니스 관광 클러스터'를 선정·지원

3 유니크베뉴(Unique Venue)는 '독특하다'는 의미인 유니크(unique)와 장소를 뜻하는 베뉴(venue) 합성어로, 한국관광공사는 지역의 독특한 정취와 색다른 매력을 느낄 수 있는 장소를 '코리아 유니크베뉴(Korea Unique Venue)'로 선정

4 https://www.nspna.com/country/?mode=view&newsid=701920

5 본 장의 내용은 임성호 외. 지방시대 선도 경북 문화브랜드 강화. 2023.의 내용을 토대로 작성됨.

6 경북의 새로운 건축 정책 방향은 △천년 건축 실현, △고품격·고가치 공공건축물 건립 △미래 기후변화와 사회변화 대응 기능적 공간 구축 △경북 정체성 반영 시범주거단지 모델 정립 등임.

7 '황치열'은 중국판 '나는 가수다' 출연을 계기로 '황쯔리에(黃致列) 신드롬'을 일으켜 '대륙의 남자'로 불릴 정도로 중국 내 인기가 매우 높으며, 2018년 한국관광 명예홍보대사로 위촉되었음. 구미 출신 황치열 팬카페(치열사랑) 회원들은 기부·봉사 프로젝트 '치열로드 사업'을 추진하여 황치열드림어린이도서관(금오종합사회복지관 별관 3층), 여리숲(경북 최초 스타숲, 금오산 금오지 조각공원), 삼성원(아동양육시설, 취업준비교육금과 자립지원금 후원) 등의 사업을 지원한 바 있음.

8 대표적인 실패사례가 경기도가 92억3000만원을 투입해 벌인 '구석구석 관광테마골목 육성사업'이다. 전혀 가시적인 효과가 없고, 자원을 투입한 골목의 관광 수요가 늘지 않았다.(한국경제, 2024. 5. 14.)

제7장

·

지방시대의
농림수산업 정책

박영근

국립창원대학교 경영학과 교수

식량안보, 기후변화, 새로운 병해충 등으로 위기를 맞고 있는 농림수산업의 환경변화에 선제적으로 대응하기 위해서는 기존의 농림수산업 정책은 변화되어야 한다. 인구와 국가 경제의 수도권 집중으로 지방이 소멸되고 있는 상황에서 1차 산업 위주의 농림수산업은 지방 살리기 일환으로 혁명적 대전환이 요구된다.

'농업은 첨단산업으로, 농촌은 힐링공간으로'를 비전으로 추진하는 경상북도의 농업 대전환 정책은 임업과 수산업으로 더욱 확대되어 추진되어야 한다. 국가 주도가 아닌 지방 광역시도가 주도하는 농림수산업 대혁명은 국내 농림수산업을 더욱 선진화시킬 것이다. 국가농업테크노폴리스를 조성하여 이를 거점으로 농업 대혁명을 달성하고, 산림자원을 활용하여 산소(공기) R&D단지를 조성하여 산촌 활성화 생태계를 구축해야 한다. 또한 수산업의 생산기반을 미래 가치형으로 전환하여 어항의 스마트화를 추진해야 한다. 농림수산업에도 ESG경영이 필요하다. 기후변화에 대응하기 위하여 온실가스 배출량 감축 및 탄소 중립 농림수산업으로 전환해야 한다. 지속가능한 농림수산물 원료를 개발하고 사용하며, 치유농림수산업을 체계적으로 육성하고 지원하여 인류와 국민 식생활 향상에 기여해야 한다. 또한 농림수산업 법인을 건강한 지배구조로 변화시켜 지속가능한 성장을 도모하여 농산어촌민의 삶의 질을 향상시켜야 한다.

제1절 서론

러시아와 우크라이나 전쟁의 장기화와 이상기후 등으로 식량안보는 더욱 중요해지고 있다. 국내 식량자급률은 46.7%로 점차 낮아지고 있다. 농가인구는 매년 7.5%씩 줄고 있고, 65세 이상 농가인구는 46.2%, 40세 이하 청년농가는 0.5%로 고령화가 가속되고 있다. 식량안보, 기후변화, 새로운 병해충 등으로 위기를 맞고 있는 농림수산업의 환경 변화에 선제적으로 대응하기 위해서는 기존의 농림수산업 정책은 변화되어야 한다. 인구와 국가 경제의 수도권 집중으로 지방이 소멸되고 있는 상황에서 1차 산업 위주의 농림수산업은 지방 살리기 일환으로 혁명적 대전환이 요구된다.

경상북도는 지방 주도의 경제성장과 국가의 지속가능한 발전을 위해 농림수산업의 대전환(Great Transformation of Agriculture, Forestry and Fisheries Industry) 정책을 추진하고 있다.

경상북도가 추진하는 농림수산업 대전환 정책은 첨단화를 기반으로 디지털전환(Digital Transformation)을 강화하는 방향으로 진행되고 있다. 국가농업테크노폴리스를 조성하여 이를 거점으로 농업대혁명을 달성하고, 산림자원을 활용하여 산소(공기) R&D 및 산업단지를 조성하여 산촌활성화 생태계를 구축하고자 한다. 또한 수산업의 생산기반을 미래 가치형으로 전환하기 위해 스마트 양식 클러스터를 조성하여 어항의 스마트화를 추진하고 있다.

'농업은 첨단산업으로, 농촌은 힐링공간으로'를 비전으로 추진하는 농업 대전환 정책은 임업과 수산업으로 더욱 확대될 것이다. 국가 주도가 아닌 경상북도가 주도하는 첨단화를 목표로 추진되는 농림수산업 대전환 정책은 국내 농림수산업을 더욱 선진화시킬 것이다. 뿐만 아니라 지속가능한 지방시대 이니셔티브 창출의 성공모델이 될 것이다.

제2절 경북의 농림수산업 현황

1. 경북 농업의 현황

1) 농가 수와 농가 인구

경북의 농가 수는 2022년 기준 169,774개로 전국 농가 수 1,022,797개의 16.6%를 차지하지만 계속 감소하고 있다. 농가 인구 역시 343,741명으로 전국 농가 인구 수 2,165,626명의 15.8%이지만 지속적으로 감소하고 있다.

2) 농경지 면적(논+밭)

경북의 농경지 이용면적은 246,429㏊로 전국 경지면적

1,528,237ha의 16.1%이지만 계속 감소하고 있다. 농산물은 식량 작물 113,316(46%), 채소 38,843(16%), 과수 53,482(22%), 특용 작물 13,111(5%), 기타 27,677(11%) 순으로 경작되고 있다. 논 면적은 102,303ha로 전국 논 면적 775,640ha의 13.2%이지만 계속 감소하고 있다. 밭 면적은 144,126ha로 전국 밭 면적 752,597ha의 19.1%를 차지하지만 지속적으로 감소하고 있다.

3) 주요 농산물 생산량

경북에서 생산되는 주요 농산물의 생산량은 2022년 기준 쌀 51만 1천 톤(전국의 14%), 사과 33만 1천 톤(전국의 60%), 포도 91만 톤(전국의 54%), 참외 18만 8천 톤(전국의 95%), 복숭아 10만 2천 톤(전국의 53%), 고추 25만 톤(전국의 27%), 양파 30만 8천 톤(전국의 21%)으로 전국비중이 높다. 특히 사과, 포도, 참외, 복숭아, 고추는 전국 1위이며, 양파는 전국 2위, 쌀은 전국 4위를 차지하고 있다.

[그림 1] 농업의 삼중 위기와 미래의 농업·농촌

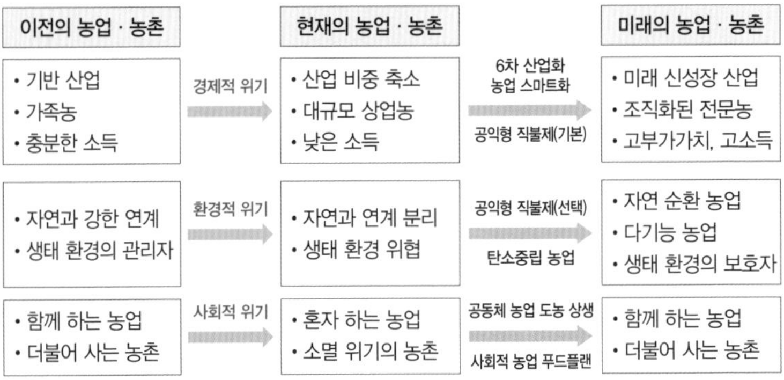

자료원 : 채종현, 정회훈, 권혁준, 류연수(2023).
  "경북 농림수산업 대전환 선도를 위한 생태계 조성". 경북연구원.

2. 경북 임업의 현황

1) 산림 면적

경북의 산림면적은 전국 산림의 21.3% 차지한다. 사유림 면적은 23.1%로 전국에서 가장 넓다. 산림률은 70.07%로 전국 평균 62.72%보다 약 8% 정도 높고, 평균 임목축적도는 171.13㎥로 전국 평균 165.20㎥보다 6㎥ 정도 높다. 임산물 총생산액은 1조5천 584억 원으로 전국의 21.65%를 차지한다.

2) 임가 수와 임가 인구

경북의 임가 수는 2020년 기준 20,334개로 전국 임가 수 103,416개의 약 19.7%를 차지하지만 2005년부터 지속적으로 감소하고 있다. 임가 인구 수는 2020년 기준 43,487명으로 전국 임가 인구 수 232,817명의 약 18.7% 이며, 임가 수와 마찬가지로 계속 감소하고 있다.

3) 산주 수

경북의 산주 수는 2022년 기준 342,510명으로 전국 산주 수 2,342,613명의 14.6%이며 최근 들어 소폭 상승하고 있다.

4) 산촌 수

경북의 산촌 수는 행정구역상 22개 시군에 108개 소이다.

3. 경북 수산업의 현황

1) 어업인구

경북의 어업인구는 2022년 기준 4,448명이고 어업종사가구원 수는 3,110명이다. 어업인구와 어업종사가구원 수는 지속적으로 감소하고 있다.

2) 어업 생산량

경북의 어업 생산량은 2022년 기준 110,260톤 생산으로 전국대비 2.8%를 차지한다. 생산금액은 5,359억 원으로 전국대비 7.7%이지만 지속적으로 감소하고 있다.

3) 수산가공 생산량

경북의 수산가공 생산량은 2022년 기준 61,469톤, 생산금액은 5,240억 원으로 지속적으로 감소하고 있다.

제3절 농림수산업의 대전환

1. 농림수산업 대전환의 개념

농림수산업 대전환(Great Transformation of Agriculture, Forestry and Fisheries Industry)이란 생산 기술의 첨단화, 스마

트화를 넘어 생산방식과 주체, 경영 방식, 정주환경, 산업적 영역에 걸쳐 농림수산업 구조를 근본적으로 대전환하는 것을 말한다. 경상북도는 농림수산업 대전환의 일환으로 농업 대전환 정책을 우선 추진함으로서 어업, 임업으로 확산하고자 한다. [그림 2]는 경상북도가 추진하는 농림수산업 대전환의 개념도이다.

[그림 2] 농림수산업 대전환의 개념

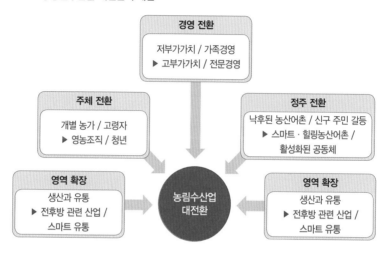

자료원 : 채종현, 정회훈, 권혁준, 류연수(2023),
　　　　"경북 농림수산업 대전환 선도를 위한 생태계 조성", 경북연구원.

2. 경상북도 농림수산업 대전환의 틀

경상북도를 대한민국 농림수산업 대전환의 요람으로 만들겠다는 비전을 가지고 생산, 지원 확산 영역으로 전략방향을 구분하여, 농업, 임업과 수산업을 전면적으로 재편성하고 구조화한다. 이를 바탕으로 농림수산업 대전환을 위한 목표를 달성하고자 한다.

[그림 3]은 농림수산업 대전환의 틀(framework)을 제시한 것이다.

[그림 3] 농림수산업 대전환의 framework

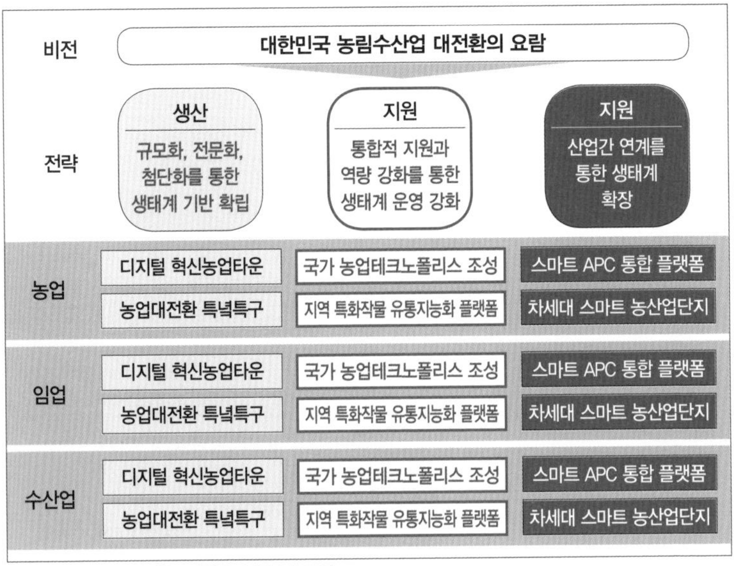

자료원 : 채종현, 정회훈, 권혁준, 류연수(2023),
"경북 농림수산업 대전환 선도를 위한 생태계 조성", 경북연구원.

1) 농림수산업 대전환의 추진 목표

① 농업

스마트화된 지능형 생산 및 경영 방식을 도입하여 식량 위기 및 농촌 소멸을 선도적으로 대응하는 대한민국 대표 광역시도를 건설한다.

경북이 선도하는 대한민국의 미래 **지금은 지방시대**

300

② 임업

산림자원을 산업화하여 지속가능한 경북형 산림 생태계를 구축한다.

③ 수산업

생산 체계의 자동화, 디지털화, 지능화하여 수산업 생산기반을 고부가가치화 한다.

2) 농림수산업의 전면적 재편성과 재구조화

농림수산업 대전환 정책을 추진하기 위해서 생산 주체, 경영방식, 정주환경, 산업구조를 전면적 재편성과 재구조화한다.

생산방식을 노동집약적 기술에서 스마트, 첨단 기술을 적용하는 선진농림수산업으로 전환한다. 생산 주체는 개별농가와 고령농에서 영농조직과 청년 중심으로 전환한다. 경영방식은 저부가가치의 가족 경영에서 고부가가치의 전문 경영으로 전환한다. 정주환경을 신구 주민 갈등의 낙후된 농산어촌에서 공동체 의식의 스마트 · 힐링 농산어촌으로 전환한다. 산업구조를 생산과 유통에 한정된 1차 산업에서 전 · 후방통합의 6차 산업으로 전환한다.

3. 경상북도 농림수산업 대전환의 핵심 거점과 사업

1) 핵심 거점의 기본 방향

농림수산업 부문별 핵심 시설을 중심으로 거점을 조성한다. 통합적으로 정책을 추진하고 R&D, 역량 강화 등 지원 기능을 공간적으로 집적화한다. 지리적 인접성이 아닌 기능적 연계성과 상호 협력성을 중심으로 네트워크를 구축한다. 디지털화된 지능형 플랫폼을 활용해서 농림수산업 생태계 의 시너지를 강화한다. [그림 4]는 농림수산업 대전환 생태계 구축을 위한 핵심 거점을 나타낸 것이다.

[그림 4] 농림수산업 대전환 생태계 구축 핵심 거점

자료원 : 채종현, 정회훈, 권혁준, 류연수(2023),
　　　 "경북 농림수산업 대전환 선도를 위한 생태계 조성", 경북연구원.

2) 농림수산업 부문별 핵심거점

① 농업은 국가농업테크노폴리스를 중심으로 거점을 형성한다.

② 임업은 국가 산소(공기) 연구 및 산업단지를 중심으로 거점을 형성한다.

③ 수산업은 스마트 양식 클러스터를 중심으로 거점을 형성한다.

3) 농림수산업 부문별 사업

① 농업테크노폴리스

농업 테크노폴리스(Agriculture Technopolis)란 지방에서 성장하고 있는 농업과 관련된 기술 연구 등을 위해 지역 내부 또는 근교에 관련 디지털혁신농업타운을 건설하는 것을 말한다.

농업 테크노폴리스 정책은 1차적으로 농업 테크노폴리스 조성을 위한 농업구조 혁신을 꾀하고, 2차적으로는 첨단 과학 기술을 바탕으로 디지털혁신농업타운을 조성하는 것이다. 이를 위해 대학, 연구기관, 기업과 지자체 간의 협력을 통해 지역 기반의 연구 및 혁신 네트워크를 구축해야 한다. 스마트농업을 통해 국가와 지역 경제 활성화를 도모하고자 하는 것이다.

② 디지털혁신농업타운

농업 테크노폴리스(Agriculture Technopolis)란 지방에서 성장하고 있는 농업과 관련된 기술 연구 등을 위해 지역 내부 또는 근교에 관련 디지털혁신농업타운을 건설하는 것을 말한다.

농업 테크노폴리스 정책은 1차적으로 농업 테크노폴리스 조성을 위한 농업구조 혁신을 꾀하고, 2차적으로는 첨단 과학 기술을 바탕으로 디지털혁신농업타운을 조성하는 것이다. 이를 위해 대학, 연구기관, 기업과 지자체 간의 협력을 통해 지역 기반의 연구 및 혁신 네트워크를 구축해야 한다. 스마트농업을 통해 국가와 지역 경제 활성화를 도모하고자 하는 것이다.

③ 스마트농업(팜)

스마트 팜(Smart Farm)은 빅데이터, 인공지능, 사물인터넷 등 ICT 기술과 로봇 등 과학기술을 온실·축사 등에 접목해 원격·자동으로 작물과 가축의 생육환경을 적정하게 유지·관리할 수 있게 하는 지능화된 시설농장을 의미한다. 정부는 2023년을 K-스마트팜 수출 원년으로 삼아 적극 지원하고 있다. 세계 스마트 팜 시장은 2022년 174억 1,000만 달러에서 연평균 6.95% 성장세를 보이고 있으며, 2026년에는 341억 달러로 성장할 것으로 예상된다(BIS Research, 2022). 특히 2027년에는 정밀농업(Precision agriculture)부문의 시장 규모가 약 160억 달러, 가축 모니터링 및 관리(Livestock monitoring and management)부문은 약 120억 달러로 증가하고, 수산양식(Aquaculture)부문은 약 29억 달러 규모로 성장할 것으로 예상된다.

스마트 팜은 농림수산업 인구의 소멸과 기후변화에 따른 문제점을 해결하는 대안이다. 스마트 팜은 기후위기에 따른 환경변화에 가장 적합하며, 지역에 맞는 환경 분석으로 획기적인 에너지 저감형 스마트 팜 단지를 조성하면 온실가스 저감 효과는 물론 우수한 가격경쟁으로 수출 확대에도 큰 역할을 할 수 있다. 농업선진국인 네덜란드는 이미 60년 전부터 스마트팜 농업을 추진하였으며 미국, 일본, 중국도 스마트팜 농업에 집중하고 있다.

■ 1세대 스마트팜

IT기술을 활용해 시설의 환경정보를 모니터링하고, 농업인이 스마트폰 등을 활용해 직접 원격 제어하는 수준의 자동화 시설을 말한다.

■ 2세대 스마트팜

빅데이터, 인공지능, 사물인터넷 등 지능정보기술을 활용하는 초보적인 데이터 기반 스마트팜 모델을 말한다.

■ 3세대 스마트팜

지능정보기술, 로봇, 신재생에너지 기술 등 첨단기술을 융합한 완전 무인 · 자동화된 모델을 말한다.

■ 스마트 팜 혁신 밸리

스마트 팜의 규모화 · 집적화, 청년창업, 기술혁신 등 생산 · 교육 · 연구 기능을 모두 갖춘 ICT기반 농산업 클러스터 개념이다. 원예 단지, 청년창업보육센터, 임대형 스마트팜, 지원센터 등이 입주한다. 정부는 경북 상주, 전북 김제, 경남 밀양, 전남 고흥 등 권역별로 4개소를 선정하여 청년교육과 취 · 창업을 지원하는 창업보육센터, 임대형 스마트팜, 기업과 연구기관이 기술을 개발하고 시험하는 수익형 농장, 에너지 시설, 스마트 APC 등을 갖춘 스마트팜 혁신밸리를 조성하고 있다. [그림 5]는 스마트팜 혁신밸리의 구성도이다.

[그림 5] 경북 스마트팜 혁신밸리 구성도

■ 국가산소(공기) 연구 및 산업단지

천혜의 산림자원을 기반으로 청정한 산소(공기) 관련 제품을 개발하기 위한 연구와 생산 기지를 건설하여 종합적인 산소산업의 플랫폼을 구축한다. 청송군의 3대 산소카페 정원으로 알려진 청송정원, 청송솔빛정원, 진보객주정원을 기반으로 대한민국을 대표하는 산소타운(산소도시)으로 조성한다. 주왕산 자연휴양림 인근을 중심으로 산소와 관련된 제품, 힐링 및 치유 제품을 생산하는 무공해 산소산업단지를 조성한다.

■ 스마트 수산양식 클러스터

수산 양식, 수확, 가공, 유통의 과정을 하나의 시스템으로 이루어지는 것을 스마트 수산양식이라 한다. 수산 양식을 ICT, 로봇, 인공지능, 빅데이터 등 4차산업 기술이 융합된 첨단산업화 하여 생산성을 높이고 친환경 시스템을 구축하는 것이다. 양식장 생선들이 육상의 가공공장에 도착하면 로봇들이 생선의 뼈와 내장을 분리하고 포장박스에 넣는다. 이 모든 과정을 단 몇 명의 모니터링 인력으로 진행한다. 스마트 수산양식으로 전환하기 위해서는 스마트 수산양식 클러스터가 구축되어야 한다. 직접 수산양식을 담당하는 수산업자뿐만 아니라 연구개발 기능을 담당하는 대학, 연구소와 각종 지원 기능을 담당하는 기관들이 협력해야 한다. 플랜트산업, 수산업, IoT, 로봇산업들이 집적화하고 연계하는 산업 클러스터를 구축해야 한다. 스마트 수산양식 클러스터를 통해 지속적이고 안전한 양식수산물의 안정적 공급체계를 구축할 수 있다.

제4절 경상북도의 농림수산업 대전환 정책제언

1. 농림수산특화 산업 육성 및 지원

농림수산업의 생산주체, 경영방식, 정주환경, 농림수산업 각각의 산업적 영역을 모두 고려한 혁명적 대전환을 위해 통합적 지원정책을 추진해야 한다. 특화된 고유의 농림수산자원과 강점을 지닌 특정 지역에 투자와 연구를 집중하고 산업화해야 한다. [표 1]은 경상북도가 추진하고 있는 농림수산업 대전환 생태계 구축 추진전략과 핵심사업이다.

[표 1] 농림수산업 대전환 생태계 구축 추진전략과 핵심사업

구분	[생산] 규모화 · 전문화 · 첨단화	[지원] 통합과 역량 강화	[확산] 산업간 연계와 확장
농업 (대한민국 대표 농업 대전환 선도)	• 디지털 혁신농업타운 • 농업대전환 들녘특구	• 국가농업테크노폴리스 • 지역 특화작물 유통 지능화 플랫폼	• 스마트 APC 통합 플랫폼 • 차세대 스마트 농산업단지
임업 (경북형 산림산업 생태계 구축)	• 산림에너지 자립마을 • 국립산지생태원	• 경북산촌활성화 지원센터 • 산림인재 육성 및 지원	• 국가 산소(공기) R&D 및 산업 기반 구축 • 임산물 물류터미널 구축 사업
수산업 (지능형 수산업 생태계 구축)	• 수산업 생산기반 지원 강화	• 수산양식 디지털 전환 기반 구축 • 미래 수산업 · 어촌 인력 양성	• 수산식품 가치 플러스

자료원 : 채종현, 정회훈, 권혁준, 류연수(2023),
　　　　"경북 농림수산업 대전환 선도를 위한 생태계 조성", 경북연구원.

1) 생산 영역

첨단화를 기반으로 전문화하고 규모화한 생태계 기반을 확립한다. 농림수산업 분야별 생산영역의 핵심사업은 다음과 같다.

① **농업** : 디지털 혁신농업타운 조성, 농업대전환 들녘특구

② **임업** : 산림에너지 자립마을 조성, 국립산지생태원 조성

③ **수산업** : 수산업 생산기반 지원 강화 등

2) 지원 영역

농림수산업 분야별 스마트, 첨단화를 통합적으로 지원하고 차세대 농림수산 인력양성과 경영방식을 개선할 수 있게 역량 강화를 추진한다. 농림수산업 분야별 지원영역의 핵심사업은 다음과 같다.

① **농업** : 국가 농업테크노폴리스 조성,

지역 특화작물 유통 지능화 플랫폼 구축

② **임업** : 경북산촌활성화지원센터, 산림인재 육성 및 지원

③ **수산업** : 수산양식 디지털 전환 기반 구축,

미래 수산업 · 어촌 인력 양성

3) 확산 영역

농림수산업 분야별 산업 간 연계 강화하여 생태계 고도화를 추진한다. 농림수산업 분야별 확산영역의 핵심사업은 다음과 같다.

① **농업** : 스마트 APC 통합 플랫폼, 차세대 스마트 농산업단지

② **임업** : 국가 산소(공기) R&D 및 산업 기반 구축,

임산물 물류터미널 구축 사업

③ **수산업** : 수산 식품 가치 플러스 등

2. 지능화, 첨단화 추진

경북지역을 기반으로 농림수산업 연구를 위한 생태계를 조성해야 한다. 농림수산업 혁신을 위한 네트워크를 구축하여 스마트 팜과 수산업 혁신을 지원해야 한다. 첨단기술을 활용한 스마트농업으로 대체하기 위해 양질의 농산물 데이터 수집을 위한 표준화 기술을 개발하고, 재배 생육 전주기 데이터 수집 및 빅데이터를 구축해 농업 생산성 향상 및 맞춤형 재배기술을 처방하는 AI모델을 개발해

야 한다.

이를 통해 전통적 영농관리시스템을 스마트 농업과 빅데이터 기반의 초거대 AI플랫폼으로 전환시킨다. 딸기, 오이 등 과채류의 빅데이터를 기반으로 생육상태 진단, 숙기판정, 생산량 예측, 병해충 진단 등 작물 생육진단 실용화 기술개발을 통해 수확, 방제, 환경제어 등 AI기반 로봇 농업을 실현하여 로봇이 농업 일손을 대체하게 한다.

정부는 스마트농업을 육성하고 지원을 확대하기 위해 스마트농업 육성 및 지원에 관한 법률을 제정하여 5년간 중앙단위 기본계획(2025년~2029년)을 마련하였다. 스마트농업 비중을 2023년 14%에서 2027년 30%로 확대하여 국내 전체 온실 5만 5,000ha의 30%인 1만 6,500ha를 지능화할 계획이다.

경상북도는 디지털혁신농수산업타운, 농수산업테크노폴리스 등의 혁신 기술을 적극적으로 활용하여 농림수산업 혁신을 촉진하고, 스마트 팜과 바다농장 등을 통해 농수산업의 효율성과 생산성을 높여 새로운 비즈니스 모델과 신산업을 창출하고자 한다.

이러한 신기술을 통한 디지털기반 스마트농업은 기술력을 향상시키고 가치사슬망 관리를 통해 농림수산물의 유통혁신을 도모하고, 체험 · 관광과 연계한 체험경제를 선도적으로 추진하여 농림수산업을 융 · 복합 산업화하여 농어민의 소득증대를 창출한다.

3. 가치 사슬망 구축

1, 2차 농림수산업을 첨단화된 6차 산업을 접목한 기업형 농림수산업으로 전환해야 한다. 세계 농식품산업의 시장규모는 1경 597조 4,400억 원으로 전 세계 반도체 시장 800조 원의 13배 규모에 달한다.

농림수산업을 1차원적인 관리 시스템에서 조달, 생산, 유통과 소비를 원스톱(one stop)으로 관리하는 가치사슬망(Value Chain Network)을 구축해야 한다. 이를 위해 빅데이터 기반의 초거대 AI 플랫폼 구축으로 예측을 통한 생산, 유통, 소비가 이루어지는 지능화 농림수산업으로 전환시켜야 한다. AI와 로봇을 활용해 디지털 농업을 고도화하고 기내식, 기능성, 메디푸드 등 K-농식품을 지속적으로 개발해야 한다.

4. 농림수산업 인재 양성 및 청년 농어업인 유치

농림수산업을 첨단화하고 규모화하기 위해서는 청년 인재를 양성하고 유치해야 한다. 도시의 청년을 영농사업가로 육성하는 지원 정책을 적극적으로 도입하고, 귀농·귀촌을 활성화하여 외부 인재를 유치해야 한다. 부족한 농어촌 일손은 해외 산업연수생제도를 확대하여 보완해야 한다.

1) 청년 농어업인 육성

농어업인 인구의 고령화로 경제활동인구가 지속적으로 감소하고 있어 청년 등 신규 인력을 유치하고 육성해야 한다. 경상북도의 농촌지원복합산업화 사업을 더욱 활성화하여 청년 농업인들의 안정적인 소득을 지원하고, 도시의 청년을 영농사업가로 육성하여 청년 농업인 자립기반을 갖추어야 한다. 경북농업기술원의 2021년 조사에 의하면 청년농업인이 창출하는 소득증대 효과는 신기술 도입 노력절감 등 생산비 절감효과(54%), 직거래 활성화 등 유통개선 효과(24%), 농산물 가공을 통한 부가가치 향상 효과(16%), 체험관광 등 소득자원 발굴효과(6%) 순으로 나타났다.

2) 귀농 · 귀촌 활성화 지원

도시의 베이비붐 세대가 은퇴 후 귀농 · 귀촌하는 인구가 늘고 있다. 이들 귀농 · 귀촌인은 농어촌 인구소멸을 해결할 수 있는 대안이 될 것이다. 통계청의 2022년 자료에 의하면 농촌에서 태어나 도시생활 후 연고지로 귀농하는 경우가 전체 귀농인의 75.6%이며, 귀촌인은 44.8%를 차지한다. 경상북도는 귀농 · 귀촌 가구 증가율이 2004년부터 전국 1, 2위를 차지할 정도로 인기가 많다. 2019년 전국 귀농가구 1만 1,422가구 중에서 2,136가구가 귀농해 전국 1위, 전국 귀촌가구 31만 7,660가구 중에서 3만 9,229가구가 귀촌해 전국 2위, 귀농과 귀촌을 합한 가구 역시 경기도에 이어 2위를 차지하고 있다. 경기도는 수도권으로 분류되므로 귀농 · 귀촌의 인기 지역으로 경북도가 최적지이다. 귀농의 시군별 현황을 보면 의성이 173

가구(전국 2위), 상주 169가구(전국 3위), 영천 154가구, 김천 136 가구, 안동 130가구, 청도 120가구 순이고, 귀촌은 포항이 5,541 가구, 경주 4,477 가구, 구미 4,035가구, 칠곡 3,540가구, 경산 3,368가구 순으로 많다.

귀농 · 귀촌 인구를 지속적으로 증가시키기 위해서는 귀농 · 귀촌 정착 프로그램을 더욱 강화해야 한다.

3) 해외 농림수산인력 유치

부족한 농어촌 일손을 돕기 위한 해외 산업연수생제도를 확대하고 대학의 관련학과와 연계한 일 · 학습병행제를 통해 양질의 해외 인재를 유치해야 한다. 수확기 일손 부족을 막기 위한 외국 인력의 고용허가제를 농림수산업에 우선 배정하고, 농어업인력 중개플랫폼을 활성화해서 인력 수급을 안정적으로 관리해야 한다.

5. 지속가능한 농림수산업 생태계 조성

농림수산업 개별 생산에 집중되었던 기존 정책을 통합 생태계 차원에서 관리해야 한다. 대학, 연구소, 기업과 지자체 간의 협력을 통한 지역 기반의 연구 및 혁신 네트워크 구축이 필요하다. 이를 위해 지자체 간 협력을 강화하고 자원과 전문 지식을 공유하며, 지역 간의 경제적 연계를 강화해야 한다.

타 광역시도간 농업상생발전을 위한 상호협력도 강화해야 한다.

2024년 2월 경상북도농업기술원과 전라남도농업기술원과의 상호 협력 체결은 좋은 성과이다. 농업인 교류과정 운영, 교육훈련 정보 교류 및 상호자문, 교육콘텐츠 공유 등 농업교육 전반에 대한 상호 협력을 확대해야 한다.

기후변화에 따른 농작물 재배지역의 이동을 선제적으로 대응하기 위해 지자체, 광역시도간 재배 정보와 새로운 작물을 공동 개발하여 품질 고급화에 협력해야 한다.

6. 농림수산업의 ESG경영

1992년 유엔환경개발회의(UNCED)에서 농업의 환경 파괴적 영향을 최소화하면서 장기적으로 농업생산성과 수익성을 확보하기 위한 지속가능한 농업을 추진한다는 리우선언이 있었지만 기후변화로 인한 농림수산업의 피해는 가중되고 있다. 최근 들어 농림수산업에서도 ESG경영의 필요성이 제기되고 있다. 농산어촌민의 삶의 질 향상에 크게 기여할 것이다.

1) 환경적 책임

기후변화, 환경오염, 새로운 병해충 발생 등 농림수산업 생태계 교란으로 농림수산업의 환경적 책임이 대두되고 있다. 기후변화에 대응하기 위하여 온실가스 배출량 감축 및 탄소 중립 농림수산업으로의 전환해야 한다. 지속가능한 농림수산물 원료를 개발하고 사용함으로서 환경오염을 예방하고 기후변화 위기를 극복할 수 있다.

이상기상에 대비하는 기상재해 예보시스템을 고도화해 피해를 최소화하고, 농업환경정보 데이터 구축을 통한 정밀관리 기술혁신으로 안정적인 생산 기반을 조성하고 용수 사용량을 감축해야 한다. 환경적 위기에 대응하는 재활용 가능 자원과 자원순환기반의 농림수산 원재료 및 자재를 사용하고, 전환선택형 공익 직불제, 탄소 중립 농림수산업 강화 등을 통해 자연 순환 농림수산업으로 전환해야 한다.

치유농림수산업[1]으로 국민의 건강증진과 삶의 질을 향상하고, 다기능 농림수산업을 통해 농어민이 생태 환경의 보호자가 되는 미래 농산어촌으로 탈바꿈해야 한다. 밀, 콩 등 주요 식량작물 자급률 향상으로 국가 식량안보에 대비하고 탄소중립 2050 실천으로 축분 바이오차 제조기술 및 작물별 효과를 검증하고, 적정처리 매뉴얼화를 추진해야 한다.

2) 사회적 책임

농산어촌의 사회적 위기에 대응하여 공동체 농림수산업, 도농어촌 상생 강화, 사회적 농림수산업 육성, 푸드플랜 추진 등을 통해 함께 하는 농림수산업과 더불어 사는 농산어촌으로 전환해야 한다. 가치사슬관리를 통해 공급망 지속가능성을 확보하고, 온라인 플랫폼 공급 기반을 강화해야 한다. 농어업과 돌봄을 연계한 사회적 농림수산업이 더욱 확대되어야 한다.

치유농림수산업을 체계적으로 육성하고 지원하여 인류와 국민

식생활 향상에 기여해야 한다. 경북도농업기술원은 2022년 전국 최초로 경북도치유농업센터를 개관하여 치유농장, 치유카페, 치유마을 등 29개 소를 조성하고, 치유농업 서비스의 전문성을 높이기 위해 대구가톨릭대 등 3개 대학교를 치유농업사 양성기관으로 지정하여 54명의 치유농업사를 양성하고 있으며, 치유농업시설 운영자 교육을 매년 실시하고 있다. 또한 치유농업의 사회복지서비스를 확대를 위해 대구·경북교육청, 국민건강보험공단 등과 업무협약을 체결하여 다양한 건강팜케어 프로그램을 진행하고 있다. 건강팜케어 프로그램을 사회서비스원, 광역치매센터 등으로 농림수산업 치유를 확대하고, 대상자별 맞춤형 치유농림수산업 프로그램을 개발·보급하여 농산어촌민의 건강을 개선해야 한다. 국토와 사회의 균형발전을 위해 농산어촌이 적극적으로 일자리를 창출하고 사회적 돌봄 기능을 확충하는 것은 커다란 사회적 책임이다.

3) 지배구조

농산어촌의 생산구조를 기존 소규모, 영세, 자경의 구조에서 대규모, 기업형으로 전환해야 한다. 농업협동조합, 영농조합법인, 자조금 조직 등은 농어업인들이 참여하는 의사결정 구조로 전환하고, 지역사회 공동체가 협력해 지역 현안을 해결하는 체계를 구축해야 한다. 농림수산업 법인을 건강한 지배구조로 변화시켜 지속가능한 성장을 도모해야 한다.

고령과 청년 농어민들이 주주가 되는 지배구조는 저노동 고임금 구조로 전환될 것이다. 조직화된 전문 농산어민들이 고부가가치 농

림수산업 경영을 함으로서 고소득을 얻는 농산어촌으로 탈바꿈시
켜야 한다.

참고문헌

1 권우성, 변원기, 이신석, 전병준. 2009. 농림수산업 관련 최신 유비쿼터스 기술 동향. Food Business & IT Services. 1(2). 97~118.

2 경북연구원. 2023. 경북 농림수산업 대전환 선도를 위한 생태계 조성.

3 경상북도. 2022. 경상북도 지방시대 선도 프로젝트.

4 경상북도. 2023. 경북 국정과제 지역공약 지원 간담회 자료.

5 경상북도. 2023. 2023년도 업무계획. 경북의 힘으로 열어가는 지방시대.

6 농림축산식품부. 2015. 농업 직업교육체계 개편방안 연구.

7 농림축산식품부. 2023. 농산물 산지유통센터(APC) 스마트화 · 광역화 추진 계획.

8 농촌진흥청. 2017. 농업 · 농촌 6차산업화 경영체의 경영분석 및 마케팅 기술개발.

9 농촌진흥청. 2017. 빅데이터 기반 농업경영 · 마케팅 전략개발 및 서비스 방안 연구.

10 유도일. 2021. 데이터 기반 스마트농업 확산을 위한 정책과제 연구. 서울대학교 산학협력단.

11 월간공공성. 2024년. 충남스마트 농업의 양적 · 질적 개선. 2월호.

12 채종현. 2022. 경북 디지털 혁신 농업타운 기본구상. 대구경북연구원.

13 한국농촌경제연구원. 2011. 농림수산 서비스산업 발전방안 연구.

주

1 농 · 산 · 어촌의 다양한 자원을 활용하여 국민의 건강증진과 삶의 질을 향상시키는 여가, 치유, 웰니스 등 다양한 기능을 활용한 농산어촌의 새로운 소득원을 말함.

마무리

·

경북 주도
지방시대가 만드는
대한민국의 미래

김연성

한국경영학회 회장(인하대학교 경영학과 교수)

서민교

대구대학교 경영학부 명예교수

지금까지 논의된 내용을 다시 한번 요약·정리하면서 경북의 사례가 주는 시사점과 앞으로 대한민국을 살리기 위한 성공적인 지방시대로 가는 길과 미래를 제시하고자 한다. 한국이 직면한 당면한 저출생과 지역소멸의 문제를 해결하는 길은 수도권 일극체제를 극복하여 다극 중심체제로 전환하는 지방시대를 만드는 것이며, 현 정부 들어 지방시대를 선도하고 있는 경북의 실제 정책사례를 산업·자치역량 강화·교육·농어촌혁신·저출생 문제·문화관광 혁신 등 다양한 분야로 나누어 그 시사점을 정리하였다. 그리고 한국의 미래를 바꾸는 지방시대를 완성시키기 위해 필요한 여러 조건들에 대해 살펴본다.

제1절 수도권 일극체제 바꿔야 대한민국이 산다

우리나라는 1960년~1970년대 수도권 등 주요 거점 지역을 중심으로 경제성장과 효율성을 강조하는 전략적 자원배분을 통해 경제 발전을 달성했다. '한강의 기적'이라는 한국의 경제성장에는 수도권의 역할이 컸다. 거대 도시를 통한 인력과 자원의 집적은 시너지 효과를 극대화하는 장점이 있었다. 그러나 지금은 심화된 교육·인재·기업·일자리 등의 수도권 집중은 그 단점이 장점을 압도하고 있다.[1] 수도권과 지방의 분단은 남북 분단에 버금가는 한국 사회의 주요 모순이 되고 말았다.

현재 한국이 처한 가장 심각한 미래 위험은 저출생·고령화로 인한 급속한 인구감소와 더불어 지방소멸과 수도권과 지방의 양극화 심화라고 할 수 있다. 2010년 1.23명이었던 한국의 합계출산율은 2023년에 0.72명까지 떨어지며 역대 최저 기록과 세계신기록을 해마다 갱신하고 있다. 2021년 기준 OECD 38개 회원국 중 합계출산율이 1.00명에 못 미치는 국가는 우리나라가 유일하며, 향후 전망은 더 암울하기만 하다. 최근 뉴욕 타임즈는 유엔의 세계 인구 추계를 이용하여 한국은 2050년 홍콩에 이어 세계에서 가장 고령화된 국가 2위를 차지할 것이라고 보도하면서 한국은 흑사병이 창궐했던 14세기 유럽 수준의 재앙적인 인구감소를 피할 수 없다고 묘사했다. 옥스퍼드대 데이비드 콜먼 교수도 '한국이 저출산으로 인한 인구소멸 1호 국가가 될 것'이라고 예측한 바 있다. 그동안 정부도 인구 소멸 문제를 심각하게 인식하고 출산율 제고와 양육 환경을 개선하기 위해 지난 16년간 약 280조 원의 예산을 쏟아부었지만 신생아 수는 20년 전의 반토막인 25만 명 아래로 곤두박질쳤다.

한편 인구의 급감과 더불어 지방 도시 소멸 및 수도권(서울, 경기, 인천)과 비수도권과의 양극화 현상 또한 심화되고 있다. 수도권은 사람과 각종 인프라가 언덕을 구르는 눈덩이 격이라면 지방은 햇볕 든 처마 밑 고드름 꼴이다. 한반도미래연구원이 발간한 '2024 인구보고서'에 따르면 2023년 전국의 소멸 위험 지역은 118개(51.8%) 수준이었으며, 2047년 전국 모든 지자체(228개)는 소멸위험 단계로 진입한다(계봉오 외, 2024). '소멸 위험'은 해당 지자체에 거주하는 20세~39세 여성 인구가 65세 이상 노인인구의 절반 아래로 떨어질 때로 정의되어 진다.

또한 이러한 상황에서 수도권과 비수도권의 인구 및 경제력 격차가 심화되어 수도권으로의 집중현상도 악화일로에 있다. 먼저 수도권으로의 인구집중 정도도 매년 높아지고 있다. 전체 국토의 11.8%에 불과한 수도권으로의 인구집중은 지난 2019년 처음 비수도권 인구를 앞지른 이후 해마다 격차를 키우고 있다. 이러한 현상은 일자리, 교육, 문화, 의료 등의 이유로 청년들이 수도권으로 몰리기 때문이다. 최근 한국은행(2024)이 발표한 '생산 · 소득 · 소비 측면에서 본 지역경제 현황' 보고서에 따르면 서울 · 경기 등 수도권의 전국 경제성장률 기여도가 51.6%(2001년~2014년)에서 70.1%(2015년~2022년)로 가파르게 상승했다. 수도권의 경제력 집중 정도가 2015년 이후 갈수록 심화하면서 수도권 일극 체제가 '광풍'을 연상케 할 정도이다.

한국이 직면한 현안인 저출생과 지방소멸은 지방만의 문제가 아니라 수도권 집중이라는 양면의 구조를 보여준다. 청년인구의 수도권 집중은 농어촌이나 비수도권 소도시의 지역 소멸 문제로 직결되고 궁극적으로 저출생 문제로 귀결된다. 한국은행이 2023년 11월에 발표한 '지역 간 인구이동과 지역경제' 보고서에 의하면 2015년~2021년 수도권에서 순증한 인구 중 청년층(15~34세)이 차지하는 비중이 78.5%에 이르러 최근 수도권 인구 집중의 대부분은 청년층이 이동한 결과로 봐야 한다(정민수 등, 2023). 한국의 수도권 집중은 세계적으로도 매우 높은 수준이다. 2022년 기준 국내 인구의 절반 이상(50.68%)이 국토에서 불과 11.8%를 차지하는 수도권에 모여 살고 있다. 국토의 10% 남짓한 지역에 인구의 절반 이상이 집중된 사례는 다른 선진국에서 찾아 보기 힘들며, 한국의 수도권 인구 비중은 2020년 기준으로 경제협력개발기구(OECD) 26개 나라 가운데서 가장 높다. 이같은 수도권 집중 현상은 지역 청년들의 수도권으로 쏠리는 현상 때문으로 풀이된다. 이 보고서에 따르면 2015년~2021년까지 호남 · 대구경북 · 동남권 인구 감소의 각각 87.8%, 77.2%, 75.3%는 청년 유출 때문으로 나타났다. 그러면, 청년들이 수도권으로 향할 수밖에 없는 이유는 일자리에 따른 소득, 문화나 의료와 같은 삶의 질을 좌우하는 서비스의 지역 간 격차가 크기 때문이다. 2015년과 2021년의 수도권과 비수도권 상황을 비교하면, 월평균 실질임금 격차는 34만 원에서 53만 원으로 벌어졌고 고용률의 차이도 3.8%포인트에서 6.7%포인트로 커졌다. 1만 명당 문화예술 활동(0.77→0.86건)과 1,000명당 의사 수 (0.31→0.45명) 불균형도 심해졌다.

한편, 청년층이 수도권으로 몰리는 현상은 심각한 저출생 문제의 원인으로도 작용한다. 언뜻 수도권 집중과 저출생 문제는 큰 상관이 없어 보이지만, 많은 전문가들은 청년의 수도권 집중은 저출생 현상을 가속화할 수가 있다고 우려한다. 인구 밀도가 높을수록 수도권에 거주하는 청년들의 사회적 경쟁과 불안감이 심화되면서 자신의 경쟁력을 높이기 위해서뿐만 아니라 교육열 상승, 육아 시설 부족 등으로 비용이 커지기 때문에 결혼과 출산을 미루게 된다. 앞에서 언급한 한은의 보고서에 의하면, 비수도권 청년 유출의 영향으로 2021년 중 비수도권에서 줄어든 출생아 수(3만 1,000명)보다 수도권 청년 유입 결과 늘어난 출생아 수(2만 5,000명)가 적어 결국 6,000명의 '출생 손실'이 발생한다고 한다. 결론적으로 수도권으로의 청년 유입은 전국적인 출산율 저하로 이어져 30년 뒤 우리나라의 인구가 약 700만 명 줄어드는 결과를 초래한다는 것이다. 2023년 11월에 발표된 한국은행의 '초저출산 및 초고령사회' 보고서에 따르면 출산율이 세계 최저로 떨어진 배경으로 청년층이 느끼는 경쟁압력과 고용·주거·양육 불안을 지목하면서 경제·사회·문화 여건을 개선하면 출산율을 최대 0.845명 더 높일 수 있다고 전망했다(황인도 외, 2023). 구체적으로 도시인구 집중 완화(0.414명), 국내총생산(GDP) 대비 가족 관련 지출 증대(0.055명), 육아휴직 증대(0.096명), 혼외 출산 용인(0.159명) 등을 제시했다. 이 중 도시인구 집중 완화가 출산율 제고에 압도적 영향을 미치며, 청년들의 수도권 유입이 지속되는 한 수도권 인구 집중률을 완화하는 것이 불가능하다.

결론적으로 한국이 직면한 현안인 세계 최악의 초저출생과 지방소멸 문제는 수도권 일극체제를 바꿔야만 해결할 수가 있다. 수도권 일극체제는 비수도권 지역 주민뿐만 아니라 수도권 주민의 삶의 질도 떨어뜨리며, 이제 국가의 존립마저 위태롭게 할 수 있다는 우려가 팽배해지고 있다.

청년의 수도권 유입 및 경제력 집중 → 지방소멸 → 저출생 초래의 악순환이 계속되고 있다. 결국 수도권 집중을 막는 것이 초저출생과 지방소멸의 재앙을 피하는 최고의 해법이다. 하나의 국가를 인체에 비유했을 때 수도권이 머리라면 지방은 손발과 같다. 우리나라는 머리만 크고 손발은 왜소한 불균형의 모습을 보이고 있다. 아무리 머리가 뛰어나도 수족이 제 기능을 못하면 온전한 사고 기능과 능력을 발휘할 수 없어 건전한 국가로 성장하기 어려울 것이다.

이제 지속가능한 국가의 틀을 유지하기 위해서는 수도권 일극체제를 바꿔야만 대한민국이 살 수 있다. 이것이 지방분권과 지역균형발전을 통한 '다극중심체제'로 만드는 진정한 지방시대가 필요한 이유이다.

제2절 왜 경북의 사례를 분석해야 하며, 그 시사점은?

그동안 이러한 문제점을 해결하기 위해 역대 정부들은 다양한 국토균형 발전정책을 실시하는 등 노력해 왔지만 그리 큰 성과를 내지 못하였다. 역대 정부들은 수도권 집중화의 대응책으로 수도권 정비계획법 제정, 공공기관 이전, 권한의 지방 이양 등을 통해 중앙 집권적 균형 발전을 추진해 왔다. 하지만 수도권과 비수도권의 격차는 좁혀지지 않고 있다. 사회 양극화, 저출생과 수도권 집중으로 인한 지방소멸은 가속화돼 중앙정부 중심의 규제적·일률적인 정책으로는 이를 해결할 수 없는 한계점에 와 있다.

윤석열 정부는 2022년 7월 '대한민국 어디서나 살기 좋은 지방시대'를 국정 목표로 설정하고, 이를 실현하기 위해 '지방자치분권 및 지역균형발전에 관한 특별법'을 제정하였다. 2023년 7월 10일부터 법적 효력을 발휘하고 있는 특별법 제정의 의미는 한마디로 중앙주도의 균형발전에서 분권형 균형발전으로의 패러다임의 전환하였다는 것이다. 그동안 분절적으로 추진된 자치분권과 균형발전의 계획 및 정책을 지방시대위원회를 중심으로 연계와 통합하였다. 헌법에서 규정하고 있는 자치분권과 균형발전의 가치를 상호 동반자적 관점에서 구현할 수 있는 토대를 마련하있다. 현 정부가 추구하는 지방시대의 핵심과제는 지방분권형 국가경영시스템의 구축으로 지방에 힘을 주고 권한과 제도와 재정을 부여해 지방 스스로가 지방의 문제를 해결할 수 있는 체제를 구축하자는 것이다. 이와 같은 윤정부 지방시대 정책의 철학은 2023년 9월 14일 '지방시대 비전 선포식'에서의 다음과 같은 대통령의 발언에서 찾아볼 수가 있다. "우리 정부는 모든 권한을 중앙이 웅켜쥐고 말로만 지방을 외치지 않고, 그런 과거의 전철을 절대 밟지 않을 것입니다.", "대한민국은 산업화, 민주화를 이뤄냈습니다. 이제는 지방시대를 통해 대한민국이 도약해야 합니다".

그러면, 왜 경북의 지방시대 정책 사례를 분석해야 할까?

한마디로 경북의 지방시대 정책이 대한민국의 지방시대 정책을 선도하기 때문이며, 근거는 다음과 같다.

첫째, 경북이 처한 현실과 역사성이다. 경북은 흔히 웅도(熊道)라고 불리면서 강한 자부심을 가지고 있었다. "경북은 나라가 어려울 때마다 늘 중심에 서 있었습니다. 화랑정신으로 최초의 통일국가를 이루고 선비정신과 호국정신으로 나라를 지켰습니다. 또 새마을 운동으로 나라를 잘 살게 만들었습니다." 이철우 경상북도지사 2024년 5월 13일 '경북도 저출생 극복 실행계획'에서의 강조한 말이다.

그렇지만 현실은 어떠한가? 1949년 인구조사 당시 경북이 321만 명으로 전국 1위를 차지하였으나, 1960년대 후반 산업화 이후 인구가 서울로 몰리며 서울이 1위, 경북이 2위로 순위가 바뀌었다. 하지만 지금은 그 순위를 말하기조차 어려울 정도이다. 단적으로 경북이 처한 지방소멸의 어려움은 2023년 한국고용정보원에서 발행한 '통계로 본 지역고용보고서'에서의 지방소멸위험지수를 [표 1]에서 살펴보면 알 수가 있다(이상호 · 이나경. 2023). 일본 도쿄대

사회학자 마스다 히로야가 제시한 지방소멸위험 지수는 65세 이상 인구대비 20세~39세 여성인구 비율로 측정된다. 이 지수가 0.5 미만이면 소멸 위험지역으로, 0.5~1.0인 경우 소멸 주위, 1.0~1.5인 경우 보통, 1.5 이상이면 소멸 저위험지역으로 분류된다. 특히 지수가 0.5보다 작은 0.2 미만인 경우 소멸 고위험 지역으로 분류된다.

[표 1] 시도별 소멸위험지역 시군구 분포 (단위 : 개, %)

구분	전국	부산	대구	인천	경기	강원	충북	충남	전북	전남	경북	경남
전체 시군구 수	228	16	8	10	31	18	11	15	14	22	23	18
소멸위험진입	67	7	0	2	6	12	3	7	6	7	10	5
소멸고위험	51			1		4	5	5	7	11	10	8
소멸위험지역 소계	118	7	2	3	6	16	8	12	13	18	20	13
소멸위험지역 비중	51.8	43.8	25.0	30.0	19.4	88.9	72.7	80.8	92.9	81.8	87.0	72.2

자료원 : 이상호 · 이나경(2023), [표 1] 시도별 소멸위험지역 시군구 분포. p. 113.

시군구 소멸위험 시군구의 비중이 가장 높은 곳은 전북(92.9%)이고, 강원(88.9%), 경북(87.0%) 순으로 높게 나타나고 있다. 특히 소멸 고위험 지역의 경우, 전남 11곳 다음으로 경북의 경우 10곳으로 나타나고 있다.

둘째, 리더의 탁월한 비전과 역량 때문이다. 이철우 경상북도지사는 일찍이 '경북의 힘으로 새로운 대한민국'이라는 캐치프레이즈를 내세우면서 '지방시대'라는 국가적 정책과 아젠다를 현장(지방)에서 실험하고 정책화해 이를 국가 모델로 제시해 오고 있다. 윤대통령은 이 도지사의 건의를 받아들여 지방시대를 국정과제로 채택한 것으로 알려져 있다. 이 때문에 우동기 지방시대위원장은 2023년 초 경상북도 공무원들을 대상으로 하는 특강에서 "윤석열 정부의 국정 과제인 지방시대의 저작권은 윤대통령에게 있는 것이 아니라 이철우 지사에게 있다"고 말하기도 했다. 따라서 경상북도가 윤석열 정부의 국정과제인 지방시대 정책을 가장 잘 이해하고 실천할 수밖에 없다. 2024년 4월 행안부 2024년 정부합동평가에서 정성평가(우수정책사례) 전국 1위를 차지하며 2023년에 이어 2년 연속 우수지자체로 선정되었다. 경북은 2023년에 전국 최초로 지방시대 정책국을 신설하는 등 국정 목표인 '지방시대'를 실제로 현장에서 적용한 다양한 정책을 실험하고 정책화시켜서 '적어도 지방화 정책 면에서는 경북이 하면 대한민국 표준이 된다'는 얘기가 될 정도이다. 또한 저출생 해소를 위한 정부의 저출생 대응 총괄 부처 신설과 규제개선 등의 적극적인 건의로 윤대통령의 2024년 5월 9일 취임 2주년 기자회견에서 저출생 · 고령화 대응 부처인 '저출생대응기획부'(가칭)를 부총리가 이끄는 조직으로 신설토록 하였으며, 청와대 내에서 '저출생 수석실'을 설치하도록 하였다. 또한 최근에는 정부 관계자를 만나서 '융합돌봄특구'지정, '국립 인구정책연구원'설립과 함께 저출생대책 특별법 제정을 정부에 건의했다.[2]

지금까지 분석한 지방시대를 열기 위한 산업 · 자치역량 강화 · 교육 · 농어촌혁신 · 저출산 문제 · 문화관광 혁신 등 다양한 분야에서 경북의 실제 정책사례를 분석하였던 바를 정리해 보면 다음의 [표 2]와 같다.

[표 2] 경북 지방시대 정책의 주요 내용·특징 및 시사점

분야	경북 정책의 주요 내용 및 특징	시사점
지방분권형 국가경영 시스템으로의 전환 및 지방의 역량 강화	• 메가시티와 대구경북 행정통합 – 수도권 일극집중에 대응한 　전국적인 메가시티 바람 　(충청, 부산경남, 광주전남 등) – 연방제 수준의 자치분권 확보 – 행정통합특별법 • 경북이 주도하는 저출생과의 전쟁 – 4대분야, 100대과제, 　20대 중점과제 추진 • 자치분권 계획 추진 – 5대분야, 13개과제, 　39개세부과제 제시	• 이해관계, 반대 여론, 주민정서, 의회의결 등 극복과제 • 행정통합의 형태, 권한 역할과 기능, 중장기 공간구상 검토하여 협의와 절차 거쳐 진행 • 저출생 원인 → 저방 • 경북이 주도하여 재원, 조직 확보 (중앙정부 성과 미흡 → 경북이 주도하는 저출생 전쟁) • 권한(자치조직, 자치재정, 자치입법) 확보 노력과 함께 제도개선 필요
저출산 및 외국인 이주정책 등 지역소멸 대응	• 저출산 대책 – 세 가지 방향으로 전개 : 　①저출산 극복을 위한 로드맵 마련 　②출산과 보육 부담 완화 　③여성폭력 근절 및 보호지원 체계 강화 – 100대 사업 추진 및 정부와 　협력하여 법제도 개선 모색 : 　①1조 2천억 원 예산을 단계적으로 투입 　②출산을 가로막는 법제도 개선 건의 　※"저출생 특별법 제정' • 외국인 유치 – '아시아 이주 허브' 도약 글로벌 　인바운드 : 유입부터 정착, 사회통합 　까지 아우르는 정책 계획 발표 • 외국인 유치 정책의 아젠다로 　'이민 모범도시 경북' 추진 : 　사람 중심 원조 개념 & 　'순환형 이주 제도 • 선도적인 이민정책 추진, 전세계적 　우수인재 유치 노력 : 　경북형 개방사회 조성	• 결혼부터 돌봄까지 저출생 극복 대책을 본격적으로 시행하는 중요 : 체계적인 계획 수립과 여러 방면에서의 지원을 통한 구체적인 대책 마련이 필요 • 선도적인 이민정책을 추진하며 안정적 정착에 초점을 맞춘 전주기적 지원 실시가 중요 • 외국인 유입부터 정착, 사회 통합까지 아우르는 계획이 효과적: 지역 경제 활력, 일자리 창출과 경제효과까지 기대 • 출산율 제고와 인구 유입을 위한 투트랙 전략 필요 : 인구이동(유출)에 집중 • 청년 생활정치를 위한 인프라 구축 : 공동체 형성 및 사회통합의 이차 적 개념에 주목 • 산업고도화를 통한 외국인 고급인력 유치 노력 필요 : 지역 발전 및 새로운 기회 창출, 기업 혁신 기대

분야	경북 정책의 주요 내용 및 특징	시사점
교육정책	• K-대학 대전환을 통한 아이디어산업 활성화 • K-U 시티 프로젝트 (1시군-1대학-1전략산업) • K-IDEA Valley 프로젝트 (창업, 특구, 산업단지 유형) • K-IVY 프로젝트 (경북형글로컬, 연합대학, 특성화 유형) • K-LEARNing 프로젝트 (평생직업교육, 해외인재특화, 사회적 가치실현 유형)	• 국가고등교육체계 지역발전으로 연계 • 지역 혁신의 중심 대학지원체계 안착 • 대학 중심의 지역혁신 생태계 조성 • 지역과 동향하는 열린 대학 운영 • 지역 청년 정주율 향상을 통한 확실한 지방시대 구현
산업정책	• 과거 경북의 기여 – 60년·70년대, 대구·경북 섬유산업으로 부족한 외화 획득 – 포항 철강산업으로 국내 소재 산업 기반 마련. 이후 조선 및 자동차 산업 성장기반 제공 – 구미 전자사업단지를 기반하여, 이후 반도체, 휴대폰, 평면 디스플레이 산업 조성 – 경주 및 울진 핵발전소를 통해서, 선진국 중 가장 저렴한 산업용 전기 공급 • 미래 경북의 기여 – 포항의 배터리 및 수소 에너지 단지 – 경주의 소형모듈형 원자료 단지 – 구미의 방산산업단지 – 안동 지역 바이오 산업단지 – 미래 기술 동향, 지역 특성, 정부 정책이 삼위일체로 작용하는 산업전략	• 지역 주도와 정부 지원 – 과거 지역균형정책의 주된 실패 원인은 탑다운 방식의 정책 수립과 운영 – 지자체는 시행기관이 머물러 있었고, 그 결과, 지역 실정에 맞지 않은 정책을 책임감없이 수행하였음 – 지방시대에 맞추어, 지역이 주도하고 정부가 돕는 방식의 새로운 지역사업 전략 수립 • 과거와 미래의 연결 – 지역 내 첨단 신산업을 조성하려고 하여도, 역내에 기존 기반이 조성되어 있어야 함 – 경북은 역내 전통 산업을 새로운 기술변화 흐름에 맞게 재편하는 접근을 하여, 실효성을 높임 • 대한민국 미래와 함께 하는 산업 전략 – 미래산업에서는 전력 수요가 폭발적으로 증가할 것으로 예상되고, 이에 맞추어, 전통 핵발전소에 이어서 소형모듈형 핵발전 기술의 핵심단지로 부상 중 – 반도체와 반도체 기반 첨단산업 (예로 군수산업) 기반 강화로, 미래 국가 먹거리 확보

분야	경북 정책의 주요 내용 및 특징	시사점

문화관광
혁명
	• 경북 K–컬처 집적 프로젝트
	– 국립종가문화진흥원, 한글AI본당,
	  국립한지진흥원, 전통한옥 관광자원화
	• 디지털 한류 거점 조성
	– 한류통합 커뮤니티 센터 건립
	– 국립 세계(문화) 유산원 설치
	– 디지털 문화콘텐츠 세계화 기반 구축
	  (경북문화콘텐츠 센터)
	• 육해 연계 문화관광 융합콘텐츠 개발
	– 융합치유관광단지 조성
	  (울진, 포항, 경주, 영덕, 울들 연계)
	– 육해중 지질관광지구 조성
	– 테마융합 동해안 해양관광 개발
	• 생활인구 기반 듀얼라이프 확산
	– 유니크베뉴 스테이-인 경북 워케이션
	  사업 : 농어촌체험 휴양마을 및
	  웰니스 관광지에 조성
	– 각양각색 경북 두 지역 살아보기
	  사업 확대 : 마을체험, 지역탐방,
	  휴식여가, 일자리 창출형
	– 예술인 창작 1번지,
	  경북관광 예술촌 조성
	– 1시군 1이색호텔 시범사업
	– 유휴공간(빈집) 발굴, 문화공간
	  커뮤미티 매칭 사업
	• 주거문화 혁신, 천년지향 주택단지
	  조성 : 복합은퇴촌, 생산공동체형,
	  산업연계형
		• 지속적인 문화관광 콘텐츠 개발과
		  팬더스트리 확산 가속화를 위한
		  지원을 강화 : 콘텐츠의 지속적인
		  개발과 문화상품의 지속적 혁신
		  창출 필요
		• 신융합관광 관련 제도적 혁신
		  지원으로 신융합관광의 혁신기반을
		  구축 : 문화시설과 육·해지역의
		  다양한 자원 간 융합을 위한 관련
		  기관 및 주체 간의 연계협력을
		  제도화할 필요
		• 데이터를 기반으로 지역 현실에 적
		  합한 생활밀착형 서비스를 제공 :
		• 경북 고유의 자원을 활용하여
		  타 지역과 차별화된 생활인구 늘리
		  기 사업을 추진 : 생활인구를 관광
		  객에 국한하지 않고 은퇴자,
		  예비 귀농귀촌인, 예술인 등 다양한
		  집단이 경북지역에 정착시킬 수 있
		  는 다각적 방법 모색
		• 민·관·산·학이 협력하여 외국인
		  유입 신규 모델을 개발하고 확산
		  필요 : 불가피한 지역의 인구감소
		  해결책으로 신규 유입가능한 외국인
		  유치를 경북의 관광, 교육, 문화를
		  아우르는 거시적인 접근으로 개발
		  필요

분야	경북 정책의 주요 내용 및 특징	시사점
스마트 농업 및 수산업 혁명	• 규모화 · 전문화 · 첨단화를 통한 생산 생태계 기반 확립정책 – 농업 : 디지털 혁신농업타운 조성, 농업대전환 들녘특구 – 임업 : 산림에너지 자립마을 조성, 국립산지생태원 조성 – 수산업 : 수산업 생산기반 지원 강화 등 • 통합적 지원과 역량 강화를 통한 생태계 운영지원 강화정책 – 농업 : 국가 농업테크노폴리스 조성, 지역 특화작물 유통 지능화 플랫폼 구축 – 임업 : 경북산촌활성화지원센터, 산림인재 육성 및 지원 – 수산업 : 수산양식 디지털 전환 기반 구축, 미래 수산업 · 어촌 인력 양성 • 산업 간 연계를 통한 생태계 확장정책 – 농업 : 스마트 APC 통합 플랫폼, 차세대 스마트 농산업단지, – 임업 : 국가 산소(공기) R&D 및 산업 기반 구축, 임산물 물류터미널 구축 사업 – 수산업 : 수산 식품 가치 플러스 등	• 경상북도에서 추진하는 농업대전환 정책이 성공하기 위해서는 생산, 지원과 확산영역으로 구분한 정책간의 연계성과 통합적 관리가 필요함. • 농림수산업 대전환 정책을 추진하기 위해서는 생산 주체, 경영방식, 정주환경과 산업적 영역을 모두 고려한 종합적 관점에서 추진해야 함. • 고유의 농림수산자원과 강점을 지닌 특정 지역에 투자와 연구를 집중할 필요가 있음. • 첨단화, 지능화된 농림수산업 생태계를 조성하기 위해서는 디지털 전환을 선도할 차세대 청년 인력을 유치하고 지원해야 함. • 기후변화로 인한 농림수산업의 피해가 가중되고 있어 농림수산업에도 ESG경영이 도입되어야 함.

제3절 경북이 주도하는
성공적인 지방시대로 가는 길

이제 지방시대는 세계적 시대정신이다. 그러면, 저출생과 지방소멸을 해결하면서 '대한민국 어디서나 살기 좋은 지방시대'를 성공적으로 달성하기 위해서는 앞으로 어떻게 해야 할까? 글로벌 경영전략에서의 가장 많이 언급되는 통합-대응 모형(I-R grid: Integration-Responsiveness grid)을 응용하여 중앙정부와 지방정부의 역할을 중심으로 살펴보기로 하자. 1975년과 1976년에 각각 발표된 Prahalad와 Doz의 하버드대학 박사학위논문에서 처음 소개된 이 모형에 따르면 다국적기업은 글로벌 통합의 압력과 지역별 대응의 압력이라는 상반된 두 개의 압력에 동시에 직면하고 있다는 것이다. 그러면 개별 다국적기업은 글로벌 통합의 압력과 지역별 대응의 압력의 고저에 따라 선택할 수 있는 전략은 범 세계적 통합전략(본사중심적 글로벌전략), 다중초점 전략(글로컬전략), 지역별 대응전략(자회사 중심의 현지화 전략) 등 세 가지로 분류될 수가 있다.

이 모델을 응용하면 오늘날 중앙정부와 지방정부는 국가적 대응압력(예컨대, 국방과 외교, 국가적 차원의 저출생과 국가소멸, 국가적 차원의 경제정책 등)과 지역별 대응압력(지역내 지역소멸, 지역별 특화산업 육성, 지역내 지역별 균형발전 등)에 직면해 있다. 어느 압력을 더 강하게 인식하는가 또는 낮게 인식하는 가에 따라 세 가지 유형이 나올 수가 있다. 먼저 국가적 대응압력이 높고 지역

[그림 1] Prahalad와 Doz 모형

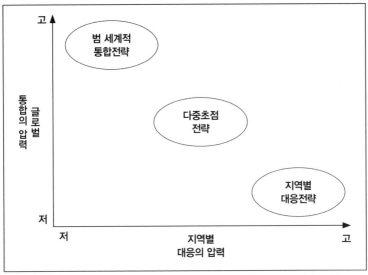

자료원 : Roth, K. & Morrison, A. J.(1990), 서민교박병일, '글로벌경영'(2020), p.338에서 재인용

[그림 2] 중앙정부/지방정부의 역할에 따른 세 가지 유형

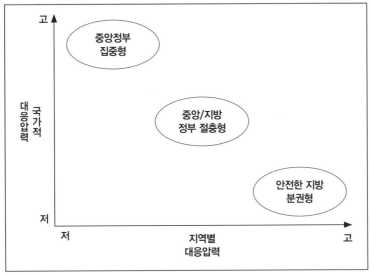

자료원 : 저자 작성

별 대응압력 낮은 경우는 중앙정부 집중형, 국가적 대응압력과 지역별 대응압력을 동시에 높게 느낄 때는 중앙정부와 지방정부의 절충형, 국가적 대응압력은 낮지만 지역별 대응압력은 높을 때는 완전한 지방분권형으로 나눌 수가 있다.

지금까지는 모든 권한을 중앙정부가 쥐고 결정하는 중앙정부 집중형으로 자원배분의 집중과 상부하달식의 신속한 의사결정으로 급속한 경제성장을 달성하였지만 앞에서 살펴본 수도권 집중의 일극체제 문제점을 노출하게 되었다. 따라서 앞으로는 단기적으로는 중앙정부와 지방정부의 절충형으로 가야 하며, 궁극적으로는 국방 · 외교 등의 부문을 제외하고는 미국의 연방제에서 '주 정부' 수준의 완전한 지방분권형으로 가야 한다. 중앙정부와 지방정부의 역할 재정립과 지방정부의 역량 강화에 따른 중앙집중형→ 중앙정부/지방정부 절충형→ 완전 지방분권형으로 단계적 이전은 완전 지방분권형으로의 이행을 연착륙시킬 수 있다. 결국 장기적으로는 완전 지방분권형이 되어야 '지방'이 중심이 돼 '지방'이 그 지방에 가장 적절한 정책을 마련해 '지방' 발전을 통해 국가 발전을 이룩하는 새로운 패러다임이 정착할 수가 있으며 지방소멸과 저출생 문제 등을 해결할 수 있을 것이다.

이를 위해서는 다음과 같은 조치가 반드시 필요하다.[3]

첫째, 중앙정부와 지방정부 간 관계 재설정을 통해 연방제 국가에 준하는 지방정부의 권한과 지위를 부여해야 한다. 중앙 · 지방 기능 조정 및 자치권 강화, 자치 경찰권 강화, 지방자치와 교육 자치 연계, 특별자치시 · 도의 위상 제고, 지방의 자주 재원 확충으로 지방분권을 통한 큰 지방정부를 실현하고 지방정부의 책임성 또한 확보해 명실상부한 지방분권형 국가경영시스템을 구축해야 한다. 이제 수천 년간 내려온 중앙집권화 의식을 바꿔야 한다. 국가운영 기조를 '지방분권형 국가경영시스템'으로 전환해야 한다. 지방정부가 정책을 설계·기획하고 중앙정부는 범부처 검토를 통해 다각적인 지원을 해야 한다. 이를 위해 권한은 지방정부로 과감히 이양하고 재정 등은 부처 칸막이를 없앤 다부처 통합지원체계를 만들어야 한다.

둘째, 인사권과 재정권을 대폭 지방정부로 넘겨야 한다. 국가사무 400개를 지방으로 일괄 이양하는데 박차를 가하고 재정분권에 속도를 낼 필요가 있다. 지방이 지역 특색에 맞는 맞춤형 정책의 재원 기반과 과세자주권 확대를 위해 2023년 75:25 수준의 국세 대 지방세 비율을 앞으로 최소 6:4 비율에 조정해야 한다. 현재는 자치분권의 핵심적인 요소인 지방의 근원적 재정문제를 해소할 수 있는 재정분권 내용이 일반적 수준에 머물렀다는 비판이 나오는 이유이다. 지방재정·세제 정책의 새로운 패러다임이 필요하다. 지방은 헌법 제59조의 조세법률주의로 인해 지방세 신설 등 과세자주권에 제약을 받고 있다. 이러한 한계를 극복하기 위해 지자체가 조례 등을 통해 직접 과세할 수 있도록 관련 법제를 정비하고, 재량적 권한을 확대하는 지자체 재정권의 근본적인 확충이 있어야 한다. 그리고 지방 성격이 강한 세원인 주세, 농어촌특별세 등을 지방세로 이양해 지방정부의 자주재원 기반을 안정적으로 만들어야 한다.

셋째, 지방정부의 기획·행정역량의 강화가 필요하다. 지방시대는 지역이 지역의 여건과 수요에 부합하는 정책을 기획·추진하여 국가와 지역의 발전을 선도하는 시대적 패러다임을 의미한다. 따라서 이를 위해 지방정부가 지방시대를 선도하기 위한 기획·행정역량 확보가 필수적이다. 지금까지는 지자체는 중앙정부에서 법령 또는 지침으로 마련한 것을 단순히 집행하는 역할에 그치는 경우가 많았으며, 기획이라 하더라도 대부분 중앙정부가 기획한 공모에 지자체가 참여하는 형식으로 대응하는 수동적 기획이 대부분이었다. 지자체는 단순한 집행기관이나 소극적인 역할 수행의 입장에서 벗어나 이제는 창의적·혁신적 정책 활동을 수행하는 기획과 경영의 공간으로 거듭나야 할 것이다. 특히 지금의 지식정보사회에선 국가 간의 경쟁이 아닌 지역과 지역이 국경을 넘어 경쟁하는 시대라는 것을 명심해야 한다.

넷째, 지자체의 주도적 역량 발휘와 이를 위한 권한 확대만큼이나 지자체의 책임성 강화도 강조되어야 한다. 권한과 책임은 서로 비례관계여야 한다. 책임성을 제도적으로 갖추기 위한 장치도 마련해야 하며, 지방의회의 입법기능과 행정 통제 기능을 제고하기 위한 방안도 필요하다. 물론 무엇보다도 지자체 스스로 엄격한 도덕성과 책임성이 요구된다.

마지막으로 최근 핫 이슈가 된 재점화된 대구경북 행정통합론을 주목할 필요가 있다. 대구경북 통합은 단순한 지리적 통합을 넘어 국방·외교를 제외한 모든 권한 즉, 자치 조직권·예산권 등을 위임받아 미국의 '주 정부' 수준의 완전한 자치정부가 되어야만 지방소멸과 저출생 문제 등을 해결할 수 있다는 이철우 경상북도지사의

[그림 3] 전국 행정통합·연대·동맹 추진 지자체 현황

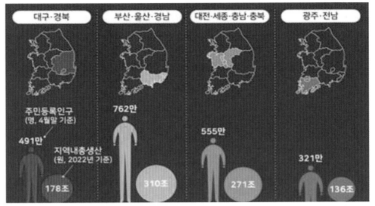

자료원 : 전준호(2024), 전국 행정통합·연대·동맹 추진 지자체 현황.

주장을 눈여겨볼 필요가 있다. 대구경북 행정통합이 한동안 잠잠했던 행정구역 통합 바람을 다시 불러 일으키면서 자치단체 연합과 경제동맹 등 메가시티를 추진해온 전국의 지자체들의 행보가 주목을 받고 있다.[4]

아직도 성사되기에는 너무나도 많은 난관이 있지만, 경북이 주도하고 대구경북이 물꼬를 튼 '메가시티' 바람이 수도권 일극체제에서 다극중심체제로 전환시켜 저출생과 지역소멸과 같은 현재 우리가 직면하고 있는 악재들을 일소에 해소할 수 있는 진정한 지방시대의 도래하기를 기대한다.

참고문헌

- 강영환. 2023. 새봄맞이 지방시대. KIET 산업경제. 2월.
- 박관규. 2023. 지방시대에 적합한 국정운영의 틀을 짜고 실행해야 한다. KIET 산업경제. 9월.
- 서민교. 2024. 대구경북(TK)통합 꼭 성공시키자!. 매일신문. 5월 28일.
- 서민교. 2024. TK통합 성공으로 대한민국 살리는 지방시대 선도하자! 영남일보. 6월 11일.
- 서민교 · 박병일. 2020. 글로벌경영. 서울경제경영.
- 영남일보. 2024. 틀 뛰어넘는 대책 필요, 경북도 '저출생 특별법 정부 건의. 영남일보. 5월 29일.
- 한국고용정보원. 2023. '통계로 본 지역고용보고서. 고용정보원11.
- 이상호 · 이나경. 2023. 지방소멸위험 지역의 최근 현황과 특징. 지역산업과 고용. 봄호.
- 전준호. 2024. TK발 행정통합 논의 물꼬..전국에 '메가시티' 바람 부나. 한국일보. 5월 26일.
- 정민수 · 김의정 · 이현서 · 홍성주 · 이동렬. 2023. 지역 간 인구이동과 지역경제.
  BOK 이슈노트(한국은행). 29호.
- 한국은행. 2023. 이슈 분석 : 생산 · 소득 · 소비 측면에서 본 지역경제 현황. 지역경제보고서. 3월.
- 황인도 외. 2023. 초저출산 및 초고령사회 :
  극단적 인구구조의 원인. 영향. 대책. 경제전망보고서(한국은행). 11월.
- 계봉오 외. 2024. 2024 인구보고서. 한반도미래연구원.

주

1 보다 자세한 수도권 비대화와 부(−)의 외부효과에 대해서는 제2장 지방분권형 국가경영시스템으로의 전환 및 지방의 역량 강화를 참고바람
2 영남일보. 2024. 5. 2.
3 보다 자세한 내용은 다음의 자료를 참고 바람.
   강영환. "새봄맞이 지방시대". KIET 산업경제. 2023. 2.
   박관규. "지방시대에 적합한 국정운영의 틀을 짜고 실행해야 한다". KIET 산업경제. 2023. 9.
4 먼저 홍준표 대구시장이 대구경북 행정통합론을 제안하자, 이철우 경상북도지사가 이를 이를 흔쾌히 받아들여 지방시대를 표방하는 현 정부가 적극적인 지지를 표명함에 따라 급물살을 타고 있다. 6월 4일 대구시장, 경상북도지사, 행안부장관, 지방시대위원장 등 4개 기관장 회의에서 저출생 · 지방소명 등 국가적 난제를 해결하기 위한 통합의 필요성을 공감하고, 2026년 7월 1일 대구경북 통합자치단체 출범 목표에 합의하여 대구경북 통합이 실현될 가능성이 전망된다. 보다 자세한 내용은 서민교의 기고문을 참고바람.

저자소개

김연성, 인하대학교 경영학과 교수

서울대학교에서 경영학학사, 석사, 박사학위를 취득하였고, 인하대학교 대학원에서 융합고고학전공으로 문학석사를 받았다. 미국 남가주대(USC) 마샬 경영대학원 초빙교수, 국민은행경제연구소 중소기업연구실장, 인천테크노파크 전략기술기획단 자문교수, 한국경영학회 회장, 한국고객만족경영학회 회장, 한국품질경영학회 회장, 한국생산관리학회 회장, 서비스디자인연구회 회장, 인하대학교 기획처장, 연구처장, 산학협력단장, LINC사업단장, 경영지원본부장, 정석학술정보관장 등을 역임하였다. 삼성물산 사원, 벤처기업의 CEO로 일했고, 글로벌 기업과 공공기관 및 공공부문에 경영 자문과 강연을 하여 왔다. 홍조근정 훈장과 대통령 표창장을 받았으며, 한국경영학회에서 우수경영학술상, 한국품질경영학회에서 품질경영학술상을 받았다. 2권의 대한민국학술원 우수학술도서와 1권의 세종도서 학술부문 우수도서를 포함하여 40여 권의 저서를 발간하였고, 국내외 공인학술지에 90여 편의 논문을 게재하였다.

서민교, 대구대학교 경영학부 명예교수

고려대학교에서 국제경영을 전공해 경영학박사(Ph.D)를 취득하였으며, 대구대 경영학부에서 정년퇴임 후 현재 명예교수로 있다. 대구대에서 경상대학장, 총장직무대행 등을, 한국인터넷전자상거래학회·한국국제경영관리학회·한국산업경영학회·한국국제경영학회 등에서 회장을, 한국경영학회에서 대구와 경주

등 두 번의 융합학술대회 조직위원장을 역임하였다. 현재 한국경영학회 지방경영위원회 위원장과 ㈜대구백화점과 ㈜엑스코의 사외이사를 맡고 있다. 관심분야는 글로벌경영전략, 글로벌마케팅, 마이스산업 등이며 JBR(Jouranl of Business Research) 등 국내외 저명 학술지에 170여편의 논문과 20여권의 저서를 발간하였다. 한국경영학회에서 '제1회 우수경영학자상'과 '공로상'·'특별공로상', 대구광역시 '제41회 대구광역시 문화상'(학술부문 인문사회과학분야), 한국국제경영학회·한국산업경영학회 등 다수의 학회에서 우수논문상을 수상하였다.

안성익, 영남대학교 경영학과 교수

현재 영남대학교 경영학과에 재직 중이다. 경북 경주고등학교를 졸업하고 서울대학교 국제경제학과에 진학하여 학사과정을 마쳤다. 이어서, 서울대학교 대학원 경영학과에서 석사와 박사과정을 마쳤다. 세부 전공은 조직 및 인사관리이고, 주 연구분야는 조직행위론, 미시 인적자원관리, 조직설계, 조직문화 관리이다. 2014년부터 국가인적자원관리 컨소시엄 사업의 동남권 허브사업단 단장직을 수행해 오고 있으며, 이에 대한 공로를 인정받아서 노동부장관 표창을 받은 바 있다. 이러한 활동을 통해서, 직업능력개발 분야에서도 실무를 겸하여 관련 연구를 수행 중이다.

안성조, 경북연구원 연구위원

영남대학교에서 지역개발전공으로 행정학박사(Ph.D) 학위를 취득하였고, 경북연구원에서 연구위원으로 재직하고 있다. 대통령직속 저출산고령사회위원회 지역분과 위원, 농림축산식품부 광역계획지원단 위원, 경상북도 저출생전쟁 TF위원, 대구광역시 지방분권협의회 운영위원 등을 역임하였다. 최신 지역개발론(공저), 녹색성장과 지역경영(공저), 녹색경영론(공저), 광복회 독립전쟁을 이끌다(공저) 등의 저서와 30여 편의 지역개발, 지방행정 관련 논문을 발간하였다.

양오석, 강원대학교 경영회계학부 교수

서울대학교 경영대학에서 경영학 박사학위(국제경영전략 및 국제재무 전공)를 마치고 현재 강원대학교 경영대학에 재직 중이다. 영국 University of Leeds에서 국제경영 MBA를 마쳤고, University of Warwick에서 박사학위(국제정치경제 전공, 정치학 박사)를 마쳤다. "은행의 국제화와 성과 간 관계에 대한 탐색적 고찰: 동태적 내부화 우위 관점에서"(2011)로 2011년 한국국제경영학회로부터 우수논문상을 받았고, "지식공유−지식창출−기업성과 간 관계에서 나타나는 지식유형의 중요도 : 중국에 진출한 글로벌 기업 본사−해외자회사 사례"(2017)로 한국국제경영관리학회 우수논문상을, "은행의 비재무적 ESG 경영활동이 기업성과에 미치는 영향 : 국내 73개 금융기관 비교(2022)"로 2023년 제1회 유한 ESG 학술상 대상을 수상하였다. 그 외 다수의 우수논문상을 수상하였으며, 현재 한국국제경영학회 편집위원장으로 활동하고 있다.

김용현, 경북연구원 선임연구위원

서울시립대학교 경제학과 박사과정을 졸업하고, 한국노동연구원 연구원, (미)미주리대학 방문교수, 대구경북연구원 선임연구위원, 대통령직속정책기획위원회 위원을 역임하였다. 주요 저서 및 논문으로는 『4차산업혁명 대구경북이 앞서 간다』(공저), 『경상북도 고용전략 기본계획 수립』(공저) 등이 있으며, "지역평균인적자본과 연구개발투자의 외부효과 분석", "대구경북 제조업과 서비스업의 발전방향" 외 다수가 있다. 주요 관심 분야는 지역경제, 노동(일자리) 및 고용, 교육정책이다. 현재 경북연구원 선임연구위원으로 재직중이며, 전략사업실장 및 경북라이즈센터 추진단장 업무를 수행하고 있다.

박 철, 고려대학교 융합경영학부 교수

서울대학교에서 경제학사, 경영학석사 · 박사학위를 취득하였고, 삼성물산(주)에서 근무하였다. 미국 Vanderbilt University와 University of Hawaii에서 Visiting Scholar, 몽골 Mongolia International University, 캄보디아 Life University, 탄자니아 아프리카연합대학, 그리고 중국 제남대학(濟南大學)에서 Visiting Professor로 활동하였다. 한국마케팅학회, 서비스마케팅학회, 한국소비문화학회의 회장을 역임하였고, 현재 한국경영학회에서 부회장을 맡고 있다. 저서에 소규모 사회적기업의 소셜미디어 마케팅, 소비의례, 마케팅관리(공저) 등이 있으며, Journal of Interactive Marketing, Journal of Business Research, International Marketing Review, 경영학연구, 마케팅연구 등에 100여편의 논문을 게재하였다. 한국경영학회에서 우수논문상(2022년), 상전유통학술상(2021년)을 수상하였다.

박영근, 국립창원대학교 경영학과 교수

영남대학교에서 경제학사, 경영학 석사와 박사를 취득하고 현재 국립창원대학교 경영학과에서 마케팅전공 교수로 재직 중이다. 한국산업경영학회, 한국전략마케팅학회, 한국마케팅관리학회 회장을 역임하였고, 국무총리실 경제인문사회연구회 사무총장을 맡아 국책연구기관 23개를 관장하였다. 현재 한국경영학회 부회장, 국무조정실 규제개혁 심의위원으로 활동하고 있다. 저서로는 소비자행동론, 마케팅인사이드 등이 있으며, Journal of Retailing and Consumer Services, Asia Pacific Journal of Marketing and Logistic, 경영학연구, 마케팅관리연구 등 50여편의 논문을 게재하였다. 연구 분야는 유통관리 및 소비자행동이며, 최근에는 AI 기술과 문화마케팅에 관심이 많다.

경북이 선도하는 대한민국의 미래

지금은
지방시대

초판1쇄 인쇄 2024년 8월 5일
초판1쇄 발행 2024년 8월 10일

—

편집인 김연성
지은이 김연성, 서민교, 안성익, 안성조, 양오석, 김용현, 박철, 박영근

—

펴낸곳 멀티애드
출판등록일 2010년 1월 20일(제2019-000006호)
주소 대구광역시 수성구 범안로40, 201호
전화 053)751-6562
팩스 053)751-8696
이메일 mtad6562@daum.net

—

ISBN 979-11-986639-1-7 (03320)

책값은 뒤표지에 있습니다.